# Der curieus- und offenhertzige Wein-Artzt

Nach einer Ausgabe von 1753



Harenberg Edition

Harenberg Edition
Die bibliophilen Taschenbücher Nr. 63
6. Auflage 1989

Gesamtherstellung: Druckerei Hitzegrad, Dortmund
Printed in Germany

Der

curieus- und offenhertzige

# Wein-Artzt,

Das ist:

## Sicher- und unschädliche Mittel, wie man dem Wein von der Kelter an, sorgfältig warten, wann er zu Schaden gekommen, ihm wieder helffen, und den Einheimischen in Fremde und andere Weine verwandlen könne;

## Nebst einem Anhang

von etlich hundert bewährt- und nutzlich-öconomisch-physisch-magisch- und medicinischer

## Kunst-Stücke,

welche
einem jeden sorgfältigen Hauß-Vatter zum Nutzen
zusammen getragen,
und
mit einem bequemen Register
versehen worden,
von
Einem Liebhaber der Oeconomischen Wissenschafften.

Franckfurt und Leipzig, 1753.

# Vorrede.

Nachdeme es heutiges Tages zur Mode worden, daß auch kleine Tractätgen und geringe Schrifften mit einer Vorrede pflegen begleitet zu werden; so habe darinnen dieser Gewohnheit ebenfalls nachzufolgen, und dem **geneigten Leser**, zwar gantz kurtz, doch deutlich zu erkennen zu geben, vor nöthig erachtet, was mich veranlasset gegenwärtiges Tractätlein dem Druck zu überlassen, welches dann nachfolgende zwey Ursachen sind:

**Erstlich:** Habe ich die darinnen befindliche Mittel, sowohl am Wein, als in der Haußhaltung an mir und den Meinigen auch andern guten Freunden in die etlich- und dreyßig Jahre lang mehristens mit grossem Nutzen gebraucht und bewährt befunden.

**Zweytens:** Sind mir gute Freunde und Liebhaber derley Wissenschafften schon geraume Jahre her beständig und nachdrücklich angelegen, ich möchte doch diese meine **Wein- und Oeconomische Wissenschafften**, welche ich vor bewährt befunden, zum Nutzen des Neben-

Men-

Menschen dem Druck zu überlassen mich noch vor meinem Ende bequemen.

Worauf mich dann denenselben zu dienen, aus ohn-intereßirter Absicht endlich entschlossen habe, denen sorgfältigen Hauß-Vättern und Hauß-Müttern, und besonders denen Wirthen und Wein-Negotianten, auch zu sicherem und unbetrüglichen Nutzen es an den Tag tretten zu lassen; und damit sich nicht über den schon ohnehin vorhandenen Uberfluß der Bücher bey dieser Herausgabe könne beschweret werden, nur in einer gantz kleinen und mehrentheils schon zum voraus bestellten Auflage.

Auch da es mein Werck nicht ist, meine zusammen getragene und grőstentheils noch niemahls im Druck erschienene, von mir selbst aber mehristens probirte Arbeit zu loben; so ůberlasse ich solche vielmehr dem gelinden Urtheil wohlgesinnter Leser, denen ich gegenwårtige Arbeit nach ihrem eigenen Gefallen mit Nutzen zu gebrauchen ůbergebe, und Dero resp. Gnade, Gunst und Wohlgewogenheit mich empfehlend verharre

Geschrieben den 23. Nov.
1752.

Der Autor
E. L. W.

# Cap. I.

## Wie das Gefässe und der Keller beschaffen seyn soll, ingleichem wie mit dem Most und neuen Wein zu verfahren.

### §. 1. Wie man die Fasse zurichten soll.

Wenn man die Fasse in das Weinlesen schicken will, soll man sie vorher wohl binden lassen, darnach nehme man warm Wasser und Aschen, des Wassers einen Zubervoll in jeglich Faß, und die Fässer feste zuspünden. Wenn nun das Wasser und die Asche in dem Fasse ist, soll man das Faß wohl schwencken, und Wechsel-weise von einem Boden auf den andern setzen, damit es sich wohl ausbrühe. Alsdann des andern Tages spünde das Faß wieder auf, wasche die Aschen Anfangs mit warmen, und hernach mit kalten Wasser gantz reine aus, so seynd die Fasse recht und wohl zugerichtet und bereitet.

Es ist sich wohl fürzusehen, daß man kein stinckend Faß zum Wein brauche, dann die Moste werden darnach stinckend, welches ihnen schwerlich zu wehren ist.

Item:

Die Fasse müssen vor allen Dingen gantz sauber und reine gewaschen werden, mit Saltz-Wasser, wohl bewahrt vor bösem Geruch. Und wenn sie dann also rein gewaschen, soll man sie räuchern mit gutem Weyrauch, so werden die Weine vor aller Zerstörlichkeit bewahret.

Oder:

Nehme Welsch-Nuß-Laub, siede es in Wasser, brühe die Fässer damit aus, laß zwey oder drey Tage darinnen stehen.

Deßgleichen:

Wann die Fasse vom Binder oder Kieffer gantz fertig, so nehme 2. Hände voll Hollunder-Blüth, thue es in einen Kessel, oder sonst in etwas, geuß Wasser drauf, laß es sieden, geuß in ein jedes Faß den achten Theil davon, mache das Faß zu, wenn es damit ausgebrannt, und nehm das Faß wieder heraus, nimm vor zwey Kreutzer Wein-Brandtewein, zünd ihn an, und gieß ihn ins Faß, weltze es wohl hin und her, alsdenn räuchere auch ein jedes Faß mit Weyrauch, darnach magst du den Wein drein thun.

Noch ein anders:

Nimm Saltz und Reben-Aschen, gleich gemenget, eine Schüssel voll in das Faß gethan, und koche einen Kessel voll Wasser mit Nuß-

Laub

Laub und gestossenen Wachholder-Beeren, gieß davon eine ziemliche Wasser-Kanne voll warm in das Faß auf die Asche, und mache den Spund feste zu, weitze es wohl um, und laß es eine Nacht liegen, darnach mache es wieder rein, bis es klar ist, und laß es trucken werden, und einen guten Einschlag, wie folgends soll gemeldet werden, darein gebrannt, und hernach bey der Lese den Most darein gefüllet, das gåhret sehre, und wird beståndig lauter und schöne. Auch ist dieses dabey zu mercken, daß man den Most bald presse, daß er nicht lange am Tröster stehet, auch wohl zusehe, daß von den Wein-Trettern kein Brod, auch kein Knoblauch oder Zwiebeln bey der Presse gegessen, oder darein gebracht werde, dann wann der Wein lange am Tröster stehet, und diese obige Kråuter dabey hangen, so verlieret er seine Krafft, wird ungeschmack und sauer, und ist dieses noch hiebey in Acht zu nehmen, wann der Most nicht recht gehren will, muß man ihn auf ein ander zubereitetes Faß ablassen, ist Wasser darinnen, so bleibet dasselbe samt dem Erdreich am Grunde, um seiner Schwachheit willen, vid. M. Johann von Baunonia Cap. 6.

## §. 2. Zu probieren, ob das Faß reine sey?

Man zünde nur ein Wachs-Licht an, und halte es zum Spunde hinein, wann das Faß nicht recht reine ist, so gehet das Licht, so bald man es hinein steckt, aus, und wird nicht brennen, deßgleichen so wird auch kein Einschlag leicht brennen, wann man ihn ins Faß stecket, wo das Faß nicht recht reine ist. Will man auch probiren, daß das Faß nicht einen üblen Geschmack behalte, und den darein gezogenen Wein mit anstecke, so nehme man das Faß, und schlage mit der flachen Hand vier- oder fünfmal auf das Spund-Loch, und rieche dann so gleich in das Faß, da man dann den Nachschmack eigentlich riechen kan.

## §. 3. Wie der Wein-Keller soll beschaffen seyn.

Einen Keller zu bauen, ist zwar meine Handthierung nicht, und lasse solches billich demjenigen, der es gelernet, jedoch will ich meine Meynung hievon kürtzlich melden, und ist nöthig, der einen Wein-Keller bauen will, daß er dahin sehe, wie er Fenster oder Lufft-Löcher nach dem Mittage machen lasse, daß er den Mittag-Wind, wann derselbe wehet, des Tages etliche Stunden durch den Keller streichen lasse, die andere Fenster aber, so nach Mitternacht stehen, wohl bewahrt, dann alle die andere Winde seynd den Weinen schädlich.

## §. 4. Wie mit dem Moste umzugehen.

Wenn der Most giehret, und noch warm ist, so geuß darein einen Zuber voll süsses Mostes, oder auch wohl zween, darnach das Faß groß ist, so beginnet der Wein wieder zu gähren, wie zuvor, und wann sich der Most gesetzet, geuß aber so viel darein, wie zuvor, thue das drey- oder viermahl, so wird der Wein starck und dicke.

Item:

Schneide süsse Apfel oder Birn entzwey, und so der Most giehret, hänge sie in das Faß, und so die Aepfel oder Birn ihre Krafft verliehren, thue andere dergleichen hinein, so lange als der Most giehret, und endlich so nehmet sie wieder heraus, so wird der Wein edel und gut.

Item:

Hänge in einem neuen Sacke Hopfen-Blumen, oder Bircken-Saamen, oder venum græcum, oder Holtz vom Myrten-Baum, oder Aloes, Beyfuß-Saamen, oder Spiconardi, oder gedörrete Korn-Blüthen ins Faß, und wenn der Wein vergohren, thue es wieder heraus, da bleibet der Wein bey seiner Farbe und Krafft.

Item:

Wenn der Wein anfähet zu gähren, thue Spähne von Wachholder-Holtz darein, und wenn der Wein gar vergohren, thue die Späne wieder heraus.

Item:

Wollt ihr dem Wein das Gähren wehren, es sey auf dem Lager, oder wenn das Faß geführet wird, werffet ein wenig Käse in das Faß. Probatum.

## §. 5. Den Most bald lauter zu machen.

Geuß in einen Eymer Most ungefähr einen

Schoppen Wein-Eßig, so wird er innerhalb 4. Tagen rein und lauter. Etliche thun auch aus dem Erdreiche des Wein-Gartens, darinnen die Weine gewachsen, 2. oder 3. Handvoll in ein Faß, so setzet er sich in 24. Stunden. Das letztere habe ich vor besser befunden.

Item:

Thue Hagbůchne-Spåne in ein Wein-Faß, schůtte den neuen Most darůber, so setzet er sich in 24. Stunden.

Item:

Hånge Nessel-Kraut oder Wurtzel in den Wein, und schlag den Spund zu, so bricht der Wein nicht, und bleibt Geschmack.

Item:

Nehm gebrannten Leimen aus einem Ofen, zureibe denselben, und thue ihn in den Most, so er vergohren hat, oder in den Wein, macht ihn hůbsch, und bekommt einen sehr guten Geschmack.

## §. 6. Zu erkennen, ob Wasser im Most sey?

Einen glatten Stecken oder Strohhalm mit Oehl bestrichen, in den Wein bis auf den Boden gestossen, und über eine halbe Viertel Stunde wieder heraus gezogen, und aufgehenget, so Wasser-Tropfen bey dem Oehl kleben, oder davon fallen, so ist Wasser in dem Wein.

## §. 7. Daß der Most nicht gåhre, sondern gut bleibe.

Nehm 4. oder 5. Loth Aepfel, die sůsse seynd, schneid

schneid sie entzwey, und wirff sie in das Faß, wenn die Aepffel ihre Krafft verlieren, so thue wieder so viel andere darein, so lange der Most gähret, alsdann nehm sie wieder heraus, so wird er edel und gut.

## Cap. II.

## Vom Weine, wie solcher tractirt und probiret wird.

### §. 1. Weine süsse zu machen bey der Presse.

Wann der Most in der Gähre ist, und noch warm, so giesset das erste von der Kelter oder Trete, von Most darein, thut nach eurem Bedencken Weinstein darzu, und lasset das unter einander gähren, wenn sichs gesetzet, so thuts wieder bis zum vierten mahl, lasset das Faß nicht übergähren, so wird der Wein gut und starck, auch darzu süsse.

Item:

Zustosse Beyfuß, weil er noch grün ist, und hänge ihn in den Most, bis er zu Weine wird, so gewinnet er einen guten Geschmack.

Item:

Sammle die schönste Trauben, und laß selbe alle von dem Stengel abstreiffen, thue solche in ein eigen Gefässe, damit nichts unreines darzu komme, lasse diese abgestreiffte Beeren fein sauber tretten, nehm diesen getrettenen

Most, und thue ihn in ein mit Einschlage præparirtes Fässelein, und thue damit, wie im ersten Capitel gemeldet worden, willt du ihn aber vergehren lassen, so hänge zerschnittene- und an einem Faden zusammen geriegene Borgstörffer-Aepffel darein, und laß ihn solchergestalt gelinde vergehren, du must ihn aber nicht lassen übergehren, und wenn die Aepffel krafftloß, müssen andere darein gehangen werden, bis er gantz vergohren, nachdem er nun vergohren, und etwas noch warm ist, so nehm hernach etwas Galgant, zwey Loth Zucker, ein Loth Zimmet-Rinde, ein Loth Muscaten-Blumen, zerstosse es etwas gröblich in einem Mörsel, nehm hernach ein Säcklein, und thue die zerstossene Materien hinein, und lasse es in einem verglasurten Topffe von obigem Weine wohl kochen, hernach kalt werden, und in das Faß Wein gethan, und das Säcklein mit den Materien zugleich darein gehangen, und feste zugespündet, über drey Tage kan man das Säcklein einmal in das Faß austrucken, und gleich wieder hinein hängen, den Wein wieder feste zuspünden, und liegen lassen, es wird ein delicater und gesunder Wein, ist offt probiret.

## §. 2. Zu erkennen, ob Wasser im Weine sey.

Nehm Oehl, mache es in einer Pfanne heiß, und gieß des Weins darein, ist Wasser darinnen, so spritzet, krachet und wiederbläset

sich

sich das Fett, ist aber kein Wasser darinnen, thut es nicht also.

Item:

Wer den Wein wohl prüfen will, ob Wasser darinnen sey, so nehme er ein Rohr oder sonst ein schlecht Holtz, schmiere das wohl mit Oehl, wische hernach das Oehl wieder ab, stoß das Holtz in den Wein, ziehe es wieder heraus, hänge es auf, hat es Wasser-Tropffen, so ist es ein Zeichen, daß Wasser im Weine sey.

Item:

Nehmet Wachholder-Beeren, thut sie in den Wein, schwimmen sie empor, so ist er recht, fallen sie aber zu Boden, so ist Wasser im Weine.

Item:

Legt ein Ey in den Wein, schwimmet es empor, so ist der Wein ohne Wasser, fällt es aber zu Boden, so ist der Wein verfälscht.

Item:

Thue eine Wein-Beere in den Wein, schwimmet sie oben empor, so ist der Wein ohne Wasser, fället sie aber zu Boden, so ist der Wein mit Wasser vermischet.

Item:

Nehmet dergleichen Wein in einen neuen Topff, vermachet ihn wohl, und laßt ihn drey Tage an der Lufft stehen, ist der Wein mit Wasser vermischet, so triefft das Wasser davon des Windes halber.

Item:

Mit den Bohnen ists so beschaffen, schwimmen sie oben im Wein, so ist Wasser drunter, wo nicht, so ist er lauter.

## §. 3. Das Wasser aus dem Wein zu ziehen.

Man nehme die grosse Binsem, und schäle den Kern heraus, und lasse ihn trucken werden, und lege sie in den Wein, so ziehen sie das Wasser in sich, und scheiden den Wein von dem Wasser.

Item:

Wann in der Weinlese oder Herbst Regen-Wetter einfället, und der Most viel Wasser bekommet, kan es also geschieden werden: Thue den Wein nach der ersten Vergährung in ein ander Faß, so bleibet das Wässerichte, wegen seiner Schwere und Grobheit, am Boden liegen.

Item:

Wenn im Herbst Wasser in Wein kommt, thue ihm also: Wenn der Most lieget, und jetzund gähren will, laß ihn zwey quer Hände hoch ab, in ein ander Faß, so setzet sich das Wasser unten auf den Boden, um seiner Schwehre willen.

Item:

Nehmet Gieps, und zerreibet den klein, rühret ihn in das Faß, so ziehet der Gieps die Trübigkeit und üblen Geschmack mit an den Boden, und wird der Wein lauter und schön. Probatum.

§. 4.

## §. 4. Den Wein gährend zu machen.

Wollt ihr Wein gährend machen, so nehmet 3. oder 4. saure Aepffel, schneidet sie darein, und solches so lange, bis er gährend wird, alsdann wird der Wein frisch und gut.

Item:

Nehm ein Hand voll Erden, darinnen der Wein gewachsen, wirff sie in das Faß, so wird der Wein von Stund an gährend, und sehr köstlich. Probatum.

## §. 5. Dem Wein das Gähren zu verwehren.

Wollt ihr dem Wein das Gähren wehren, es sey auf dem Lager, oder wenn das Faß geführet wird, werffet ein wenig Käse in das Faß. Probatum.

## §. 6. Wie und wann der Wein abzuziehen und abzulassen.

Diejenige Fasse, so man zum Abziehen gebrauchen will, müssen abermahl wohl gesäubert und gereiniget werden, es sey gleich Wein allbereit darinn gewesen, oder seyn andere ledige Gefässe, und muß man selbige vorher von der Häfen mit rechtem schönen klaren Wasser reine ausspielen, hernach mit heissem Saltz-Wasser, oder mit zerstossenen Wachholder-Beeren gekochtem Wasser (wie vorne gelehret) fein ausbrühen, und hernach trucken lassen werden, und einen guten Einschlag von den

Spä-

Spänen, oder wie hiernächst absonderlich von Einschlag zu machen, gelehret werden soll, von demselben gegeben; wann die Fasse mit Wachholder-Beeren gebrühet werden, so bleibet der Wein sehr gut darauf, und verwandelt sich nicht leichte. Man pfleget auch bey Reinigung der Fasse einen stumpfichten Besen, die Fasse desto reiner von der schimmlichten und angesetzten Materie zu machen, zu gebrauchen, mit demselben kan man, wenn der eine Boden ausgenommen ist, in alle Winckel kommen, und alles Unreine wegmachen, zumalen, wann man vorhero das Wasser eine Weile im Fasse stehen lassen, und offt von einem Boden zum andern umgekehret hat, damit sichs fein abgeweichet, man kan auch alsofort probieren, ob das Faß reine sey, wenn man (wie p. 4. §. 2. erinnert worden) damit verfähret.

Item:

Im Abnehmen des Mondes soll man alle Weine ziehen.

Item:

Die schwache und krancke Weine soll man im Winter ziehen, die starcke im Frühling und Sommer.

Item:

Wenn der Nordwind wehet, und der Himmel klar ist, soll man die Weine ziehen, den starcken im Mertzen, den schwachen zu Weyhnachten.

## §. 7. Aus Most einen Wein zu machen, gleich dem Italiänischen.

Nehm 6. Loth Negelein,
- 8. Loth Zimmet-Rinde,
- 1. Loth Muscaten-Nüsse,
- 1 Loth Paradiß-Körner,
- Ein und ein halb Loth Zittwer,
- Zwey Quintlein Cubeben,
- Zwey Quintlein langen Pfeffer,

Dieses alles gröblich verstossen, und in ein Säcklein gethan, darnach in den Most gehangen, und darmit vergähren lassen, bis er klar wird, alsdann kan man denselben anstechen, wann man will, er dauret sehr lange, die Materien können allezeit darinnen gelassen werden.

## §. 8. Wie man die Weine probieren soll, ob sie beständig seyn oder nicht, wenn man sie kauffen will.

Wer Weine verkauffen will, der soll sich bie fleißigen, daß er ein schön lauter Gläßlen habe, darinnen der Wein eine schöne Farbe zeiget, und das soll geschehen, wenn der Himmel klar ist, so ist der Wein an der Farbe und am Geschmack am allerbesten.

Item:

Wenn ihr Wein kauffen oder probieren wollet, so solt ihr ein wenig Brod, in frisch Brunnen-Wasser genetzt, essen, und darauf den Wein versuchen, denn gar zu nüchtern und gar zu satt, benimmet den Menschen den Geschmack.

Item:

Item:

Etliche essen zuvor einen Apffel, damit sie den Wein desto besser schmecken und probieren können.

Item:

Wann man mitten aus einem Fasse nimmet, und es über einem Feuer ein wenig wallen lasset, und was der Wein für einen Geschmack gewinnet, wenn er kalt wird, dergleichen Geschmack gewinnet der, der in dem Fasse ist, in seinem Alter.

Item:

Nehmet des Weins mit einem Heber mitten aus dem Fasse in einen Becher, ist er beständig, so vergehet der Schaum drauf bald, stehet aber der Schaum lange, so ist er nicht beständig.

Item:

Wer Wein zwey oder drey Jahr behalten will, daß er nicht trübe, faul oder seiger werde, der nehme Beyfuß-Wurtzel, ein gut Theil, und siedet die in einem guten Wein, in einem Hafen, und decket den Hafen wohl zu, eine Stunde lang, giesset darzu ein halb Maaß gebrannten Weins, und lasset es mit einander sieden, seiget es von den Wurtzeln ab, thut es in ein Fuder Weins, wann er vergohren hat.

Item:

Geuß den Wein in ein Glaß oder Becher, thue Lorbeer oder Saltz darein, entfärbet er sich, so ist er nicht gerecht. Etliche legen schlecht

Saltz unter das Glaß, darinnen der Wein ist, entfärbet er sich, so er ist nicht gerecht.

Item:

Nimm desselben Weins ein Glaß voll, und setze es über Nacht auf ein Saltz, verkehret es die Farbe nicht, so bleibet es im Ausschencken auch also beständig. NB.

Item:

Wer guten Wein kauffen will, der koste denselben, wann der Mittags-Wind wehet, dann zu selbiger Zeit verwandelt sich der Wein gerne, hergegen hüte sich der Käuffer vor dem Mitternächtigen Wind, dann zu solcher Zeit sind alle Weine (sie seyen gut oder nicht gut,) gerne klar und lauter, solchergestalt kan er leicht betrogen werden, welcher Wein aber zu solcher Zeit, wann der Wind vom Mittage wehet, klar und lauter ist, der ist ohne falsch, und ist ein beständiger guter Wein, dann sich die Weine, in den Ostwinden und scharffen Wetter, wie schon vorher gemeldet, gerne verändern, anstößig und wandelbar werden, absonderlich die schwache und geringe Weine, die man denn zu solcher Zeit gewiß erkennen kan, und wann man den Wein kosten will, soll man selben lange im Munde halten, und also gantz langsam herunter lauffen lassen, so kan man dessen Kräffte, Geschmack, und Eigenschafft erkennen, absonderlich, wann man recht nüchtern ist, womit ichs halte; sonst essen etliche wohl vorher einen Apfel, damit sie den Geschmack des Weines desto besser erkennen mögen.

§. 9.

## §. 9. Wenn und wie man den Wein verkauffen soll.

Wer Weine verkauffen will, der soll sich befleißigen, daß er ein schön lauter Gläßlein habe, darinnen der Wein eine schöne Farbe zeiget, und das soll geschehen, wann der Himmel klar ist, so ist der Wein an der Farbe und am Geschmacke am allerbesten.

Wie §pho 8. gemeldet worden Brod in Bronnen-Wasser getunckt.

Jngleichen:

Wie der Käuffer sich des mittägigen Windes zu bedienen, so hat sich hergegen der Verkäuffer des mitternächtigen Windes zu gebrauchen, dann wann er zur selben Zeit Proben gibet, kan er so leicht einen schlimmen und schwachen, als einen guten Wein verkauffen, weilen zur selben Zeit alle Weine klar und helle erscheinen werden, absonderlich wann der Verkäuffer einen guten alten herben Käse bey der Hand hat, und dem Käuffer vorhero ein Früheſtück obenhin spendiret, welcher dem Käuffer einen guten Geschmack machet, daß er offtmahlen den allerschlimmsten vor den besten Wein erwehlet, und also dem Verkäuffer sein Früheſtück offtermalen redlich bezahlet: Sonst pfleget der Wein auf gewürtzte Speise, oder auf Nüsse und Süßholtz einen guten Geschmack zu haben, welches die Verkäuffer zu observiren, hergegen die Käuffer sich davor zu hüten haben: Offtmalen werden auch aus einem Fasse dreyerley Weine gezapzapfet, und dem Käuffer zur Probe gegeben, dann der Wein oben im Fasse wird schon einen andern Geschmack haben, als der mittelste, und der mittelste einen weit bessern Geschmack, als der unterste, dann der mittelste Wein im Fasse ist der beste, hergegen der unterste der schlimmste. Wann man nun den obersten und untersten Wein zusammen ziehet, und den mittelsten alleine behält, wird man einen mercklichen Unterschied haben.

## §. 10. Daß der über Land geführte Wein die Farbe behalte.

Nehm ein Ey, das laß harte sieden, hernach scheele es, und hängs in das Faß, so bleibet der Wein, und magst ihn wohl über Land führen.

## §. 11. Daß sich ein Wein bald setze, der geführet worden.

Thue kleine Kieselsteine aus einem kalten Wasser, die vor 3. Tagen noch darinnen gelegen seyn, in den Wein; Er setzet sich. Probatum.

## §. 12. Zu welcher Zeit sich der Wein reget und über sich steiget.

Zu Weyhenachten, und wann er blühet, so reget sich der Wein von Natur gerne, und in solcher Zeit soll man die Weine nicht gähren oder regen lassen, oder man nehmt Schaden.

## §. 13. So ein Wein über Nacht trübe wird.

Nehm 1. Pfund weiß oder grünen Galitzschen Stein, stosse ihn gar klein, sied ihn in einem Topfe, und wenn er gesotten ist, so geuß ihn in den Wein, rühre denselben wohl um, der Wein wird schön lauter und klar, auch köstlich zu trincken. Probatum.

## §. 14. Zu mercken, ob der Wein sich verkehren will.

Nehmet des Weins mitten aus dem Faß, siedet ihn, wann er klar ist, so könnt ihr schmecken, ob er verschlagen will.

Item:

Wenn der Wein abgezogen ist von der Mutter, und das Faß voll ist, so mercket, ob sich der Wein verkehren will, oder nicht, oder auch etwas verstossen. Nehmet ein lang Rohr, stopfet es oben feste zu mit dem Daumen, und stosset es durch den Wein, bis an den Grund, und ziehet die Hefen heraus, so schmecket ihr, ob sich der Wein verkehren wolle oder nicht.

## §. 15. Guten Wein im Ablassen zu machen.

Nehmet 1. Pfund Zucker-Candi, zu einem Eymer Wein.
" 4. Loth Zimmet-Rinden, und
" 1. Maaß gebrannten Weinstein,

stosset es klein, nehmet desselben Weins zehen Maaß, und siedet alles unter einander in einem Kessel, wenn ihr den Wein in das Faß habet gelassen, schüttet die gesottene Materie auch in den Wein, verspündet das Faß wohl, laßt den 3. Wochen ruhen, er bleibet Jahr und Tag.

Item:

Schwencket das Faß mit Schwenck-Wasser,

ser, thut dasselbe wieder heraus, darnach so nehmet auf einen Eymer

- 4. Loth Zimmet-Rinden,
- 4. Loth Negelein,
- 4. Loth langen Pfeffer,
- 4. Loth Zucker,
- 2. Loth Tutian,
- für 3. Kr. Schwefel,

stosset es zusammen in einem Mörsel, und wenn der Wein im Fasse ist, machet ein Säcklein einer Spanne lang, hänget die Materien darein, verspündet das Faß wohl, und lasset es 3. Wochen ruhen.

Item:

Nehmet 2. Loth Tropf-Wurtzel, zwey Pfund Zucker, Christian-Wurtzel, und Muscaten-Blumen, jedes 7. Loth, stosset alles in Mörsel, thut es zusammen in einen Baumwollenen Sack, hänget den Sack im Herbst in Wein, verspündet das Faß wohl, laßt den Wein 14. Tag ruhen, darnach sehet darzu, so findet ihr köstlichen guten Wein.

Item:

Wollt ihr Wein schön und klar machen, so nehmet zu jedem Eymer Weins das klare von 3. Eyern, wohl geschlagen, und laßt in ein Fuder 8. Eyer-Totter fallen, rühret es in dem Faß, und hernach über 8. Tage rühre 2. Maaß gemachten Weins hinein, auch solt ihr den Wein zuvor gar wohl durchschlagen, ehe denn ihr das gemachte darein thut, und laßt ihn 14. Tag ruhen, und nach den 14. Tagen müßt ihr alle Tage

12. Kannen oder Maaß Wein daraus lassen, und denselben allemal eine Viertel Stunde schlagen, jeden Tag auch zweymal thun, gantzer 14. Tag, und wann die 14. Tage aus seyn, so gieß ein Maaß gebranntes Weins darein, und für 1. Pfenning Schwefel, und brennet das ins Faß Wein, lassets aber 14. Tage ruhen, und thut ihm, wie hernach geschrieben stehet. Nehmet 8. Muscaten Nüsse, und halb so viel Zittwer und Weyrauch, so schwer als eine Muscaten-Nuß, 2. Loth Schweffel, 4. Loth Negeln, anderthalb Loth Muscaten-Blumen, ein halb Loth langen Pfeffer, 2. Loth Zimmet-Rinden, und das alles in ein Maaß Wein zusammen gethan, und wenn ihr ihm den Einschlag geben wollet, so sehet ja zu, daß das Faß mit reinem Wasser wohl geschwencket sey, und hernach beraucheta mit weissem Weyrauch, alsdann so leget das Faß auf ein viereckigt Plöcklein, nehmet den Spund in Acht, daß kein Rauch heraus gehet, thut ihn wohl behende heraus, und vermachet das Faß gar eben, darnach gebet ihm den Einschlag, nnd laßt den Wein bald hinein, daß der Einschlag darinnen bleibe, und laßt ihn abermal 14. Tag stehen und ruhen, darnach so besehe man den Wein, so habt ihr aus rothem, trübem, zähem, saurem Wein einen schönen edlen Wein. Probatum.

Item:

Wenn ihr den Wein ablasset, daß er trübe ist, so nehmet zu einem Fuder das weisse von 24. Eyern, klopfet es wohl, nehmet ein Nössel oder

Meß-

Meßlein Saltz, und ein wenig gebeutelt Mehl, auch so viel lauteren Sandes, laßt aus dem Faß trůben Wein, 2. Maaß, růhret die vorgenannte Stůcke wohl darunter, und gießts zu 3. mahl in das Faß, und zu jedem mahl růhret den Wein gar wohl, mit einem durchlŏcherten Holtze, das darzu gemacht ist, laßt ihn darnach ruhen, so wird er lauter und schŏn.

## §. 16. Wie man die Weine warten und pflegen soll.

Nehmet ein Faß von Wachholder-Holtze gemachet, giesset den Wein darein, oder thut Wurtzel von Weinstŏcken darein, so wåhret der Wein, oder hånget ein wenig Hopfen in einem Såcklein darein, so wird der Wein starck und wohlgeschmack, bleibt auch gut bis an das letzte Glaß voll.

Item:

Wollt ihr einen Wein halten, daß er nicht etwa zapficht schmecket, so nehmet Welsch-Rosen-Oehl, zu einem Fuder einen halben Schoppen, giessets in das Faß, das fållt von oben in den Grund, behålt ihm seine Farbe, und machet ihn wohlgeschmack. Das Oel ist auch gut in ein ander Faß, es behålt den Tranck reine, daß kein Kahn darinnen wird.

Item:

Nehmet ein leinen Tuch, knetet darein Reben-Asche, mit ein wenig Weins, hångets ins Faß, spůndet das Faß feste zu, schlaget einen grůnen Wasen auf den Spund.

Item:

Wer dem Wein warten will, der muß wissen, was dem Weine schädlich sey, man soll sie vor dem Ostwind in Acht nehmen, für überley Hitze und Kälte, und wenn es regnet, so verstopfe die Keller-Läden wohl, bewahre sie vor dem Donner und Blitzen, denn das ist dem Weine schädlich, weil sie sich bewegen, und gerne davon aufstehen.

Item:

Wenn ihr den Winter in den Keller gehet, so thut die Thüre nach euch fleißig zu, daß die Kälte nicht hinein schlage, auch solt ihr kein Kohl-Feuer darein machen, denn es ist dem Weine sehr schädlich, der Dampf leget sich in den Wein, daß sie hernach gar gerne verstossen, und kan solches gar leicht verwahret werden, wenn Keller-Thüren oder Fenster stehen gegen Süd- oder Nord-Wind, die seynd die besten, die mag man zu Zeiten offen lassen, wenn der Himmel helle ist, und die gute Winde wehen, doch soll es geschehen, Abends und Morgens, wann es nicht heiß ist.

Item:

Mache ein groß oder klein Faß voll büchene Spähne, und fülle das Faß mit Wein, darnach über 2. oder 3. Tage wird er lauter, so viel man auch daraus läßt, soll man allemahl andern drein füllen, was es für ein Wein sey, bringet keinen Mangel.

Item:

Nehm warme Küh-Milch, geuß in das Faß, rühre den Wein wohl durch einander, so wirst

du

du über Nacht einen schönen lautern Wein haben.

Item:

Nehm ein halb Maaß guten Brandtewein, thue einen schönen lautern ausgelesenen Weitzen oder Kernen drein, laß ihn also drinnen liegen, bis der Kernen den Brandtewein gantz an sich gezogen, darnach rühre den Wein im Faß wohl durch einander von Grund auf, und rühre den in Brandtewein geweichten Weitzen oder Kernen zu beyden Seiten wohl drein, so hast du einen schönen kräfftigen Wein.

## §. 17. Daß sich der Wein nicht verkehre, breche, streng und ungeschmack werde.

Soll sich der Wein verkehren, oder feig werden, so giesset in ein gantz Fuder Wein eine Maaß aqua vitæ, von gutem Wein gebrannt, so wird er nicht feiger oder Mußfarben, sondern lauter, klar, und wohlgeschmack, dienet auch wiederum zu trincken, solches muß aber im Herbste geschehen.

Item:

Wann der Most vergohren hat, so hänge darein einen Saamen, der heißt: Millefolium, oder Schaff-Garbe, und geuß Oel darauf, ist sehr gut.

Item:

Wasche die Fasse rein aus mit gesaltzenem Wasser, darnach laß das Faß auf den Spund, alsdenn mache einen Rauch von Weyrauch, und laß es in das Faß, daß der Rauch hinein gehet, darnach mache das Loch fein sauber zu, und geuß den Wein drein, du bist sicher, daß dir nimmermehr keiner aufstehet.

Item:

Wollt ihr, daß ein Wein sich nicht verkehre, so nehmet bittere Mandeln, thut sie in ein klar Wasser, scheelet sie, und schneidet sie klein, leget sie hernach in Wein, er verkehret sich niemahlen, sondern wird recht gut und dauerhafft.

Item:

Sehet zu, wenn der Most vergohren hat, hänget darein Ephey-Saamen, so bricht der Wein nicht, weil ihr ihn schmecket, oder davon trincket, es sey Sommer oder Winter. Macht ein grob Leinen Tuch über den Spund des Fasses, darinnen der Wein lieget, leget darauf eine schöne gereinigte lindene, oder büchene, oder tannene, oder Reb-Aschen, daß die Asche 2. oder 3. quer Finger hoch auf dem Fasse sey, stechet in die Asche 3. oder 4. Löcher, mit einer Spindel, bis auf das Tuch am Spund, legt auf die Aschen einen grünen Rasen, das mag man verneuren in 4. oder 5. Tagen, einmahl; dieser Wein verkehret sich nimmermehr, weder an der Farbe noch an Geschmacke, auch möcht ihr das Tuch mit der Aschen also lange verneuren lassen, dieweil der Rasen grüne ist.

Item:

Nehmet Hopfen-Blüthen, oder Beyfuß-Saamen, oder fœnum græcum, aus der Apothecken, hänget es ins Faß, wenn der Most göhret, so bricht euch kein Wein, und wenn er vergiehgiehret hat, so thut es wieder heraus, daß der Wein davon nicht schmeckend werde.

Item:

Wollt ihr abgetroffenen Wein wieder bringen, so hänget wilden Hopfen 3. oder 4. Tage, darein; alsdann wird der Wein wieder gut.

Item:

Soll der Wein nicht brechen, weil daraus getruncken wird, so hänget Nessel-Kraut, oder Wurtzel darein, und schlaget den Spund zu, so bricht der Wein nicht.

Item:

Rühre ihn mit einem Bürckenen Scheide gar wohl auf eine halbe Stunde im Februario, wann der Mond 4. Tage im Zunehmen ist, so bleibet er beständig.

Item:

Laß ein Röhrlein machen von Wachholder-Holtze, thue es in den Most, und laß ihn darnach gähren, so wird der währhafftig und süsse.

Item:

Wann es anfähet zu donnern, so machet Balsam von truckener Wolle, und leget es auf den Spund, so verändert sich der Wein nicht.

Item:

Nehm Beyfuß-Wurtzel einen guten Theil, und sied sie in gutem Wein, decke den Hafen zu, eine gute Stunde, und geuß eine halbe Kanne oder Maaß Brandtewein drein, laß mit einander sieden, seige es so dann von der Wurtzel, und geuß in Wein hinein, so bleibet er etliche Jahr unveränderlich, und wird nicht streng oder ungeschmack.

Item:

Wirff Eisen drein, das umwunden ist, mit einem gar saubern Tüchlein; es schadet ihm weder Donner noch Blitz, und ist dieses ein recht sicher und unbetrügliches Mittel.

## §. 18. In der Herbst-Zeit zu gebrauchen, daß sich der Wein halte.

Lege das Faß auf den Lager-Baum, und ehe du den Wein hinein giessen willst, brenne zuvor eine Handvoll Saltz braun, wirffs in das Faß, hernach so nehm vor 1. Kreutzer Brandtewein, zünde es an, laß es zum Spund-Loche hinein fallen, so entzündet sich der Brandtewein im Fasse, und wird ein guter Rauch, der Wein bleibet auch im Fasse beständig.

Item:

Nehmet ein Faß, darein ihr den Wein wollet giessen, leget es auf den Lager-Baum, kehret den Spund unter sich, setzet eine Kachel mit Kohl-Feuer darunter, nehmet Weyrauch, leget ihn auf die Kohlen, daß der Rauch davon ins Faß gehe, hernach stopfet das Faß mit einem Tuche zu.

Item:

Nehm zu einen Fuder Wein einen Hand-Eymer Most, thue ihn in einen Kessel, siede ihn, binde in ein Leinen Säcklein eine Handvoll Nuß-Laub, für einen halben Kreutzer Süß-Holtz, das soll gespalten seyn, für einen halben Kreutzer Muscaten-Blumen, vor 2. Groschen Zimmet-Rinde, einen halben Vierling Zucker-Candel, vor 1. Kreutzer weissen Weyrauch, laß alles mit dem

dem Most einsieden, bis auf den dritten Theil, giesse es zusammen in das Faß, so vorher mit dem Saltze und gebrannten Wein zubereitet worden, damit sich das Faß brühe.

Item:

Wollt ihr köstlichen Wein im Herbst machen, so nehmet 2. Maaß Brunnen-Wasser, und eine Handvoll Saltz, thut es unter einander, und giessets in das Faß, schwencket das Faß mit dem Saltz-Wasser, gießt es wieder heraus, und verspündet das Faß wohl, bis daß ihr folgendes darein thut. Nehmlich ein halb Pfund Johannis-Kraut, abgestreiffelt, 1. Pfund Zucker, 1. Pfund Zimmet, siedet es unter einander in einem Kessel, seuget es hernach wohl durch ein Tuch in das Faß fein warm, (der Wein muß aber zu vorhin allbereit in dem Fasse seyn:) laß das Faß eine paar Hand hoch leer, sonsten stiesse der Wein dem Fasse den Boden aus, spündet es wohl, und verwahret es, so wird der Wein starck im Ablassen; und wenn ihr sonst schwachen Wein habet, und diesen Wein behaltet, so könnt ihr 3. oder 4. Fuder damit starck machen, wenn ihr ihn darunter ziehet, der Wein ist gut, und gesund zu trincken.

Item:

Wollt ihr im Herbst guten Wein machen, richtet ein gut Faß zu, reibets mit dem Besen sauber aus, schwenckets mit sauberem Wasser wohl, beräucherts mit Weyrauch, gießt es voll Wein, und laßt es um ein Imi leer, spündets feste zu, bereitet in ein halb Imi folgende Species: Als

vor

vor anderthalb Kreutzer Süß-Holtz, 1. Pfund Zucker-Candel, 2. Loth Anis, 4. Loth Muscaten-Blumen, 4. Loth Zimmet-Rinden, 4. Loth weissen Jngber, lasset es in einem Kessel sieden, giesset es hernach in das Faß, verspündet das Faß feste, laßt es 14. Tag liegen, der Wein wird gut. Jhr müßt ihn aber verkauffen im Herbst, und füllet hernach das Faß über 4. Wochen mit Most, so ist er im Winter gut und köstlich: Wollt ihr ihn liegen lassen bis in Sommer, so thut ihm also: Laßt den Sommer-Wein abe, und bereitet ein Faß also, daß es trocken sey, reibets mit dem Besen, und räucherts aus, schwenckets hernach mit sauberem Wasser aus, wie zuvor, legt das Faß an seinen Ort, darnach nehmet ein Bündlein gedörrete Salbey, und 1. Loth Schweffel, hängets zusammen an einen Ring ins Faß, laßt den Wein in das Faß, und wenn das Faß bald voll ist, laß es 8. Tage wohl verspündet liegen. Probatum.

## Jtem:

Wenn sich der Wein vergohren hat, nehmet eine Maaß Malvasier, thut das in einem Kessel, lassets sieden, stoßt vier Loth Zimmet-Rinden in einem Mörsel, thuts in den Kessel, lassets unter einander sieden, und giessets also heiß in das Faß, verspündet es gar wohl, laßts 4. Wochen liegen, darnach so nehmet 1. Pfund Zucker, und 3. Maaß süssen Weins, siedets unter einander, gießt es auch in das Faß, stopft es wohl zu, laßts also 4. Wochen liegen und ruhen. Probatum.

Item:

Thue den Most in ein Faß, bis daß er vergohren hat, und geuß in ein jedes Eymriges Faß einen Schoppen Brandtewein, so bleibet er in seiner Krafft. Probatum.

Item:

Hänge Hopfen in den Most, und laß ihn drinnen, bis daß er vergiehret, so bleibet der Wein schön und beständig.

## §. 19. Guten Einschlag zu machen.

Wollt ihr köstlichen Einschlag zu allerhand Weinen machen, so nehmet zwey Pfund Schwefel, stosset ihn klein in einem Mörsel, thut hernach den Schwefel in einen Topf, gießt viel Wasser daran, und laßt es einsieden, auf eine Stunde, seigets durch ein klein Sieb, und laßts wieder trucken werden, darnach nehmet einen Tiegel, thut den Schwefel darein, und laßt es zergehen, daß es lauter werde, hernach so ziehet ihn auf ein leinen Tuch, und nehmet nachfolgende Species: Als ein halb Loth Anis, acht Loth Viol-Wurtzel, die recht weiß ist, 4. Loth Muscaten-Blumen, 4. Loth langen Pfeffer, 6. Loth weissen Weyrauch, 2. Loth Mastix, 6. Loth Paradiß-Körner, stosset die Species alle unter einander, und wenn ihr den Schwefel ziehet, weil er noch warm ist, so streichet die Species auf das mit dem Schwefel bezogene Tuch.

Item:

Nehm Schwefel, und laß den zergehen, und wann er zergangen ist, so geuß denselben in rein Wasser,

Wasser, hernach thu ihn heraus, und laß ihn nochmahlen zergehen, so wird er gereiniget von aller seiner Schädlichkeit; hernach nehm weisse Violen-Wurtzel, so recht trucken ist, und pulverisire sie, darnach schlage es durch ein Siebgen, alsdenn nehme weissen Weyrauch, und thu deßgleichen damit, hernach mische es durch einander, eines so viel als des andern. Alsdenn nehme Haselne Spähne anderthalb Spanne lang, und zween Finger breit, zerlaß den Schwefel, und zeuch die Spähne durch den zergangenen Schwefel, und weil die Spähne vom Schwefel noch warm seyn, so schütte von dem gemischten Pulver darauf, auf beeden Seiten, alsdenn sind sie bereitet, zu gebrauchen, wann man will. Wann du nun ein Faß damit bereiten willst, so kehre das Faß unter sich, zünd einen Spahn an, wie man pfleget den Fässern Einschlag zu geben, ist das Faß groß, so kan man wohl 3. Spähne nehmen, und einen nach dem andern im Faß ausbrennen lassen. Hernach vermache das Faß wohl, daß kein Rauch heraus komme, richte es auf, und lasse es knastern. Und solchergestalt kanst du mit alle dem Gefässe, so du zur Weinlese nöthig, verfahren, und hernach wohl verspündet in die Weinlese schicken, und auch andere alte Weine darein ziehen, versichrende, daß alle Weine, so mit diesem Einschlag angemacht, nimmer wandelbar, sondern allezeit schöne, frisch und helle bleiben werden, auch wird er nimmer weich oder zähe, man führe ihn über Land, oder lasse ihn liegen, also ist dieses eine herrliche und kostbare Wissenschafft, und von mir vielfältig probiret, daß ich auch zu meinen unterhabenden Weinen in die 20. Jahr keinen andern Einschlag gebrauchet, und ist mir niemahlen ein einig Faß wandelbar, sondern allezeit sehr gut geblieben. Dieses Stück ist in Straßburg von einem vornehmen Wein-Verlasser gesehen, und recht probatum befunden worden.

Item:

Man reinige vorhero den Schwefel von aller Unsauberkeit, wie bey meinem Spån-Einschlag gelehret, oder thue den Schwefel, wenn derselbe vorher klein gestossen, in einen neuen glasierten Topf, gieß rein Brunnen-Wasser darauf, und laß ihn etliche Stünden darinn liegen, darnach seige den Schwefel durch ein klein Sieblein, und laß ihn recht trucken werden, hernach in einen Tiegel gethan, und zergehen lassen, daß er lauter wird, alsdenn das zubereitete Leinen Tuch durch den Schwefel gezogen, und folgende Species, weil er noch warm ist, darauf gestreuet, will man, so kan man den Schwefel vorhero nochmahlen in Wasser giessen, und alsdann, wann er trucken ist, wieder zerstossen und zergehen lassen, solchergestalt wird der Schwefel keine Schårffe und Unsauberkeit mehr bey sich behalten, sondern gantz reine seyn, ist aber genug, wann er so, wie bey meinem Einschlage gelehret, nur einmahl in Wasser gegossen wird.

## Einschlag, so recht gut.

Zu einem Pfund Schwefel

Nehm: Ein Loth langen Pfeffer,

Ein

Nehm: Ein halb Loth Campfer,
⸗ Ein halb Loth Zimmet-Rinden,
⸗ Ein Loth Muscaten-Nüsse,
⸗ Ein Loth Muscaten-Blumen,
⸗ Ein Loth gestossen Violen-Wurtzel,
⸗ Ein Loth Galgant,
⸗ Ein Loth Anis,
⸗ Ein Loth Ingwer,
⸗ Ein Loth Limarum,
⸗ Anderthalb Loth Entian,
⸗ Anderthalb Loth Paradieß-Körner,
⸗ Anderthalb Loth Alaun,
⸗ Anderthalb Loth Zittwer,
⸗ Anderthalb Loth Weyrauch,
⸗ Drey Loth Weißmuth,
⸗ Drey Loth Paradieß-Holtz.

## Ein ander guter Einschlag.

Nehm: Zwey Pfund Schwefel,
⸗ Ein Viertel Pfund Entian,
⸗ Ein Loth Campher,
⸗ Ein Loth Paradieß-Körner,
⸗ Ein Loth langen Pfeffer,
⸗ Ein Loth Zimmet-Rinde,
⸗ Drey Loth Weinstein,
⸗ Ein Loth Galgant,
⸗ Zwey Loth Anis,
⸗ Zwey Loth Bertram,
⸗ Zwey Loth Coriander,
⸗ Zwey Loth Solimax,
⸗ Ein Loth Ingwer,
⸗ Ein Loth Zittwer,

Nehm:

Nehm: Ein Loth Negelein,
= Ein halb Loth Muscaten=Blumen,
= Zwey Loth weisse Violen=Wurtzel,
= Ein Loth Mastix,
= Vier Loth Weißmuth,
= Zwey Loth Weyrauch,
= Ein Loth Thimian,
= Ein Loth Myrrhen,
= Ein halb Loth Calmus,
= Ein Loth Negel=Blumen, und ein wenig
= Korn=Blumen, diese beyde letzte Stücke bleiben gantz.

Das übrige alles klein gestossen, darzu genommen Hopfen, Holder=Blüth, Natter und Nessel=Wurtzel, jedes gleichviel, klein gehackt und getreuget, hernach unter die andere Species gemenget, und alsdann auf das leinen Tuch, weil der Schwefel noch warm ist, gestreuet, wie vorhero gelehret, giebet schönen Geschmack und beständigen Wein.

## Ein geringer, doch guter Einschlag.

Zu sechs Loth Schwefel

Nehm: Ein Loth Negel=Blumen,
= Ein Loth Zittwer,
= Ein Loth Violen=Wurtzel,
= Ein Loth Mastix,
= Ein Loth Storax Calamitat.
= Ein Loth Cartamomum,
= Sechs Loth Nessel=Wurtzel,

Diese Species pulverisiret, und damit gethan, wie vorher gemeldet.

Item:

Schencket ihr Wein, und wollet, daß er euch nicht verfalle, oder verkehre, so nehmet Baum-Oehl, nachdem das Faß groß, und wenn das Faß so weit leer ist, daß der Wein beyde Boden betrifft, so giesset das Baum-Oehl hinein, der Wein behält seine Farbe, und wird nicht kahnicht, und wenn der Wein vom Fasse ist, so findet ihr das Baum-Oehl wieder in dem Fasse. Probatum.

Item:

Wollt ihr einen guten Einschlag machen, so nehmet: 1. Pfund Schwefel, 4. Loth gestossene Zimmet-Rinden, 2. Loth Nelcken, 2. Loth Cardemommen, 2. Loth Anis, 1. Loth Ingwer, 4. Loth Wißmuth, 1. Loth guten Venetischen Weyrauch, 1. Loth Muscaten-Blumen, 1. Loth Muscaten-Nuß, 1. Loth Zittwer, 1. Loth langen Pfeffer, das alles zustossen, thue den Schwefel in eine ungeglästete Pfanne, setze sie auf die Gluth, wann der Schwefel zergangen, und dünne worden, schütte die Würtze darein, rühre es unter einander, ziehe einen Barchend-Flecken eine halbe Elle lang und 3. Finger breit, eins nach dem andern durch, zu 1. Fuder Wein, braucht man etwa 2. quer Hände breit, den Spund soll man wohl verwahren, so gibt es einen beständigen Wein, und schadet niemand nicht.

## §. 20. Daß der Wein nicht kahnicht noch roth werde.

Daß ein Wein nicht kahnicht werde, werffet

Vor-

Borras in den Wein, oder 3. Handvoll gebrannt Saltz in den Wein gethan, das Faß zugespündet, über acht Tage darauf abgelassen. Probatum.

Item:

Zum ersten folget die rechte Verfertigung des Schwefels, damit er der Natur des Menschen nicht schädlich sey. Man soll nehmen weisse Feigen-Wurtzel, sie trücknen in einem Becket über dem Feuer, klein gestossen, durch ein Sieb sieben, und das Pulver behalten in einem Büchslein, darnach nehmet weissen Weyrauch, klein gestossen, vermischt es mit der Feigel-Wurtz, eines so viel als das andere, darnach so nehmet 3. Häselne Spähne, anderthalb Spannen lang, und 2. Finger breit, zerlaßt den Schwefel, ziehet die Spähne dadurch, und weil der Schwefel an den Spähnen noch warm ist, so sprenget das Pulver darauf zu beyden Seiten, so sind die Spähne recht zugerichtet, auch zu gebrauchen, wenn man will. Und wenn man nun das Faß damit zurichten will, soll man den Spund unter sich kehren, die Spähne anzünden, einen nach dem andern ins Faß halten, so lange als einer brennet, und wenn sie nun nach einander verbrennet, verstopfet das Loch des Fasses wohl, daß der Rauch nicht heraus gehet, schicke darauf das Faß in die Lese, thue Wein darein, so wird der Wein im Faß niemahlen kahnicht noch rothfärbig werden, und bleibet allezeit weiß und frisch, wird auch nimmer seiger oder zehe, man führe ihn über Land, oder lasse ihn liegen.

## §. 21. Den abgelassenen und aufgeschütteten Wein gleich trincken zu können.

Der Wein, den ihr einen Tag ablasset, und denselben aufschüttet, von Stund an zu trincken, wird also zugerichtet; nehmet 4. Loth Anis, 4. Loth Zucker-Candel, 4. Loth Entian, 2. Loth Johannis-Kraut, so abgestreiffelt, und sollt den Entian stossen, auch das alles unter einander thun, darnach das Faß an eine kühle Stätte legen, und die vorgeschriebene Materien in eine grosse Pfanne thun, ein wenig lassen erwarmen, giesse es hernach in Wein, spünde das Faß zu, und laß ihn liegen 4. Wochen, und wenn der Wein versuchet wird, so ist er köstlich und milde, wollt ihr ihn 2. Jahr also starck und gut behalten, so siedet in 2. Maaß gutem Wein Beyfuß-Wurtzel, giesset es in den Wein, es ist gut vor alle Mängel des Weins.

## §. 22. Den Wein ein gantz Jahr süsse zu behalten, er sey sauer oder süß gewachsen.

Man soll wissen und verstehen in dieser Kunst, wie man den Wein ein gantz Jahr süsse behalten soll, der Wein gerathe das Jahr süsse oder sauer. Man soll nehmen den Wein von der Presse oder Kelter, ihn in ein groß Faß giessen, und denselben auf den Boden setzen lassen, darnach soll man ihn abzapfen von dem Unflath auf dem Boden, und den abgezapften Wein soll man durch Häselne Spähne giessen in ein Faß, dadurch wird dieser Wein also gereiniget, daß er hernach keine Unsauberkeit mehr in sich

hat,

hat, die ihm möchte schaden, mit diesem Weine könnet ihr viel Weine süsse machen, und möget desselben Weins in ein Faß giessen, nach eurem Gutdüncken, in harten Wein, so wird der Wein milde und wohlgeschmack, und das soll man thun, daß niemand zusiehet, damit es nicht ein jeder inne werde und lerne, es muß auch geschehen an kalten Orten, mit solcher Weisse erhält man den Wein in seiner rechten Stärcke und Krafft, und auch süsse, wie Meth, das geschiehet durch Verziehung der Gähre. Probatum.

Item:

Ihr solt wissen, daß wenn ihr den Wein machet, wie er von der Presse kommet, und giesset ihn in das Faß, so soll man eine Spanne ledig lassen, darnach soll man nehmen gebrannten Wein, denselben soll man brennen aufs höchste 4. mahl, und desselben 2. Maaß oder 3. in ein Faß thun, also: Man soll nehmen ein Brod, in der Mitten ein wenig heraus genommen, auf daß der Wein nicht abfliesse, dasselbe Brod soll man zum Spunde hinein thun, auf daß es den Wein kaum anrühre, darnach soll man den gebrannten Wein langsam auf das Brod giessen, damit es keinen grossen Fall thue auf den Wein in das Faß, damit der gebrannte Wein nur schwimme auf dem Weine im Fasse, und sich damit nicht vermische, und wann er nun gar hinein gegossen ist, so viel ihr davon haben wollet, so wird der Wein unter dem gebrannten Wein süsse und starck, auch viel stärcker, als er gewesen ist, wolt ihr ihn aber noch stärcker machen, so mögt ihr ihm mit denen Specibus thun, wie zuvor geschrieben.

Item:

Thue eine Handvoll Senff in das Faß, und rühre es mit einem Stecken eine halbe Stunde wohl um, so bleibt der Wein allerweg süsse.

## §. 23. Dem Wein einen guten Geschmack zu geben.

Dem Wein einen guten Geschmack zu machen, nehmet zu einem halben Fuder drey Loth Campher, hänget es in den Wein nur 3. Wochen, so gewinnet der Wein einen edlen guten Geschmack, darnach so thue den Campher wieder heraus, laß ihn trocken werden, so ist er abermahl gut, legt ihn in ein wenig Baum-Oehl und Pfeffer, und lasset ihn neben dem Fasse hernach stehen, so kan er zu einem andern Fasse abermahlen gebraucht werden.

Item:

Nehmet zu einen halben Fuder Wein, einen Arm voll Beyfuß, thut es in das Faß, und eine Hand voll Hopfen, schüttet den süssen Most darauf, der Wein ist gut für alle Sucht, so die Leute lahm machet, stärcket den Magen und Brust, der Wein bleibet allezeit schön, wie ein Rosen-Wasser.

Item:

Wenn der Wein in der Gähre ist, hänget darein Hollunder-Blüthen.

Item:

Sammle im Sommer die Korn-Blumen, Wiheten-Blumen und Senff-Blumen, und

halt

halt sie schön bis in Herbst, hernach wirff die Blumen in ein Faß, darein du den Most thun willst, und laß sie drinnen liegen, bis er dieselben mit dem Gähren selbst auswirfft, und wer den Wein in einem Glase sehen und versuchen wird, der wird sprechen, er habe keinen bessern Wein niemahls getruncken.

## §. 24. Einen guten natürlichen Wein zu machen.

Schneidet von ungedroschenen Weitzen-Garben die Aehren ab, thut sie in das Faß, schüttet Most darauf, laßt ihn darüber vergähren, laßt den Wein ab in ein ander Faß, und laßt ihn ruhen, so bestehet derselbe Wein für einen edlen und guten Wein.

NB. So thut es auch der so genannte Dünckel. Item:

Nehmet ein rein Faß, leget Salbey darein, darauf eine Schicht Trauben, und denn wieder Salbey, bis daß das Faß voll wird, alsdenn so giesset süssen Most darauf, und wenn er gähret, so laßt ihn wieder in ein ander Faß, so wird er denn natürlich gut. Und wenn man einen Wein übers Jahr behalten soll, daß er nicht abfalle, und nicht roth noch weich werde, so nehmet zwischen zwey Frauen-Tägen Hopfen und Beyfuß, laßt ihn liegen bis in Herbst, daß er trucken und dürre wird, und wenn ihr im Herbst andere Fässer bereitet habt, so nehmet einen Huth voll Hopfen, und des Beyfusses halb so viel, vier Loth Weinstein, Weyrauch und ein

Stück Wachs-Licht, und ehe der Büttner oder Kiefer dem Faß den Boden verstößt, zündet das Angemachte im Fasse an, laßt den Rauch in dem Fasse bleiben, auch alsdann, wenns verbrannt ist, mit dem Besen wieder sauber ausfegen, alsdenn das Faß zugebunden, wenn ihr den Wein in das Faß giessen wollet, so nehmet aber eine Hand voll Hopfen-Blüthen und halb so viel Beyfuß, und vor anderthalb Kreutzer gestossenen Weyrauch, hänget es in einem Säcklein in das Faß, ehe der Wein anfähet zu gähren, giesset ein halb Maaß gebrannten Wein in das Faß, wann er anhebt zu gähren, und wann er vergohren hat, thut das Säcklein wieder heraus, und füllet den Wein mit gutem hartem Füll-Wein, so seyd ihr sicher, daß der Wein nicht abfällt. Probatum.

Item:

Im Sommer sammle Korn-Blumen und Senff-Blätter, behalte sie schön bis in Herbst, wirff die Blumen ins Faß, giesse Most darauf, laß den Wein liegen, bis er die Blumen selbst mit der Gähren auswirfft, so wird er ein schöner lieblicher Getranck.

## §. 25. Den Wein süsse zu machen.

Wenn der Most in der Gähre ist, und noch warm, so giesset das erste von der Kelter oder Presse, vom Most darein, thut nach euren Bedüncken Weinstein darzu, und lasset das unter einander gähren, wenn sichs gesetzet, so thuts bis zum viertenmahl, laßt das Faß nicht übergähgähren, so wird der Wein gut und starck, auch darzu süsse.

Item:

Wenn die Moste gähren, soll man die Keller warm halten, wenn ihr darzu sehen wollet, lasset die Thüre eine Weile offen stehen, damit der Dampf ein wenig heraus gehet, und ihr zum Fasse kommen könnet.

Item:

Füllet den Most gar offt, und wenn er auswirfft, Kerne und dergleichen, so thuts sauber aus dem Spunden, die übrige Gähre, so aus dem Moste gähret, sollt ihr zu keinem Moste füllen, sondern giesset es in ein besonders Fäßlein zusammen.

Item:

Wenn der Wein gähret, soll man ein Stück Speck darein hängen, in einem saubern Säcklin, und das Spund-Loch bis ohne ein kleines Lufft-Löchlein vermachen, so bleibet der Wein in einer Gähre, und wird süsse und lauter.

## §. 26. Daß der Wein unter dem Schencken bey seiner Farbe bleibe, und sich nicht verkehre.

Wollt ihr Wein bey der Farbe behalten, wenn ihr daraus schencket, so thut in ein Säcklein Weiden-Asche, hänget sie in das Faß, daß ihr wollet aufthun, so bleibet der Wein bey seiner Farbe und Geschmacke, verwandelt sich auch nicht, so lange er währet.

Item:

Verspündet das Faß wohl, bohret ein Löchlein, machet ein Zäpflein davor, daß ihrs zumachen könnet, wenn ihr daraus lassen wollet, so bleibet der Wein schöne und gut.

Item:

Nehmet Wachholder-Beer eine Hand voll, oder weniger, und hänget sie in den Wein, ihr seyd sicher, daß sich derselbe nicht verkehren thut, im Schencken. Probatum.

Item:

Hänge in den Wein getruckte Crammets-Beer oder Korn-Blüthe in ein Säcklein, der Wein bleibet bis ans Ende beständig.

Item:

Hänge an einen Faden ein wenig Bley darein, ungefähr einer Spannen vom Boden.

Item:

Hänge Wein-Reben-Asche, in ein Säcklein gethan zu Grunde, so bleibet er gerecht, bis ans Ende.

## Cap. III.

## Andere und fremde Weine zu machen.

### §. 1. Einen guten, natürlichen, süssen und milden Wein im Herbst zu machen, daß er das gantze Jahr daure.

Wollt ihr süssen guten Wein machen, so nehmet den Most von Stund an, wenn er von der Kelter kommt, thut ihn in einen Kessel,

laßt

laßt ihn bis auf den dritten Theil einsieden, darnach so thut ihn in ein Faß, so bleibet er das gantze Jahr süsse.

Item:

Man soll in der Gähre in ein Faß mit Weine ein Stück Speck hängen, in ein rein Säcklein, vermacht das Spund-Loch sehr wohl, daß ihr ihm nur ein klein Löchlein lasset, so bleibet der Wein bey seiner Gähre, wird süsse, schön und lauter; wie vor gemeldet.

Item:

Will man einen Wein in der Gähre süsse behalten, daß er einen lieblichen Geschmack gewinne, so nehmet 3. Maaß Most aus der Kelter oder Presse, so abgepresset, darunter gethan ein Pfund Senff, in das Faß gegossen, wohl gerühret, so höret der Wein auf zu gähren, und bleibet süsse, daß muß man aber erst thun, wenn der Wein eine Weile gelegen hat, sonst taugt es nicht.

Item:

Wollt ihr guten Wein in Most machen, der da gut, süsse, frisch und unverkehret bleibe, auch nicht sauer werde, so wisset, daß wenn der Most schon den Unflath auswirfft, so nehmet guten gebrannten starcken Wein, giesset ihn in den Wein, so wird er gut, wenn er seine Zeit auslieget, und könnet ihn behalten, so lange ihr wollet.

Item:

Wollt ihr den Wein süsse behalten, wenn er von den Reben kommt, so nehmet, ehe er an-

anfähet zu gähren, eine Hand voll Senf-Mehls, thuts in ein Faß, schlagts mit einem Stecken unter einander auf eine halbe Stunde, der Wein bleibet allewege gut und süsse.

Item:

Wollt ihr süssen guten Wein machen, lauter und klar, so bestellet auf einen Tag so viel Leser, damit die Trauben auf einen Tag alle abgelesen können werden, und die sollt ihr unzerknirscht hinein führen, und denselben Abend noch zutretten, aufschütten, und das Faß trocken bereiten, darein soll man ein halb Quart gebrannten Wein schütten zu einem Fuder, und das wohl zuspünden, und fein hin und her weltzen, alsdann setze es auf den Boden, lege es an einen kühlen Ort, darnach so nehm 2. Loth Entian, 2. Loth Nelcken, 1. Loth Zimmet-Rinden, stosse alles zusammen in einem Mörsel, item 4. Loth Zucker-Candi und überzogenen Anis, diß alles unter einander auf blosse Trauben in das Faß gethan, und darzu geworffen fünf Hand voll Johannis-Kraut, darnach thut den Most in das Faß, laßt es leer auf eine quer Hand, trucket es mit Steinen, und lassets liegen ungefähr einen Monat, darnach so füllet es mit lauterm Weine, der vergohren ist, so wird er wohl gefärbet, lauter, klar und süsse.

Item:

Wollt ihr natürlichen guten süssen Wein machen, so nehmet 4. Loth Muscaten-Blumen, 4. Loth Zimmet-Rinden, 2. Loth Zuckercandi, 1. Kreutzer Schwefel, diß alles

unter

unter einander gestossen, über einem Feuer in einer Pfanne zerlassen, nehmet hernach Zwillich, schneidet ihn 2. Finger breit und einen Finger lang zu einem ein Eymerichen Faß, hengets an einen Drat, brennets in das Faß, und schlaget hernach den Spund oben feste zu, daß der Einschlag im Fasse bleibe, und von Stund an muß man das Faß füllen mit Wein von dem Tretten, daß der Rauch nicht heraus kommet, und am dritten Tage soll man den Wein besehen, und wenn der Wein lauter worden ist, so soll man ihn ablassen in ein Faß, das soll man auch mit dem vorigen Moste zubereiten, und so viel in dem ersten Faß des Weins aussen bleibet, so viel soll man in das andere Faß Wasser füllen, darnach über 8. Tage soll man den Wein wieder ablassen in das erste Faß, und das soll sauber bereitet werden, da man den Wein am ersten habe abgelassen, so wird der Wein süsse und schön, währet lange, und ist lieblich zu trincken.

Item:

Wollt ihr, daß der Wein sanfft und linde bleibe, machet guten Most von dem Vorlaß, siedet ihn, und thut ihn in ein reines Faß, wie vorne stehet, nehmet Farren-Wurtzel im Herbst, waschet die schön, trucknet sie, legt sie in das Faß, darinnen der Most ist, und welchen Wein ihr damit mischet, der kan und mag nicht sauer werden, wegen dieser Wurtzel.

Item:

Guten natürlichen Wein über ein Jahr zu be-

behalten, so laßt den obersten und untersten Wein zuerst aus dem Faß durch 3. Zapffen, der mittlere Wein der ist der beste. Probatum.

Item:

Wer harten Wein will linde machen, der nehme 2. Pfund Zucker, 2. Pfund schönen weissen Weinstein, stosse es klein, und reibe es unter einander, rüttels durch ein Sieb, und nehmet ein schönes weisses Säcklein, und beschlagets mit Lein, der mit Scheer-Wollen gemachet ist, darein thut den Zucker und den Weinstein, setzet ihn in eines Becken-Ofen, so lange, bis der Weinstein wird wie ein Weitzen-Mehl, so nehmet ihn denn, reibet ihn klein, machet ein Säcklein, oben weit und unten enge, als ein lang Säcklein, das hänget mitten in den Wein, so ziehet der Weinstein den andern Weinstein an sich, der Wein wird lauter und schön, ihr müßt ihn aber rühren und hernach ruhen lassen.

Item:

Nehmet in den Herbst einen Eymer gutes Mosts, von dem Tretten, wann er am allersüssesten ist, erwallet ihn bey dem Feuer, thut ihn in ein rein Fäßlein, füllet damit die harte Weine, sie werden süsse und milde.

Item:

Nehm Weiden-Asche, thue es in ein Säcklein, häng es in das Faß, daß du zum Füllen geben thust, so behält der Wein die Farbe, und bleibt bey seiner Krafft bis ans Ende.

§. 2.

## §. 2. Rothen Wein zu machen.

Nehmet Beerlein von Sommerach, wenn sie zeitig sind, dörret sie wohl, und wenn man will, so hänget sie in ein Geschirre Wein, in einem Säcklein, so wird über eine kleine Weile der Wein roth, wollt ihr ihn noch röther haben, so nehmet Hollunder-Beeren, dörret sie, und hänget sie drein.

Item:

Nehm rothe Korn-Rosen, trockene die an der Sonnen, und hänge sie vier Tage in den Wein, so gewinnet der Wein eine schöne rothe Farbe.

Item:

Nehm das Kraut samt der Wurtzel, heißt Berenklau, hänge es eines Kopfs groß in den Wein, und das Kraut soll man 2. oder 3. mal heraus thun, und allemahl abtrucknen, und wieder hinein thun, in 14. Tagen hast du schönen rothen Wein.

## §. 3. Goldfarben Wein vor vornehme Herren zu machen.

Nehmet Haber-Stroh, thuts in ein Faß, ziehet Wein darüber, laßt ihn darauf liegen, so wird er wunderschön.

Item:

Wie man einen Wein soll schöne machen, der roth und ungefärbt ist. Nehmet 4. Pfund Schwefel, ein Viertel Pfund Weyrauch, 1. Gr. Campher, 1. Loth Fenchel-Saamen, 1. Loth Coriander, ein wenig Wermuth, ein

ein wenig Braun-Hartz, diese Stücke brennet alle zusammen, die gehören in ein Fuder Weins, und 5. Maaß des Weins darunter, und diese Stücke muß man 6. Stunden lang im Fasse wohl brennen.

## §. 4. Rothen Wein in blancken und weissen zu verwandeln.

Nehmet von 2. Eyern das Weisse, pulvert es in einem Kessel, hängets in rothen Wein, so wird er weiß.

Item:

Nehm weissen Weyrauch, brenne ihn zu Aschen, und thu diese Aschen in ein sauberes weiß Tüchlein, bind es in ein Bündelein, häng es mitten ein ins Faß, so wird der rothe Wein weiß und klar. Probatum.

## §. 4. * Weissen Wein roth zu machen, welcher lieblich und gesund ist.

Nehmet:

| | | |
|---|---|---|
| Granorum Kermes | - - | 1. Loth |
| Radicis Behen rubræ | - | 5. Quentlein |
| Anchusæ | - - - | 6. Quentlein |
| Boli Armeni | - - | 2. Quentlein |
| Sang. Draconis | - | $\frac{1}{2}$. dito |
| Sand. rubr. | - - | $1\frac{1}{2}$. dito |

machet dieses alles zu einem groben Pulver, und ziehet mit dem besten Spiritu Vini die Röthe aus, und diesen rothgefärbten Spiritum bewahret wohl. Ferner nehmt 1. Pfund des besten weissen Zuckers, machet ihn zu Pulver, thut ihn in einen niedrigen Kolben, giesset darauf 3. Löffel voll destil-

destillirten Wein-Eßig, mischet es wohl mit einem höltzernen Stäblein unter einander, setzet den Kolben wohl vermacht 8. Tage lang in eine warme Asche, so wird der Zucker roth werden, alsdenn giesset darauf einen guten Spiritum Vini, stellet es abermahlen in gelinde Wärme in Balneo Mariæ, so ziehet der Spiritus Vini die Tinctur aus, denselben scheidet mit Fleiß ab. Nun nehmet diesen Spiritum, giesset ihn zu dem andern, womit ihr die Röthe aus obgemeldten Stücken gezogen habt, und destilliret per Balneum Mariæ den Wein-Geist davon ab, so bleibet die Essentz des Zuckers, samt der Tinctur in Gestalt eines rothen Saffts oder Oehls an dem Boden: Dieses setzet an einen kalten Ort, oder im Sommer in kalt Wasser, darinnen ein wenig Salpeter zergangen ist, in einem Keller, so werden hochrothe Crystallen anschiessen: Von dieser Crystallen ein wenig in weissen Wein gethan, so wird er davon roth, süsse, und eines annehmlichen Geschmacks, und ist in vielen Kranckheiten sehr nützlich zu gebrauchen. Man kan die Chrystallen auch in einem dienlichen Wasser zu dem Ende zergehen lassen, und also gebrauchen.

Oder, den weissen Wein roth zu färben, thut man nur etwas von der Torna Solis, von der kläresten in den Wein, so wird er gleichfalls davon roth werden.

## §. 5. Muscateller-Wein zu machen.

Nehmet in ein halb Fuderich Faß 4. Loth weissen Ingwer, 4. Loth langen Pfeffer,

2. Loth Muscaten, 2. Loth Nelcken, 2. Loth Calmus, den schneide klein, mache ein Säcklein, thue die Materie darein, binde es feste zu mit einer Schnur, nehmet ein reines Glaß, thut das Säcklein darein, und thut darauf guten gebrannten Wein, daß er über das Säcklein gehet, machet es feste zu, daß kein Dampf darvon kommt, laßt es stehen 2. Tage und 3. Nacht, darnach bindet das Säcklein an eine lange Schnur, hänget es in das Faß, daß es um ein quer Hand von dem Boden sey, hänget die Schnure an, daß ihr das Säcklein wieder heraus ziehen könnet, wenn ihr wollet, spündet das Faß 2. Tage und 2. Nächte feste zu, so gewinnet der Wein einen guten Geschmack, darauf spündet das Faß auf, ziehet das Säcklein heraus, trucket es wohl aus, so laufft der Geschmack in den Wein, auch laßt es wieder hinein, so schmecket der Wein gar wohl, auch mögt ihr das Säcklein in ein ander Faß hängen, es bleibet gut.

Item:

Man muß nehmen einen Theil der Blüthe, mit samt den Gipfeln, und obersten Spitzlein von dem Kraut Basilicum genennet, so man will, kan man auch das Kraut nehmen, Holder-Blüthe zwey Theil, beederley gedörret, drey Theil gestossenen Coriander-Saamen, dieses alles zusammen in ein leinen Säcklein gethan, welches durch das Spund-Loch des Fasses gehen könne, dieses Säcklein in den Wein gehangen, daß es bis in die Mitte des Fasses komme, und lasse es also mit einem Faden angebunden 10. Tage lang in

dem

dem Most, bis er vergohren, hången, man muß aber in wåhrender Zeit das Faß zuhalten, und nicht öffnen, als nur ein Löchlein durch den Spund bohren, und durch ein Wachholder-Rörchen, welches in das Loch gestochen werden muß, vergåhren lassen, auch nichts davon zapfen, bis er klar worden, nach verflossenen 10. Tagen, oder wann der Most abgegohren und klar worden ist, nehmt man das Såcklein mit den Specibus wieder heraus, so hat man einen guten Muscateller-Wein. Dieses Secret kommt aus Italien, und ist solches offt probiret, es muß aber bey uns im Herbst geschehen, und mit frischem Most pråpariret werden, in Italien aber, wo es süsse Weine giebet, kan es allezeit geschehen.

Item:

Man nehme 1. Pfund Hollunder-Blůthen, so im Herbst an der Sonnen getrucknet worden, thue selbige in ein Såcklein, hånge sie in ein drey Eymerich, oder in ein Viertel Faß Most, daß sie recht in der Mitten zu hången kommt, deßwegen man ein Steinlein dabey anzubinden, damit es herunter gehen kan, laß den Most damit vergåhren.

Item:

Man muß nehmen gedörrtes Basilien-Kraut, ein Theil der wohlriechenden Scharlachs-Blumen, und hången es in den Most, und lassen es darůber vergåhren, schmecket nicht allein wie ein Muscateller-Wein, sondern soll auch vor den kalten Magen vortrefflich gut seyn, und den Schleim verzehren, auch den unfruchtbaren Wein-Beeren wohl bekommen.

Item:

Nehm Süßholtz, Engelsüß, Anis, jedes ein halb Loth, Muscaten-Nüsse, drey Quintlein, Calmus ein Quintlein, dieses alles gröblich gestossen, und in ein Säcklein gethan, hernach im Wein 14. Tage hängen lassen, schmecket wie ein Muscateller-Wein.

Item:

Nehm Muscaten-Blumen, wie auch Muscaten-Nüsse, jedes ein halb Quintlein, stosse es, und binde es in ein Beutelchen, und hänge oder lege es in ein Glaß voll Brandtewein, der recht starck und gut ist, laß es Tag und Nacht, etliche lassen es auch nur 12. Stunden darinn stehen, will mans nun gebrauchen, so trucke man das Säcklein aus in ein Glaß, oder Trinck-Geschirr, worein der Wein soll gegossen werden, und schwencket es wohl um, daß das Gefässe wohl damit allenthalben befeuchtet werde, hernach geußt man Wein darein, so schmecket er gleich dem allerbesten Muscateller-Wein.

## §. 6. Rothen Muscateller-Wein zu machen.

Man muß nehmen Holder-Blüth 8. Loth, und 1. Loth Zimmet, giessen darauf guten Most, und lassen es zusammen kochen, jedoch schäumet man den Most vorhero wohl, und hernach thut man die Species hinein, lässet ihn hernach kalt werden, und füllet ihn in ein zugerichtetes Fäßlein, und hänget die Species mit dem Säcklein in den Most, alsdenn muß man ihn

ge-

gelinde abgähren lassen, durch ein wachholdernes Trichterlein, der Wein wird sehr gut, und schmecket wie ein Muscateller-Wein, damit er nicht zu starck gähre, kan man, wie im ersten Theile gelehret, Borgstorffer-Aepfel zerschnitten, und an einem Faden gereihet, darein hängen, er wird über die massen gut werden.

## §. 7. Hollunder-Blüth-Wein.

Nehmet in dem Herbst Hollunder-Blüthen, laßt sie trocken werden an der Sonne oder Ofen, darnach thut dieselbe bey 1. Pfund in ein Säcklein, hänget sie mitten in ein Faß, weil der Wein noch Most ist, laßt es so lange darinnen, bis der Wein vergiehret, ziehets täglich 2. mal heraus, trücket es, und hängts wieder ins Faß, welches 3. Eymer hält.

Item:

Nehme Galgant, röst ihn in einer Pfannen, mit anderm Wein, scheide hernach den Wein in der Thadel, so wird er lauter und klar, und schmeckt wie Muscateller.

## Einen guten Holder-Wein, so dem Muscateller gleich ist, zu verfertigen.

Nehmet Holder-Blüth, so viel, als euch beliebet, von denen Stengeln, schüttet sie auf ein weisses Tuch, lasset sie an der Lufft wohl dürre werden, schüttets in ein leinen Säcklein, hängets an die Lufft, damit sie nicht faule noch schimmele, und behaltet es bis um die Weinlese: Alsdenn nehmet ein Fäßlein, so groß ihr wollet, füllet es mit Most, und lasset ihn vergähren; und wenn er im Satz ist, so nehmet das Säcklein mit dem Holder, und hängets darein, je mehr man der Blüthe nimmt, je kräfftiger wird er auch dem Geschmack nach, und vergleichet sich so gar dem Muscateller. Will man ihn süsse haben, so kan man Zimmet, Paradieß-Körner, oder auch wohl ander Gewürtz darzu thun, nebst etwas Spanischen Wein.

## §. 8. Maulbeer-Wein zu machen.

Drücket oder quetschet Maul-Beeren durch ein rein Tüchlein, daß der Safft recht heraus gehet, und das Tüchlein recht roth wird, leget das Tüchlein 3. oder 4. Tage in den Wein, so wird er roth.

## §. 9. Francken-Wein zu machen.

Hänget in ein Fuder 8. Loth Zimmet-Rinden gestossen, so viel Zucker, und so viel gefeilt Hirschhorn, er wird in 7. Tagen kräfftig und gut.

## §. 10. Brombeer-Wein zu machen.

Nehmet ein Maaß Honig, und Brombeeren 5. Maaß, das mischt und temperiret wohl durch einander, darnach so thut 6. mahl so viel Weins darzu, thut es zum Feuer, laßt es wohl sieden, schaumet und setzet es abe, seigets durch ein Tuch, und laßt es gähren, darnach so thut es wiederum zum Feuer, laßt es sieden, schäumet und giesset es in ein rein Fäßlein, laßt es gähren, und wenn ihr davon trincken wollt, so versucht ihn, daß er nicht zu starck sey, und wenn er

zu

zu starck ist, so nehmet zu einem Glaß voll zwey Gläser Weins, nichts darunter, so habt ihr einen guten Tranck.

## §. 11. Rosen-Wein zu machen.

Nehmet weisse Rosen-Blätter, die am zeitigsten sind, dörret sie an der Lufft, behaltet sie bis in Herbst, wenn ihr Most habt, den solt ihr sieden, bis er verschäumet, und länger nicht, damit es nicht zu dück werde.

Item:

Man nehme im Junio, wann die Rosen recht in der Blüthe seyn, was man vor Art Wein will haben, rothe oder weisse Blumen, pflücke die Blätter von den Knospen ab, und truckne sie wohl ab an der Sonnen, auf einem Tüchlein, hernach verwahr sie wohl, daß sie nicht anlauffen, in grossen Gläsern kan man sie am besten halten, im Herbst-Zeit auf der Weinlese thut man selbige in ein dünn-leinen Tüchlein, und hänget sie in den Most, bis derselbe vergohren hat, man muß aber das Faß nicht voll füllen, damit es nicht übergähre, auch feste zuhalten, und nur ein einiges Lufft-Löchlein lassen, wann er nun vergohren hat, so fülle ihn voll mit Weine, und laß ihn liegen, er wird sehr gut. Will man, so kan man auch wohl ein paar Loth Zimmet-Rinde, etwas zerquetschet in ein Säcklein thun, und drein hängen, dieses muß aber erst, wann er nach der Gähre voll gemacht wird, gethan werden, so wird er desto angenehmer, zu blanckem Most nehmt man weisse Rosen, und zum rothen Most rothe Rosen. Den Wein von den rothen Rosen hält man vor den besten, allein wann man die Blätter trucknet, müssen die Spitzen ein wenig abgeschnitten werden; dieser Wein soll sehr gesund seyn, absonderlich im Sommer, dann er die inwendige Hitze kühlen, und das Hertze sehr stärcken soll. Ich überlasse aber den Medicinischen Gebrauch denen Herren Medicis, dann ich hievon wenig verstehe.

Eben solchergestalt kan man auch von der Flieder-Blüthe einen köstlichen Wein machen, wann man die Blüthe solchergestalt trucknet, und in den Most thut.

Item:

Nehmet im Brach-Monath Rosen, thut die Blätter in ein Faß, spündet das Faß fester zu, laßt es stille liegen, so lang bis der neue Most kommt, füllt ihn drüber, laßt es wohl gähren, so wird der Wein edel und gut.

Item:

Wenn die Rosen zeitig und reiff sind, so nehmet irgend 2. oder 3. Tücher voll, brecht die Blätter ab von denen Stiehlen, dörret sie auf sauberen Tüchern in der Lufft, und behaltet sie reine in den Herbst, und wenn der Wein anhebt zu gähren, so laßt aus dem Fasse, daß er nicht übergähre, thut denn die Rosen-Blätter in das Faß, und laßt den Wein damit gähren, füllet ihn denn wieder mit dem vergohrnen Wein zu, das wird denn der köstlichste, natürlichste und wohlschmeckendste Wein, davon nicht genug zu sagen ist.

§. 12.

## §. 12. Rothen Rosen-Wein zu machen.

Nehm rothe Rosen, thue sie in ein Säcklein, in rothen Wein, so wird er röther, und über alle Massen wohl geschmack.

## §. 13. Guten Kirschen-Wein zu machen.

Man nimmt von den Kirschen die Stiehle hinweg, hernach die Kern heraus, zerstösset's in einem steinernen Mörsel, und thut sie wieder zu dem Fleisch der Kirschen alles zusammen in ein Säcklein, darzu thut man auch überzogenen Anis, und Zimmet-Zucker, hänget alles in einen rothen Wein, dieser ziehet alsdenn die Krafft aus der Kirschen Fleisch und Kern, von Gewürtz aber und Zucker wird der Wein süß und wohlgeschmackt.

Oder:

Nehmet der besten Kirschen, die wohl zeitig sind, presset den Safft davon, und wenn ihr 5. Maaß des Saffts habet, so nehmet 16. Maaß lautern Wein darzu; habt ihr aber 11. Maaß des Saffts, so nehmet ein Maaß Honig darzu. Wollt ihr viel Wein haben, so sehet, daß allewege der sechste Theil lauter Wein, unter 12. Theil Honig sey; machet in das Fäßlein einen grossen Spund, nehmet dann einen gelöcherten Rühr-Stecken, und rühret den Wein 4. Wochen, alle Tag eine Zeitlang, hänget ein Säcklein mit Gewürtz darein, und vermachet den Spund wohl, so bleibet der Wein frisch und gut.

Item:

Man nehme Kirschen, die wohl zeitig und

reiff sind, pflicke dieselbe in einen Zuber, wo ein frisch Brunnen-Wasser drinnen ist, hernach seige das Wasser wieder reine von den Kirschen ab, thue sie nach und nach in einen höltzern, darzu gemachten Mörsel, und laß sie gantz in demselben zerquetschen, daß der Kern mit entzwey gehet, denn der Kern gibt dem Wein die beste Krafft, hernach nehm einen Sack von reiner Leinwand oder Zwillich, und thu den in das Faß, worinn der Wein kommen soll, hernach thue die zerstossene Kirschen mit einer Kellen, und ja nicht mit der Hand, in den Sack, binde ihn feste zu, und fülle guten Wein darauf, laß ihn liegen, bis er vergohren, dann der Wein ordentlich mit den Kirschen aufs neue giehret, wann er vergohren hat, so nehmt man zwey Loth Negelein, zwey Loth Zimmet, ein Loth Galgant, Muscaten-Blumen und Cardamomum jedes ein Loth, alles klein gestossen, in ein Säcklein gethan, und an einen Faden in den Wein gehangen, etliche Tage dichte zugemacht liegen lassen, alsdann hat man einen köstlichen Kirschen-Wein, will man aber den Wein bald fertig haben, so kan man das Gewürtze jedes alleine in ein Säcklein, und auch jedes allein in einen neuen Topf thun, ungefähr einen Schoppen Wein auf jedes giessen, und wohl verdeckt kochen lassen, hernach wann der Wein mit dem Gewürtze erkaltet, denselben in den Kirschen-Wein giessen, und das Gewürtze darzu hinein hängen, so kan man selben bald anstechen, und wird auch viel kräfftiger nach dem Gewürtze schmecken. Obige Dosis ist auf zwey Eymer eingerichtet.

Item:

Item:

Man nehme Kirschen, so recht reiff sind, wie viel man will, und siede sie in einem Kessel, daß sich die Kernen alle davon absondern, darnach thue man die Kirschen in einen dicken zwilchenen Sack, und presse sie aus, alsdann giesset man den Safft in ein Faß, und füllet guten Wein darauf, und spündet das Faß zu, daß es zusammen vergähre, man muß aber in den Spund ein Zwickloch machen, und von Wachholder-Holtz, im Fall man es haben kan, ein gedrehetes Röhrlein in das Loch stecken, daß der Wein dardurch vergähre, uugefähr 8. Tage lang, hernach thut man das vorbeschriebene Gewürtze hinein, so hat man alsdann einen guten Kirschen-Wein. Will man aber so viel nicht darauf spendiren, absonderlich würde es denenjenigen, so ihn wieder ausschencken, zu hoch kommen, ist es genug, wann man 1. Loth Zimmet, 1. Loth Nelcken, und etwas Cardamomum hinein hänget, die Schencken müssen auch diß dabey in Acht nehmen, daß sie in einem neuen Topf abgekochten Zucker stehen haben, und so jemand Kirsch-Wein holet, etwas von dem gekochten Zucker mit in das Maaß thun, sonst würde der Wein zu sauer seyn: Will man aber Zucker zugleich in den Wein thun, muß man von dem feinesten Zucker nehmen, selben in Stücken zu schlagen, und in ein rein Tüchlein thun, und mit demselben in den Wein hängen, so bleibt das Unreine von dem Zucker in dem Tuch oder Säcklein: Ich halte aber, daß es weit besser sey, daß man den

Wein süsse mache, wann er getruncken werden soll, denn der Zucker insgemein schleimet, und in das Faß selben zu thun leicht schädlich seyn möchte. Jedoch stehet jedem frey, nach dessen Gutdüncken zu machen. Ich habe allezeit den gekochten Zucker gebrauchet, es seye denn, daß man vor das Hauß ein klein Fäßlein Kirschen-Wein zurichte, so gehet es mit dem Zucker in ein Säcklein gethan, wohl an.

## §. 14. Alant-Wein zu machen.

Nehm Alant-Wurtzel, weil sie noch grüne ist, und brich selbe ab, schneide dieselbe in Scheiben, wann sie vorher wohl abgewaschen ist, reihe sie an einen gedoppelten Zwirnfaden, und hänge sie in die Lufft, und gib wohl Achtung drauf, daß sie nicht schimmlich werde, hernach im Herbst nehm zu einem Eymer Wein 1. Pfund, zu 2. Eymer 2. Pfund von diesem gedörrten Alant, wasche ihn abermahl schöne, und thue ihn in einen Kessel, und geuß darauf zu jedem Pfund 4. Maaß reinen Kelter-Most, und decke den Kessel zu, und lasse es wohl sieden, schäume es auch fleißig ab, und wann du findest, daß sich die Wurtzel zertrucken lässet, so nehm sie heraus aus dem gekochten Moste, stoß oder zerreibe sie in einem Mörsel, oder Reibe-Topfe, und treibe sie durch ein Tuch oder Sack, thue sie hernach wieder in den vorigen gekochten Most, und laß es nochmahlen kochen, bis die Hälffte, oder zum wenigsten der dritte Theil von dem Moste eingesotten, darnach geuß es in ein rein Züberchen, oder verglasirten Topf, setze es in den Keller, und laß es kühle werden, darnach geuß es in ein Faß mit Moste, und lasse es vergähren; sollte der Most aber in 8. Tagen nicht gähren wollen, so mache nur ein Kohl-Feuer dabey, so wird er bald gähren, und wird sich die Gewürtze nach dem Spunde erheben, und wann es vergohren, so koste ihn, im Fall er noch zu bitter von dem Alant schmecket, so must du mehr Most abkochen, und wohl verschäumen, kalt lassen werden, und zu dem Alant-Wein zufüllen, nehm hernach ein Loth Zimmet, 1. Loth Negelein, zerknirsche ein jedwedes absonderlich, thue es in ein weiß Tüchlein, und geuß auf jedweden Knospel einen Schoppen Most oder Wein, laß es wohl kochen, hernach kalt werden, gieß es in den Alant-Wein, und hänge die Beutelgen mit dem Gewürtze, wie auch noch ein Loth Galgant darzu in den Alant-Wein, spünde ihn zu, und laß ihn etliche Tage liegen, so hast du einen guten Alant-Wein.

Item:

Man nehme, wie vorgedacht, zu einem Eymer 1. Pfund gute gedörrete Alant-Wurtzel, zu einem Viertel aber 2. Pfund, geuß darauf, als auf ein Pfund, 4. bis 6. Maaß guten Kelter-Most, thue es zusammen in einen darzu geschickten Kessel, und laß es fast auf die Helffte einsieden, man muß sich aber also den Uberschlag machen, daß, so viel Eymer das Gefässe, darein der Most kommen soll, man allezeit noch einmahl so viel Most, als obgemeldt in den Kessel giessen, weil er die Helffte einkochen muß. Wann diese Verkochung

chung so wohl mit dem Alant, als auch mit dem Moste geschehen, thut man den gekochten Alant in den Kessel, worinn der Most kochet, und lassets nochmahlen zusammen wohl aufkochen. Man muß aber bey dem Kochen so wohl was der Alant, als auch der Most anlanget, continuirlich den Unflath, so in die Höhe kochet, rein abschåumen, bis nichts mehr sich mercken låsset, hernach geusset man es in einen grossen Zuber, daß es verkaltet, will man ihn nun sehr gut haben, so nehme man zu einem Eymer 2. Loth Nelcken und 3. Loth Zimmet, und stosset jedes absonderlich etwas gröblich in einem Mörsel, thut jedes in ein Såcklein, und lege die Såcklein in den Zuber, darein er den Most will verkalten lassen, und geuß den heissen Most darauf, lasse das Gewürtze darinn liegen, bis er verkaltet, alsdenn nehme man ein, mit meinen fornen gedachten Einschlag-Spåhnen wohl zugerichtetes Faß, und fülle den abgekochten Most darein, verspünde dasselbe sehr wohl, daß keine Lufft darzu kommen kan, und bringe es in einen guten Keller, er wird gut und süsse bleiben ein gantzes Jahr, jedoch kan man zu Zeiten darnach sehen, und zuhören, ob er stille lieget, solte er etwan ein wenig zu knicken anfangen, muß man ihn in ein ander mit einem Einschlage zubereitetes Gefåsse abziehen, alsdann gehet alle das übrige noch vorhandene Unflåtige hinweg, und wird der Most schön hell und klar darnach, wie der schönste Wein seyn mag. Dauerhafftiger aber ist er noch, wann man ihn von solchem Moste zubereitet, der schon einmahl

abge-

abgezogen ist, wie fornen im 2. Capitel gelehret worden, dann von solchem präparirten Moste kan man das gantze Jahr durch machen allerhand Kräuter und Gewürtz-Weine, und ist sehr gut, wer solchen Most im Vorrath hat, so kan er sich allezeit frische Kräuter-Weine machen, und handelt mit demselben eben wie bey den andern allbereit beschriebenen Kräuter-Weinen gelehret worden.

Item:

Wer sich aber nicht viel Mühe mit dem Alant-Weine machen will, der nehm nur die Wurtzel, zerschneide sie, und hänget sie in den Most, daß er damit vergähre, und klar werde, ist auch eine Art Alant-Wein, kommt aber dem vorigen nicht gleich, derhalben rathe ich bey der ersten Art zu bleiben, es sey dann, daß man von altem Weine etwas machen wolte.

## §. 15. Würtz-Wein zu machen.

Nehmet 2. Loth guten Ingwer und 1. Loth Zimmet-Rinden, laßt es klein schneiden und stossen, auch 2. Loth Calmus, den laßt klein schneiden, thut das in ein Säcklein, und hänget es in den Wein.

Dieser Wein ist gut, wenn das Geäder von der Kälte erstarret ist, er ist auch gut zu der Brust und kalten Husten, ist gut zum Magen, treibet den Harn und Frauen-Kranckheit, und läutert das Gesichte wunderbarlicher Weise.

## §. 16. Wermuth-Wein zu machen.

Den Wermuth soll man brechen vor der Sonnennen-Aufgang, da ist sie am kräfftigsten, dörret sie an der Lufft, nicht an der Sonne, haltet sie reine, und verwahret sie wohl vor Staub, bis in den Herbst, so thut in ein Eymerich Faß drey gute Hand voll, giesset schönen gesiegenen Most darüber, und thut eine Mulde voll Weinbeeren zu dem Wermuth in ein Faß, vermacht den Spund gar wohl, laßt ihn von sich selbst gähren. Dieser Wein ist gut, erhitzet den nüchternen Magen, und die Gedärme, treibet aus dem Magen allen Unflath, und was nicht gedauhet, vertreibet alles Grim̃en, Schmertzen und Kranckheit, stärcket die Natur des Menschen, reiniget die Frauen-Kranckheit, bringet wieder die verlohrne Sprache, läutert das Gesichte, und ist gut vor die Pestilentz.

Item:

Nehm auf einen Eymer zwey gute Hand voll der besten und stärckisten Wermuth, 8. Loth Alant-Wurtzel, eine Hand voll rothe Rosen, eine Hand voll Hirsch-Zungen, thue alles zusammen in ein Säcklein, und hänge es in den Wein, darzu nehm weisse Häselne Spähne, die müssen vorhero eine Nacht eingewässert, und alsdann an der Lufft, (aber nicht an der Sonnen) getrucknet werden, darnach thue die Häselne Spähne nebst dem Säcklein in den Most, und siehe zu, daß die Spähne nicht vor den Spund kommen, laß hernach den Wein also vergähren, so hast du einen delicaten Wermuth-Wein. Probatum.

Item:

Item:

Nehm 14. Hand voll der besten Wermuth, Cardobenedicten 5. Hand voll, Tausend-Gulden-Kraut 3. Hand voll, Ysopp 2. Hand voll, Melissen 5. Hand voll, mische es, und schneide es mit einer Scheere klein, thue es in ein Säcklein, und hänge es in den Most, und laß es vergähren, du kanst auch ingleichen von den vorgedachten Häselnen Spähnen darein thun, nur zusehen, daß sie nicht vor den Spund kommen.

Dieser Wein soll vor viel Kranckheiten gut seyn, welches ich denen Herren Medicis will anheim gestellet haben, damit es nicht mit mir auch heisse: Ne sutor ultra crepidam, oder gar vor einen Pfuscher möchte åstimiret werden: Dann wer das Doctor-Handwerck nicht gelernet hat, der lasse es unvexiret, bleibe also bey meiner Wissenschafft, und honorire die edle Medicin, wie billich.

Item:

Nehm guten getreugten Wermuth eine gute Handvoll, und lege selbigen in ein Faß, nebst einem Theil guter frischer Weinrauten, giesse hernach guten Most darauf, und spünde es feste zu, laß nur ein klein Lufft-Löchlein, und laß es vergähren. Dieses soll auch ein gesünder Wein seyn, wie D. A. Matthiolius von Sena meldet, im 3. Cap. 23. Bey dergleichen Kräuter-Weine, so von Mösten gemacht werden, ist dieses zu erinnern, wann man lange mit denselben zukommen will, daß man allezeit, so viel man des Tages heraus nehmt, (wann es nicht gar zu viel ist) des Abends wieder von andern Weinen vollfüllen kan, so hat man lange Zeit davon zu gebrauchen: Bey den alten Weinen aber gehet es schon nicht an, wann dieselbe angezapffet werden, muß man schon continuiren, und mag man über 2. oder 3. mahl damit nicht so verfahren, etwas daraus zu nehmen, und wieder aufzufüllen.

## §. 17. Anti-Scorbutischer Wein.

Nehmet grossen Scharlach und Römische Camillen jedes 2. Hände voll, frisch Löffel-Kraut 12. Hände voll, Citronen- und Pomerantzen-Schaalen, jedes 5. Loth, gestossenen Calmus 2. Loth, weissen Senf ein halb Pfund, Anis-Saamen 4. Loth, weissen Zimmet 2. Loth, Gewürtz-Negelein, Zimmet, gestossene Cubeben jedes 3. Loth, grosse Rosinen, daraus die Kern genommen, 4. Pfund, Thomas-Zucker 8. Pfund. Diese Species alle wohl zerstossen und zerschnitten, in ein lang Säcklein gethan, mit recht starckem Frantz- oder Rheinischen Brandtewein ein wenig angefeuchtet, und in einem Imi Most vergähren lassen, geben einen sehr gesunden Wein, welcher so starck ist, daß man mit einem Schoppen 4. andere zu Kräuter-Wein damit ex tempore machen kan.

NB. Wann dieser Wein anfähet zu gähren, so muß man etwas davon abzapffen, und das Fäßlein, so viel es leiden will, zuspünden, bis die Zeit der Fermentation vorbey sey. Wenn man diesen Wein auf das Frühe-Jahr ablässet, und auf ein Faß, so mit weiß Büchenen Spähnen gebrühet worden, anfüllet, kan sich dieser Wein 10. Jahr lang halten; man muß aber zur Zeit der Wein-Blüthe das Faß feste zuhalten, und den Spund mit heissem Pech verlassen.

## §. 18. Salbey-Wein zu machen.

Reibe die Salbey in einem Säcklein, hänge sie in den Wein, auf jeden Eymer 6. Hände voll. Dieser Wein ist gut und gesund vor allerhand Kranckheiten, absonderlich wenn die Leber faulet, und stinckenden Athem hat.

Item:

Salbey-Wein wird auf mancherley Weise gemacht, und es sey, wie ihm wolle, so ist er gut, wenn er nur bleibt bey seiner Krafft, er leget Zahn- und Zahnfleisch-Wehe, stärcket das Geäder, und ist gut vor den Schlag und Krampf, ist auch bewährt vor die fallende Sucht, bevor aus in den Sachen des Magens, und der Mutter, dann es sind äderliche Stätte.

Item:

Man nehme auf einen Eymer 6. gute Hände voll an der Lufft wohl getrucknete Salbey, nebst einem Theil weisse Häselne Spähne, die wohl gewaschen, und wieder an der Lufft getrucknet seyn, (und ja nicht an der Sonne, dann die Sonne ziehet die Krafft aus) binde alles zusammen, und thue es in das zugerichtete Faß, darein giesse man guten Most, und laß bey dem Einfüllen den Einschlag nicht sehr heraus gehen, und spünde hernach das Faß feste zu, man mache es nicht auf, bis daß man mercket, daß es gåhren will: Wann er vergohren, so fülle das Faß wieder voll, so ist er gut und bewåhrt, wann nicht zu viel auf einmahl heraus gezapfet, so kan man des Abends allemahl so viel Wein, als man des Tages heraus gezapfet, wieder vom andern Weine darauf giessen, so hat man lange vom Salbey-Weine zu gebrauchen, damit er desto angenehmer schmecke, kan man 1. Loth Nelcken, und 1. Loth Zimmet-Rinden, gröblich stossen, und jedes in einen Topf mit einem Maaß Wein thun, und wohl kochen lassen, hernach den Wein in das Faß voll Salbey-Wein giessen, und die Beutelchen mit dem Gewürtze zugleich an einem Faden mit in den Salbey-Wein hången, und dichte wieder zuspünden. Solcher Salbey-Wein ist sehr angenehme zu trincken, und von mir sehr offt probiret.

## §. 19. Ysopp-Wein zu machen.

Nehmet wohlgedörrten Ysopp, stosset ihn in einem Sack, nehmet den mit euch, wenn ihr Wein leset, laßt ein Faß an dem Spunde aufschlagen, Büttner-Spåhne schneiden, 5. oder 6. Pfund, thut denn darein eine Schicht Ysopp, so lange bis das Faß die Materie füllet, darnach so lasset das Faß zuschlagen, und schüttet schnelle guten Most darauf, daß das Faß zu und voll sey, spündet es mit einem Rohr oben zu, darein ein Loch gebohret ist.

Dieser Wein ist gut, und hat Krafft zu entledigen, zu vergåhren, und an sich zu ziehen, ist

auch

auch denen alten Leuten, die feuchten Husten haben, item vor die fallende Sucht, und vor die Lunge, auch Mutter-Zustände sehr gut, und macht die Stimme klar.

Item:

Man nehme ein sehr schön rein gemachtes Faß, und schlage ihm den einen Boden ein, und lege erstlich eine Schichte guten, an der Lufft getruckneten Isopp, hernach eine Schichte von den besten blancken Wein-Trauben, und also eines um das andere, bis das Faß ungefähr fast voll ist, hernach mache das Faß wieder zurechte, und fülle guten Most darein, daß das Faß gantz voll werde, mache hernach das Faß zu, und mache ein Loch in den Spund, darein thue von Wachholder-Holtz ein gedrehetes Röhrlein, und stecke ein weidenes Rüthelein in das Röhrlein, und lasse es also vergähren, so hat man einen guten Isopp-Wein, so du aber von Wachholder-Holtz nicht kanst ein Röhrlein haben, so nehm ein ander Rohr, thue es in das Spund, und laß es so vergähren, ist auch gut, will man, so kan man auch Gewürtze hieran thun.

Solchergestalt kan man allerhand Kräuter-als Hirschzungen, Scabiosen, Melissen, Bethonien, Ehrenpreiß-Weine machen. Item Erdbeer-Wein, das Kraut aber muß abgebrochen werden, ehe die Beeren daran wachsen.

Auf diese Art macht man auch den Spähnen-Wein, es müssen aber die Spähne von weißhäseln Holtze, aufs allerdünneste geschnitten

 und

und in frisch Brunnen-Wasser eine Nacht eingewässert, und in der Lufft wieder getrucknet seyn.

Dieses ist aber hiebey zu mercken, so diese benahmte Kräuter-Weine lange liegen solten, müssen sie, wann man mercket, als ob sie wandelbar werden wolten, in ein- mit meinem Einschlage wohl zugerichtetes Gefässe abgezogen werden, und damit der Geschmack desto vollkömmlicher bleibe, kan man in jedem Fasse eine gute Hand voll von dergleichen Kräutern, als der Wein gemachet ist, nebst ein wenig gedachtes Gewürtzes in ein Säcklein gethan, einhängen, das Kraut kan man noch etwa in 8. Tagen wieder heraus nehmen, das Gewürtze aber darinn hängen lassen, so kan man lange und viele Jahre solche Kräuter-Weine bey köstlichem starckem Geschmack erhalten.

## §. 20. Beer-Wein zu machen.

Nehmet ein gut Theil Salbey, darnach das Faß groß ist, laß dieselbe wohl dürre werden, und lege alsdann eine Schicht Salbey in das Faß, und eine Schicht Beeren darauf, daß das Faß mehr als halb voll werde, darnach schlaget das Faß feste zu, und füllet guten Most darauf, und laßts vergähren, so ist er fertig.

## §. 21. Zittwer-Wein zu machen.

Zu einem Imi Zittwer-Wein müßt ihr haben anderthalb Imi süsses Mosts, so gut ihr ihn haben könnt, sieget ihn sachte in einem Kessel, so lange bis der dritte Theil eingesotten, darnach hänget die nachgeschriebene Wurtzeln darein, in einem langen Säcklein, damit es zum Spunde hinein mag, das aus Beutel-Tuch gemachet sey, nehmet 3. Loth Zimmet-Rinden, 1. Loth Zittwer, 2. Loth Nelcken, 2. Loth Paradieß-Körner, 2. Loth langen Pfeffer darzu, so ist er recht, und kan nach 14. Tagen davon getruncken werden.

Item:

Zu einem Imi soll man nehmen diese Würtze: 2. Loth Zittwer, 2. Loth Ingwer, 2. Loth Zimmet-Rinden, anderthalb Loth Nelcken, 2. Loth Muscaten-Nüsse, ein halb Loth Paradieß-Körner, ein halb Loth langen Pfeffer, ein halb Loth Galgant, und zu einem Eymer guten Zittwer-Weins, muß man haben 2. Imi Weins, und muß derselbe einsieden, daß ein Imi daraus wird, wenn der Wein bald genug gesotten, so soll man die obgemeldte Würtze darein thun, und damit lassen einsieden, die Gewürtze sollen nicht klein gestossen seyn, darnach soll man die Würtze wieder trocknen, und ein wenig mehr stossen, sie in den Wein hängen, es sollen auch frische Würtze seyn, wenn der Wein soll gut werden, so thue noch halb so viel Würtze, als mit dem Wein gesotten ist, darein hängen.

## §. 22. Citronen- oder Pomerantzen-Wein über dem Tische zu machen.

Nehmet in die rechte Hand frische abgeschälete Citronen- oder Pomerantzen-Schaalen, und in die lincke ein Glaß Wein, dieses haltet nahe zu dem Licht, so wirfft es kleine Flammen in das Glaß, welche den Wein tingiren.

## §. 23. Champagne-Wein ex tempore zu machen.

Nehmet Johannis-Beer oder Träublein, die recht reiff sind, und drücket gantz gelinde den Safft davon durch ein Tuch: Diesen Safft nehmet, wie er an sich selbsten ist, und lasset ihn in einem neuen Tiegel gelinde einkochen, bis er so dicke wird, als Honig: Hernach füllet ihn auf ein Fläschlein, so mit einem Pfropf wohl verwahret sey: Und so ihr wollet Vin de Champagne haben, so nehmet 2. Maaß des besten weissen Frantz-Weins, und 4. Löffel voll von diesem Safft, füllet den Wein auf eine schmale, und mit einem Gehäuß überzogene Bouteille, und schencket es unter einander, kan gleich getruncken werden.

## §. 24. Moseler-Wein zu machen.

Lasset das Faß, so ihr darzu widmen wollet, mit wohl gedörreten Holder-Beeren starck ausbrühen, alsdenn thut sogleich Wein drein, und lasset ihn mit Scharlach vergähren, so wird er recht gut, und dem Moseler natürlich gleich.

## §. 25. Schlehen-Wein.

Man nehme Schlehen, die wohl reiff sind, und stosse sie klein, mache daraus kleine Kügelein, und thue sie auf ein Brett, und hernach

nach in einen Back-Ofen, lasse sie wohl ausbacken, alsdenn hebe sie auf, daß sie trucken bleiben, und nicht schimmeln, darnach nehm rothe Wein-Beeren, streiffe sie ab von den Stiehlen, thue die in eine Brat-Pfanne, und backe sie auch, daß der Safft dabey bleibe, hernach nehm im Herbst die Schlehen und Wein-Beeren zusammen, thue sie in ein wohl zugerichtetes Faß, und geuß darüber guten Most, mache das Faß wohl zu, und laß ihm keine Lufft, bis daß er gähren will, darnach mache das Faß auf, und laß den Wein vergähren, und wann er vergohren, und am Satze ist, so laß alle Tage dreymal, und jedesmal 4. Quart oder ein Maaß Wein aus dem Fasse, und geuß ihn allewege oben zum Spunde wieder ein, solches muß man 14. Tage lang continuiren, so hat man einen guten Schlehen-Wein; will man, so kan man ein wenig Negelein und Zimmet, nebst ein wenig Häselne Späne darein thun, ist so viel angenehmer zu trincken, man muß aber diesen Wein nicht eher anstecken, bis daß der Schlehen-Dorn verblühet hat.

## §. 26. Wachholder-Wein.

Man nehme auf ein Jmi Wein ein Pfund Wachholder-Beeren, die recht frisch seynd, und zerstosse sie in einem Mörsel, und thue sie hernachmahlen in ein leinen Säcklein, hänge sie in den neuen Wein, so am Satze, jedoch von dem Gähren noch warm ist, vermache und verspünde ihn wohl, und laß ihm in 8. Tagen keine Lufft, so hat man einen guten Wachholderbeer-Wein.

Solchergestalt kan man allerhand Weine vom Gewürtze machen, als:

Zimmet-Rinden-Wein, worzu auf ein Jmi 4. Loth Zimmet-Rinde seyn müssen.

Negelein-Wein, auf einen Eymer 1. Pfund Negelein.

Muscaten-Wein, auf einen Eymer ein halb Pfund Nüsse und so viel Muscaten-Blumen.

Item:

Man nehme auf einen Eymer Wein 16. Maaß frische Wachholder-Beeren, auf zwey Eymer doppelt so viel, verstosse sie klein in einem Mörsel, thue sie in einen leinen Sack, und hänge den Sack mit den Wachholder-Beeren in den abgezogenen Wein, laß ihn 14. Tage darinn hangen, und mache den Spund dichte zu, daß er keine Lufft habe, hernach zerstosse ein wenig Negelein und Zimmet, thue gleichfalls ein jedes in ein Säcklein, und hänge es auch in den Wein, will man, daß der Wein starck nach dem Gewürtze schmecken soll, kan man, wie schon gelehret, das Gewürtze mit Weine kochen, und wann der Wein kalt worden, nebst dem Beutelchen in den Wein thun. Auf solche Weise kan man Zimmet-Rinden-Negelein, und andere gewürtzte Weine machen, man muß aber das Gewürtze vorhero kochen, und dann, wie gelehret, den gekochten Wein nebst dem Säcklein, worinnen das Gewürtze ist, in den Wein gethan, Zimmet-Rinden nehmt man auf einen Eymer 1. Pfund, Negelein aber auf einen Eymer drey Viertel Pfund.

§. 27.

## §. 27. Guter Kräuter-Wein vor die Melancholicos.

Nehmet Ochsenzungen-Wurtzel, die von dem innern Marck gereiniget seyn, rothe Rosen, Baragen-Blumen, Ochsenzungen-Blumen, jedes ein halb Pfund, das alles unter einander gemischet, in einen Sack geschüttet, und den Sack in ein Faß gethan, darnach soll man haben frischen ausgedruckten Most, und den halben Theil des Mosts zu den vorgenommenen Sachen thun, aber den andern Theil von Stund an gesotten, und ferner darnach in die jetzt genannte Fasse thun, und das Faß mit solchem Wein gefüllet, so er vergiehret und geläutert wird, so mag man ihn durchs gantze Jahr, am meisten aber im Herbst gebrauchen.

## §. 28. Borragen-Wein

Ist also zu machen. Nehmet Borragen zwölff Pfund, das soll man in ein Faß Most thun, in einander gähren lassen, bis daß er lauter wird. Solcher Wein stärcket das Gesichte, reiniget das Geblüte, ist gut vor die Hertzsucht, vor die Melancholey, vor das Hertz-Zittern, vor die Aussätzigkeit, und vor die Raute.

So viel vor dieses mal auch von denen Kräuter-Weinen. Wobey ich nochmahlen den liebhabenden Leser berichte, daß diejenige Kräuter-Weine, so von den neuen Weinen bereitet, weit besser und kräfftiger seynd, als diejenigen, so von alten Weinen gemachet werden. Etliche nehmen die Species, und thun sie in Brandtewein,

wein, und lassen es in der Sonnen destilliren, hernach thun sie eine gewisse Portion in ein Maaß Wein, zumahl die Wein-Schencken: Das soll denn Kräuter- oder Gewürtz-Wein seyn, ist aber ein lauter Betrug, und ist solcher Wein mehr schädlich, als dienlich, wofür ich einen jeden will treulich gewarnet haben, diese meine beschriebene Weine aber kan ich einem jeden recommandiren, und versichern, daß sie gut und probat seyn, wann selbige nur recht nach meiner Anführung zubereitet werden.

## §. 29. Hind-Beer-Wein.

Man nehmet Hind-Beeren, so viel als nöthig, und der Wein starck genug darnach schmecke, und thut die in ein Fäßlein, nebst etwas Haselnen Spänen, und ziehet guten Wein darauf, und lasset ihn 8. Tage zugespündet liegen, hernach thut man ein Gewürtze von Nelcken und Zimmet darein, so ist er gut: Man muß aber ein Ströhern Körblein vor das Zapff-Loch machen, damit wenn man den Wein anzapffet, die Beere nicht mit lauffen. Ich thue sonst die Beeren in ein dünn leinen Säcklein, so bedarff ich keines Stroh-Korbes, und ist der Wein auch säuberer zu trincken. Man lasse den Wein etliche Tage länger liegen, damit die Krafft sich recht aus den Hind-Beeren heraus ziehe, ist viel besser, als wenn man sie bloß hinein schüttet.

Solchergestalt macht man auch den Erd-Beer-Wein, wie man den Hind-Beer-Wein zubereitet.

## §. 30. Cardobenedicten-Wein.

Cardobenedicten-Wein machet man, wie den Wermuth-Wein, ausser daß man, wann er soll gut seyn, Wermuth, Tausend-Gulden-Kraut, und weissen Ambra, jedes eine Hand voll, darzu nehmet, alsdann soll es ein vortrefflicher guter gesunder Wein seyn, und vor viele Kranckheiten zu gebrauchen dienlich, absonderlich, wer Stein-Beschwerung hat, und von der Soot geplaget wird, soll auch für die Leber und Gelbsucht, item vor die Nieren-Kranckheit, und für viele andere Kranckheiten sehr gesund seyn.

## §. 31. Andorn-Wein.

Wird von den weissen wohlriechenden Andorn gemacht, wie der Wermuth-Wein.

## §. 32. Bethonien-Wein.

Wird von den braunen Blümlein der Bethonien bereitet, wie der Wermuth-Wein.

## §. 33. Ochsenzungen-Wein.

Die Wurtzel soll sauber gereiniget seyn, und so lange im Wein gebeitzt werden, bis der Wein den Geschmack und Krafft der Wurtzel empfange, dieser Wein soll strenge getruncken werden, und ist gut denen Melancholicis und Cholericis, er vertreibet verbrannte Feuchtigkeit, denn er dieselbe durch den Harn ausführet, ist gut vor Gicht ꝛc.

## §. 34. Roßmarin-Wein

Wird, wie andere Species-Weine gemacht werden, bereitet, und hat die Rosemarin nie bessere Krafft, als wenn Wein daraus gemacht wird, und hat dieser Wein wunderbare Eigenschafften; ist gut vors Kalte, und von seinem Wohlriechen wird die Seele erfreuet, stärcket alle Glieder, machet gerecht das Geäder, ein schön Angesicht, wenn man es damit wäschet, machet einen wohlschmeckenden Mund, und wenn das Haupt damit gewaschen ist, so fällt das Haar nicht aus, sondern es wird vermehret, bewahret den Menschen für bösen Blattern, stärcket das Hertze, behält die Leute in der Jugend, und wer des Weins stets nützet, dessen Leib soll nimmermehr verfaulen, stärcket das Zahn-Fleisch, macht einen wohlriechenden Athem, ist gut vor die Krebs und vor die Fisteln.

Item:

Solcher Wein mit Regen-Wasser temperirt, und mit seinen Blumen gekocht, stets getruncken, ist gut vor die Lungensucht, vor das Bluten und Fieber, vor Vergessenheit, auch vor die rothe Ruhr, ist auch gut für das Hertz-Zittern, Zipperlein, und bequemlich allen Weibern, er macht auch geschickt die Mutter im Leibe, und hilfft wohl zur Geburt.

## §. 35. Augentrost-Wein.

Hänge des Krauts in Wein oder Most, von solchem Gebrauch verlassen die Augen alle Unsauberkeit, ist aber der Wein zu starck, mische ihn mit Fenchel-Wasser.

## §. 36. Fenchel-Wein.

Wird aus Fenchel-Saamen gemacht, so zerknirscht in einem Säcklein in Wein gehänget wird. Ist gut denen dunckeln Augen, entlediget der Wassersucht, ist gut für gifftige Speisen, vor die Lungensucht, den Husten, stillt die Seiten-Schmertzen, und thut auf die Verstopfung der Miltz und Leber.

## §. 37. Anis-Wein.

Wird gleichergestalt der Anis gestossen, in den Wein gehänget, und ist gut den säugenden Frauen, für den Lenden-Stein, befördert die Ruhe und Schlaf.

## §. 38. Nelcken-Wein.

Stosset Nelcken, hänget sie in einem Säcklein in Most, ist gut vor faulen Husten, vor die fallende Sucht, vor kurtzen Athem, und zehret wohl.

## §. 39. Juden-Kirschen-Wein.

Dieser wird gemacht von rothen Aepfeln, welche man findet zur Zeit der Weinlese, liegen in rothen klippenden Hülsen, sind roth als Kirschen, haben Körner, als Feigen-Körner, sind ein wenig bitter, stoßt derselben fünf oder sechs in guten Wein, seige und trucke es durch, mache den andern Wein damit an, hilfft vor Verstopfung des Harns, zeucht den Sand aus den Nieren.

## §. 40. Quitten-Wein.

Quitten-Safft mit lauterm Wein und Rosen-Wasser vermischet, eins so viel als das andere, stillet den Blut-Fluß.

Item:

Thue ein Imi Most in einen Kupfern verzinnten Kessel, und ohngefähr 50. wilde Quitten hinein, die nehmlich so zerkerbet, kraus und runtzlicht aussehen, nachdem man vorhero die Kernen heraus genommen, und sie Schnittlein-weise, wie die Ruben zerschnitten, die läßt man bey lindem Feuer kochen: Und wenn sie etwas aufgesotten, nimmt man das Feuer hinweg, und läßt sie kalt werden. Die Quitten zerstößt man hernach in einem Mörsel mit einem höltzernen Stämpfel, und preßt sie aus; gießt hernach den herausgehenden Quitten-Safft unter den Most, und stellet den in einem verglassurten irrdenen Geschirr hin auf ein gantz Jahr lang. Wenn man einen Mangel an Wein hat, und gerne einen machen wolte, so thut man in ein Faß 4. Theil Wasser, 2. Theil Most, und ein Theil obbeschriebenen Quitten-Saffts, läßt es in einem bedeckten Fasse gähren, und wenn es klar worden, so sticht man es an, und gebraucht es. Hernach nimm dieses alles zusammen, dazu thue eine Maaß Eßig, 1. Pfund Honig, so viel klein gestossenen Weinstein, und laß dieses mit einander in einem verglasurten Hafen etwas sieden, und misch es hernach unter einander, und geuß auf jedes Imi Wasser ein Maaß Wein, verspünde es, so ist es nach 20. Tagen zu gebrauchen: Oder, man

man nehme 1. Pfund Honig, Weinstein von rothem Wein eben so viel, Rosinen ein halb Pfund, und Eßig 2. Maaß, das lasse man in einem irrdenen Geschirr sieden; geuß hernach Wein dazu, so ist es wohl zu trincken.

## §. 41. Meerrettig-Wein.

Schneide Meerrettig, lege Saltz darzwischen, mache es wieder zusammen, lege es in eine Schüssel, streue gestossene Lorbeer darauf, laß es Tag und Nacht stehen, darnach stosse es in einem Mörsel, stosse Bertram darunter, mit Esse, trucke den Safft aus, behalte es in einem Glase wohl verstopft, und was nicht durch das Tuch gehet, das mögt ihr mit Zucker nüchtern essen, hilfft dem blöden Magen.

## §. 42. Malvasier zu machen.

Man nehmt Bisem, Paradiß-Holtz, Galgant-Wurtzel, Muscaten-Blumen, jedes ein Quintlein, Zimmet, Cardamomum, Negelein, jedes 2. Quintlein, Zuckercandi 1. Loth, alles gröblich zerstossen, und in ein höltzern Gefäß gethan, hernach von dem besten Brandtewein darauf gegossen, und das Gefässe wohl vermacht, daß die Krafft nicht heraus gehe, laß es 24. Stunden also stehen, und thue nachmahlen die beschriebene Species in ein leinen Säcklein, und hänge es mit einem Faden mitten in den Wein, drey oder vier Tage lang, hernach nehm das Säcklein wieder heraus, so wird man einen natürlichen Malvasier haben.

## §. 43. Veltleiner-Wein zu machen.

Zimmet, Ingwer und Negelein, jedes ein Quintlein, alles gröblich gestossen, hernach bindet man es in ein leinen Tüchlein, und hänget es in ein Glaß voll guten Brandteweins 12. Stunden lang, und verwahret es wohl, damit keine Krafft heraus gehe, darnach trucke das Tüchlein rein aus in ein groß Trinck-Gefäß, daß dasselbe inwendig allenthalben damit befeuchtiget werde, darnach geuß darein guten Wein, so ist er gleich einem Veltleiner-Weine.

## §. 44. Hippocras zu machen.

Hierzu nehmt man anderthalb Loth Ingwer, 4. Loth Zimmet, Negelein, Galgant-Wurtzel, jedes ein Quintlein, Muscaten-Nüsse, Muscaten-Blumen, jedes 2. Drittheil eines Quintleins, Cardamomum, Coriander, Paradiß-Körner, jedes ein Drittheil eines Quintleins, Anis ein Sechstheil eines Quintleins, 48. Loth Zucker, 2. Maaß rothen Wein, 2. Eß-Löffel voll Mandel-Milch, die Materien werden gestossen, und durch einander gemischet, und darnach offt durch ein Säcklein gegossen, wie bey dem Claret zu ersehen.

Item:

Man nehme darzu 4. Loth Zimmet, 1. Loth Ingwer, Paradiß-Körner und langen Pfeffer, jedes anderthalb Quintlein, ein Quintlein Negelein, ein halb Quintlein Muscaten-Nüsse, alles zu Pulver gestossen, und in ein Glaß gethan, guten starcken Brandtewein darüber gegossen, und 4. Tage lang wohl zugemacht stehen lassen, alle Tage einmahl wohl durch einander gerühret; nach 4. Tagen kan man es allgemach abgiessen, in ein ander Glaß, und wohl verwahret halten; so man nun will alsobald einen Hippocras machen, so nehm ein- oder ein paar Löffel voll, und thue es in das Maaß, oder in die Kanne, worein du den Hippocras giessen willt, als in ein Maaß rothen Wein, nebst 24. Loth präparirten und abgekochten Zucker, mische es wohl durch einander, so hat man zu jederzeit einen guten Hippocras.

So man aber Malvasier oder süssen Wein dazu nimmt, bedarf man keines Zuckers.

Item:

Zu dem gemeinen Hippocras nehme man 4. Loth Zimmet, 3. Loth Ingwer, 1. Loth Cubeben, 1. halb Pfund Zucker, und 2. Schoppen guten Wein, die Gewürtze werden zerstossen, hernach wird alles durch einander gemenget, und lässet es eine gute Weile in einer Kannen stehen, hernach gleich dem andern Hippocras durch ein Säcklein offt gegossen, bis es den Geschmack des Gewürtzes gantz an sich genommen.

## §. 45. Guten Claret zu machen.

Nehmet 10. Loth Honig, siedet es in 2. Maaß Wein, schaumet es wohl, thuts denn in Wein, nehmet ein halb Loth Nelcken, 1. Loth Paradiß-Körner, 4. Loth Zimmet-Rinden, 2. Loth Spicanardi, 2. Loth Zittwer, stoß alles klein, laß es in Wein stehen 3. Stunden, so habt ihr einen guten Claret.

Item:

Des allerbesten Rheinischen Weines, den man haben kan, 8. oder 10. Maaß, ja so viel man will, genommen, denselben in einen Kessel gegossen, setzt denselben auf einen Dreyfuß, und macht ein Kohl-Feuer darunter, und lasset ihn wohl sieden, hernach nehmt man 3. Loth Zimmet-Rinden, und 2. Loth Muscaten-Nüsse, item einen Huth feinen Zucker, dieses alles, nachdem es in einem Mörsel vorhero klein gestossen, schüttet man in den abgesottenen Wein, und rühret es wohl durch einander, und lässet es nochmahlen wieder mit dem Gewürtze aufsieden, hernach nehmt man den Kessel ab, und setzet ihn auf einen Stroh-Krantz, daß der Wein kalt werde; wenn er verkaltet, nehmt man Negelein ein Quintlein, Galgant-Wurtzel ein halb Quintlein, Cardamomum ein Sechstheil Quintleins, Paradiß-Körner ein Drittheil Quintlein, ein wenig rothe Rosen, diese Species zusammen gestossen, und unter einander gemischt, item ein halb Pfund von den besten langen Rosinen, dieses alles in einen von weissem Tuche oder Parchend gemachten Sack gethan, den Wein darauf gegossen, und gleichsam ausgepresset, in ein darzu gemachtes Fäßlein, welches man unter den Sack setzet, damit der Claret in des Fäßleins Spund-Loch lauffe, oder sich hinein seige, das Spund-Loch muß rein, und vier Tage zugehalten werden, alsdenn hat man einen guten fürtrefflichen Claret.

Item:

Man nehmt zu 12. Pfund des besten Rhein-Weines 1. Pfund Zimmet, Ingwer, Galgant-Wurtzel, Paradiß-Körner, Negelein, Cubeben, Muscaten-Nüsse, Cardamomum, langen Pfeffer, jedes 1. Loth, Maria-Magdalenen-Kraut, Squiatum, jedes ein Quintlein, Saffran ein halb Quintlein, Paradieß-Holtz, folii, jedes ein Loth, Bisam ein halb Quintlein, stosse das Gewürtze, wie berichtet, thue es in den Sack, darnach geuß den Wein mit 4. Pfund feinem Zucker, (welcher auch gleich dem Gewürtze muß gestossen werden:) offte darüber in den Sack, bis er alle Kräffte an sich genommen, und lauter worden ist; hernach thut man denselben in ein reines wohl zugerichtetes Fäßlein, und lässet das Gewürtze 2. oder 3. Tage darein hängen, so hat man alsdenn einen fürtrefflichen Claret, will man, so kan man auch von den langen Rosinen einen Theil unter das Gewürtze thun, und den Safft mit auspressen.

## §. 46. Einem Wein allerley Geschmack wie man will, zu geben.

Ist für die Weinschencken, die nicht viel Wein im Keller haben. Man soll Kräuter oder Species, was man will, jedes absonderlich einen Tag und Nacht in guten Brandtewein hängen, daß die Krafft desselben Krautes sich in den Brandtewein ziehe, gieß es hernach jedes in à parte Gläßlein, so kanst du hernach in jeden Schoppen etliche Tropffen tröpffeln. Probatum.

Item:

Man nehme zerschnitten Gewürtze von allerhand, was man haben will, als Zimmet, Nelcken, Muscaten und dergleichen, und giesse auf jedes einen Schoppen guten Brandtewein, laß es Tag und Nacht darinnen liegen, hernach fülle den Brandtewein samt dem Gewürtze in eine Flasche, mache selbige oben feste zu, und bewahre es. Wenn man nun jemand mit dergleichen Weine tractiren will, so temperire das Gefässe, worinn du den Wein giessen wilt, mit dem zugerichteten Brandteweine, oder giesse ein Theil in ein Faß mit Weine, so bekommt der Wein denselben Geschmack, wie das Gewürtz gewesen.

## §. 47. Einen wohlgeschmackten Wein zu machen.

Nehm Ingwer und Zimmet-Rinden, brenne es mit Wein, wie Rosen-Wasser, ist gut vor den Schlag.

## §. 48. Wein vor Husten und Keuchen zu machen.

Nehm Anis, Fenchel und Süß-Holtz, des süssen Holtzes zweyfältig gegen dem andern, siede es in Wein, mache den Wein damit an, und trincke Abends und Morgens davon.

## §. 49. Wein, der den gantzen Leib stärcket, zu machen.

Nehmet Cubeben, Ingwer, Wein-Beeren, jedes ein Loth, das soll gesotten werden in

3. Maaß des besten Weins, bis der dritte Theil eingesotten, und soll damit sieden lassen 8. Loth Rosen-Wasser und Zucker, davon soll man trincken des Abends und Morgens 5. Loth, stärcket das Gehirn und alle natürliche Kräffte, hilfft dem Magen die Speisen dauen, und vertreibet alle überflüßige Feuchtigkeit.

## §. 50. Wein, darinnen Gold gelöscht.

Lösche ein gülden Blech vier oder fünf mahl im Weine ab, hernach laß den Wein lauter werden.

Dieser Wein erquicket das Hertze, er erlediget den verstandenen Harn, und ist gut den Aussätzigen.

## §. 51. Wein vor das Gedächtnuß.

Nehm Ingwer, langen Pfeffer, und Galgant, jedes 8. Loth, Nelcken, Cubeben 2. Loth, Indische Nüsse 4. Loth, stosse alles zusammen, hänge es in einem Säcklein in guten gebrannten Wein, decke es wohl zu, daß der Geruch nicht heraus gehe, hernach hänge das Säcklein in Wein.

## §. 52. Wein vor Miltz-Verstopffung.

Nehm Wurtzel und Blätter von Sonnen-Wirbel, Roß-Zungen und Gänse-Disteln, Wermuth, das alles laß warm werden, thuts in ein Säcklein, und gießt den Wein offt durch die Kräuter, so ist er fertig.

## §. 53. Wein, der zu Stuhle treibt.

Wird also gemachet, es sollen die stehende Wein-Reben nach der Långe wiederum aufgeschnitten werden, das Marck heraus genommen, Niese-Wurtzel und Hunds-Milch, oder andere treibende starcke Artzneyen darein gethan, alsdenn die Reben wieder zusammen gebunden, als man sie zum ersten mahl schneidet, so gehet denn die erste Materie in die Feuchtigkeit, bis zu Wachsung der Trauben, und wird damit gemenget, daraus werden treibende Trauben, und aus denen Trauben treibender Wein.

## §. 54. Spanischen Wein zu machen.

Man nimmt ein Faß, in welchem zuvor Spanischer Wein gewesen, thut darein gestossene Cubeben 20. oder 30. Pfund, giesset darauf 4. Maaß rectificirten Brandtewein, 4. Pfund gestossenen Weinstein, und 60. Maaß Wasser, lasset es also 14. Tage in der Wårme digeriren, darnach ziehet man es in ein ander Faß ab, låssets 4. Tage ruhen, so ist er zum Trincken fertig, und bleibt gut.

## §. 55. Einen treflichen Magen- und Leber-Wein zuzurichten.

Nimm Mertz-Wurtzel 4. Loth, Alant-Wurtzel, Wegwarten-Pimpinill, Rhapontica und edle Rhabarbara, jedes 2. Loth, Wermuth, 6. Handvoll, Tausendgulden-Kraut, Odermenning, Erbien, Erdbeer-Kraut, Gulden-Leber-Kraut, Tauben-Kropff, jedes ein Handvoll, Rosen-

Rosen-Blätter, Holder-Blüth, jedes eine halbe Handvoll, Wachholder-Beer, Anis-Saamen, weissen Weinstein, jedes 6. Loth, alles zusammen gemischt, und in ein klein Fäßlein gethan, darauf 1. Imi Wein geschüttet, 8. Tage stehen lassen, alsdenn davon getruncken, und wenn es halb leer, kan es wieder angefüllt, und etwas frische Species dazu gethan werden. Ist in Magen- und Leber-Umständen vortrefflich gut.

### §. 56. Noch ein anderer sehr guter Magen-Wein, so den verlohrnen Appetit zum Essen wieder bringt.

Nimm Alant-Wurtzel 1. Loth, Pimpinell, und Fenchel-Wurtz jedes ein halb Loth, Bethonien, Wermuth, Tausendgulden-Kraut, jedes eine halbe Handvoll, Sennet-Blätter 2. Loth, kleine Rosinen, weissen Weinstein, jedes ein- und eine halbe Handvoll, Wachholder-Beer 1. halb Loth, Anis- und Fenchel-Saamen, jedes ein Quintlein, thue dieses alles zusammen in zwey Maaß guten alten Wein, laß es 24. Stunden stehen, und trinck alsdann täglich etliche mahl davon, es bringt zusehens den verlohrnen Appetit wieder, und erhält den Magen sehr gut.

## Cap. IV.

Es haben unsere Vorfahren vielerley Mittel erfunden, zu verhüten, daß der Wein nicht umstehe: Wie sich denn auch heute zu Tage viele deswegen bemühet; denn der Wein bekommt gar leichtlich Anstoß, und nimmt allerhand üble Eigenschafften an sich; und hiervon spricht der Paxamus also: Der Wein wird entweder saur, oder unschmackhafftig um die Zeit des längsten Tages, und wenn das Siebengestirn untergehet, wie auch in den Hunds-Tagen, und in der grösten Kälte und Hitze, und wenn grosse Regen, Winde und Ungewitter sind. Wider alles dieses wollen wir Mittel vorschlagen, erstlich aber aus dem Africano anführen, wie man es vorher solle prüfen, ob ein Wein werde dauren oder umschlagen. Denn wenn man den Wein in ein Faß gethan, so muß man ihn nach einiger Zeit abziehen, alsdenn die Hefen fleißig beschauen, als woraus man durch gewisse Zeichen abnehmen kan, wie sich der Wein werde verhalten: Denn, da wird man am Geruch schon spüren, ob sie faul werden; auch wird man sehen können, ob Mücken draus wachsen, welches Zeichen sind, daß der Wein verderben werde. Andere nehmen etwas von Wein mitten aus dem Fasse, lassen es sieden, und wieder kalt werden, hernach kosten sie es, und machen hernach aus dem Geschmack gewisse Vermuthungen über solchen Wein.

Andere urtheilen aus dem Geruch des Spundes; findet sich nun ein Wein-Geschmack, so ist es ein sehr gut Zeichen: Schmeckt er nach Wasser, so ist es das schlimmste Zeichen; schmeckt er herb, so gibt es Anzeigung, daß er sich halten werde. Diese Zeichen nun muß man untersuchen zu der Zeit, vor welcher man sich, wie oben gemeldet, etwas zu befahren hat.

Wir wollen aber zu den Mitteln darwider schreiten, und erstlich weisen:

## Wie man schwere, unreine, stinckende und verdorbene Weine wieder zurechte bringen kan.

Wenn ein Wein gantz abgenommen hat, schwach, seiger und trübe worden, so nehmet Rosen und Rauten, eins so viel als das andere, und halb so viel der Körner aus den Tann-Zapfen, gerieben, in ein Säcklein gethan, in die Mitten des Weins gehänget, 7. Tage lang, das bringt den Wein wieder zurechte, gibt ihm alle seine vorige Krafft, machet ihn lauter, schöne und starck, und frisch zu trincken, man mag auch schönen Beyfuß, Weitzen und Weyrauch darzu thun.

Item:

Nehmet das Weisse von Eyern, zerschlagets wohl mit Saltze, giesset es in den Wein, und schlaget ihn sehr, so kommt er wieder zu ihm selber in 3. Tagen, laßt ihn ab, daß er vom Ey nicht schmeckend werde, so wird er gut.

Item:

Nehmet 2. Stück Weyrauch, legets in den Wein, der abnimmt, so wird er nicht schwer.

Item:

Hebt der Wein an zu thonen, so machet einen Ballen aus rockenem Mehl, leget den in einem sauberen Tüchlein auf den Spund, so verändert sich der Wein nicht.

Item:

Wenn ihr sehet, daß ein Wein sich verstossen hat, so schlaget den Wein mit einem durchlöcherten Holtze, so darzu bereitet ist, Creutz-weiß gegen einander zu beyden Seiten, das Holtz aber muß gemach im Spunde herum gehen können, rühret den Wein mit solchem Holtze wohl, daß er zischt, und eine gantze Stunde schäumet, den thut ihr in ein neu gebunden Faß, so wird er lauter, frisch und gut.

Item:

Zu einem Fuder Trauben-Wein, der gebrochen ist, nehmet ein Glaß voll Küh-Milch, und so viel Weitzen-Körner, stoßt die äusserste Schaale von den Körnern loß, darnach waschet sie in einem klaren Wasser, und thut sie gantz unter die Milch, und zusammen in Wein, den man wieder bringen will, man muß aber zuvor das Faß so weit ausleeren, daß solches hinein gehen kan, und wenn solches darein gegossen ist, so schlaget den Wein mit dem durchlöcherten Holtze wohl, damit alles durch einander gemischet werde, darnach so füllet das Faß wieder voll, verstopffets wohl, so wird der Wein nach 15. Tagen schön und kräfftig an Geschmack, denn die Milch bringet die Farbe, und der Weitzen den Geschmack.

Item:

Nehmet zu einem Fuder Wein ein Glaß voll Reben-Asche, die wohl gereiniget ist, mit Wein vermischet, ein Teiglein daraus gemachet, solches in 3. Theil getheilet, und nach einander in das

Faß

Faß gethan, wohl gerühret, laß also eine Zeit lang ruhen, so wird er frisch und schöne, oder nehmet Aschen von eichenen Rinden, wohl gesiebet, und ein Glaß voll in das Faß gethan. Etliche zünden Epheu an, und werffen es in den Wein, so wird er beständig.

Item:

Rothe Benedicten-Wurtzel in Wein geleget, die sich gebrochen hat, oder verkehret, auch gar abgeschmack worden, das bringet seine Krafft wieder.

Item:

Wann der Wein brechen will, so machet den Spund auf, siedet des gebrochenen Weins so viel, als euch bedüncket, der andere Wein werde davon aller heiß, ziehet den gesottenen Wein warm in das Faß, doch daß das Faß voll sey, vermachet das Spund-Loch schnelle, in 14. Tagen ist der Wein gut.

Item:

Nehmet das Klare aus 9. Eyern, thut sie in warme Küh-Milch, klopfet sie vorhin, thut sie in ein 3. Eymerich Faß, mit gebrochenem Weine, seigets zusammen, bis es alles schaumet, leget darein Buchene Spähne, schlaget den Spund wohl zu, laßt es wohl darinnen ruhen, so ist der Wein am dritten Tage schön.

Item:

Nehmet weissen Weinstein, klein gestossen, einer Schüssel voll, darzu 10. Eyer-Klar, und des gebrochenen Weins 2. Maaß, schlaget es wohl durch einander, und giesset es ins Faß, in 4. Tagen ist der Wein schöne.

Item:

Item:

Nehmet Ingrig, hänget den in gebrochenen Wein, so wird er lauter und frisch.

Item:

Wollt ihr gebrochenen Wein schöne machen, so nehmet das Weisse von 40. Eyern, 3. Pfund Honig, eine Hand voll Saltz, reibets durch einander mit Wein, seuget es durch ein Tuch, hänget es in ein Fuderich Faß, rühret's unter einander in dem Faß mit einem Stecken, so wird er lauter.

Item:

Nehmet erst gemolckene Milch, zu einem Fuder eine Maaß, thut sie in 2. Häfen, gießt sie aus einem Hafen in den andern, thut den Schaum davon, bis die Milch blau wird, darnach so bohret ein Loch einer Spanne lang vom Spunde, darauf setze einen Trichter, gieß die Milch darein, rühre es durch einander, bis die Milch gar hinein kommt, füllet das Faß zu, und nehmet eine Hand voll Saltz, je weisser, je besser, machts in einer Pfanne heiß, thut es in den Wein, schlaget den Spund zu, und laßts darinnen liegen. Probatum.

Item:

Wollt ihr, daß ein Wein gut und weiß werde, so nehmet Weitzen-Aehren mit den Körnern, machet Püschel daraus, hänget an jeden Püschel einen Kieselstein, hängets in den Wein, so wird er starck.

Item:

Wenn der Wein roth oder schwartz ist, und

seine

seine Kräffte verlohren, so nehmet weisse Benedicten-Wurtzel mit dem Marck, thuts zusammen in ein Tuch, hängets in den Wein, so gewinnet er in drey Stunden wiederum seine Krafft.

Item:

Nehm 1. Pfund Alant-Wurtzel, und ein Bündel Salbey, binde es zusammen in ein Säckel, und hänge es in den Wein, so wird er in 8. Tagen gut.

Item:

Nehm ein breites Schwein-Fleisch, schneids von einem Schuncken herab, und lege es auf das Spund, so zeucht das Fleisch die Anzicht von dem Wein alle an sich. Probatum.

Item:

Nehm Weinstein, laß ihn glüend werden in einem neuen Hafen, bey einer Glut, und thue ihn also glüend in den Wein, rühre den Wein gar wohl, so wird er wieder so kräfftig, als vorhin.

Item:

Nehmet die Rinde von fichtem Holtze, da Holtz an ist, brecht sie klein, und nehmet Wachholder-Holtz, schneidet dünne Spähne daraus, thut sie in den Wein, schlaget ihn wohl, darnach laßt den Wein rasten, bis an den sechsten Tag, so wird er gut.

Item:

Wenn der Wein hoch auf der Hefen lieget, so verstopfe den Spund wohl, schlage das Faß manchmahl um, laß den Wein hernach ruhen,

so

so lange, bis sich die Hefen setzen, so wird der Wein lauter, und kommt wieder zu seiner ersten Tugend, hat aber das Faß nicht Hefen, so nehmet andere frische Wein-Hefen, oder nehmet frischen Leimen, eine Schüssel voll, macht den Leimen mit dem Weine ab, thut es in das Faß, verspündets wohl, weltzet es hin und wieder eine Stunde lang, und wenn sich der Wein verkehret hat, so wird er gut.

Item:

Nehmet zu 1. Fuder Wein 3. Hand voll Salbey, 3. Hand voll Hopffen, laßt es darinn hången, 3. Tage, etliche nehmen frisch Nuß-Laub, das waschen sie aus frischem Wasser, thun es in den Wein, und ziehen hernach den Wein auf ein ander Faß.

Item:

Nehmet Alant-Wurtzel, schneidet sie zu Stůcken, hånget sie an einen Faden in den Wein, so er in einem frischen Fasse ist, laßts achts Tage darinnen hangen, er benimmt dem Wein allen seinen bösen Geschmack.

Item:

Dicke Weine dünne zu machen, so nehmet gemahlen Senff-Mehl, zerreibet es mit dem Wein, giessets in den dicken Wein, schlagt ihn wohl zu Grunde, darnach laßt ihn ruhen, er wird schön und frisch.

Item:

Nehm bittere Mandeln und Pertram, thue es in warm Wasser, daß die Haut abgeschelet wird, und fein klein geschnitten, und in den Wein gelegt, das ist ein probirt Stůck.

Item:

Item:

Nehm Weitzen, siede den, bis er sich zerspalt, thue darnach den gesottenen Weitzen in ein Säcklein, und hänge ihn aufs tieffeste in den verdorbenen Wein.

## §. 2. Wie dem Wein zu helffen, wenn er schwach wird.

Denn schwach ist derjenige Wein, aus welchem die Stärcke und die Hitze hat angefangen auszurauchen. Und wenn die Seele ausgerauchet ist, so wird der Wein alsobald sauer; der Eßig aber ist nur ein todter Cörper vom Wein. Dem kan man nun alsobald damit begegnen, daß man etwas von Brandtewein hinein geußt, denn der kan ihm eine neue Seele geben, und kan auf ein Faß von 6. Eymer 2. Maaß genommen werden.

### Ein ander Mittel hat man auch Daß der Wein nicht aufstehe.

Zur Zeit des längsten Tages im Sommer, pflegt der Wein von der grossen Hitze aufs neue zu brausen, und verdirbt davon (so man ihm nicht zu Hülffe kommt) gantz und gar: Da muß man Quecksilber in eine gläserne Flasche thun, dieselbe wohl vermachen, und mitten in das Faß hencken, daß sie recht mitten bleibe, dasselbe wird mit seiner Kälte zuwege bringen, daß der Wein nicht aufstehen könne. Und sind zwey Pfund auf ein groß Faß genug.

Wenn so gar heisses Wetter ist, so locket die äusserliche Hitze die innerliche an sich, und wenn dieselbe ausdünstet, so steht der Wein ab; wir brauchen aber dieses Mittel dafür.

### Daß der Wein nicht verrauche, oder schaal werde.

Wenn ein Faß voll ist, so giessen wir Oehl oben drauf, und verspünden es: Denn das Oehl macht, daß der Wein-Geist nicht ausdünsten kan; welches, wie ich sehe, nunmehr bey allen flüßigen Dingen also gebräuchlich ist, wenn man die nicht gerne will verderben lassen.

Auch pflegt der Wein etwan trübe zu werden; man kan es aber also machen:

### Daß der Wein wieder klar werde.

Man zerklopft das Klare von 3. Eyern in einer Schüssel, daß sie zu Schaum werden, darzu thut man weisses Saltz, daß alles Schneeweiß wird, und wenn nun das Faß voll ist, schüttet man dieses drein; denn von Saltz und weiß Ey werden alle flüßige Dinge klar. So viel, als nun Eymer im Fasse sind, von so viel mahl 3. Eyern nimmt man das Weisse, und so viel Untzen Saltz als Eyer darzu, das muß man mit einem Holtz im Fasse wohl unter einander rühren, so wird der Wein in 4. Tagen klar.

### Man kan auch machen, Daß der Wein nicht faulend werde.

Denn wir haben gesagt, daß das Saltz nicht zulasse, daß etwas faul werde. Drum nimmt man auf jeden Eymer 3. Untzen Alaun, klein gestossen, den thut man mit dem Wein in das Faß, so wird der Wein nicht faulen. Eben

dasselbe

dasselbe gehet auch an, wenn man noch 3. Untzen gemein Saltz dazu thut. Es dienet auch der Schwefel wider die Fäulung, und wenn man zu 8. Untzen Alaun, oder Saltz 4. Untzen Schwefel thut, ist es desto besser. Ein mehreres von faulenden Weinen siehe in folgendem 5. §pho.

## §. 3. Canichtem Weine wieder zu helffen.

Nehmet eine Handvoll Korn-Blumen, hänget sie in das Faß, so ziehen sie den Can an sich, darnach muß man sie wieder abwaschen.

Item:

Nehmet Rinden von eichenem Holtze, die grüne sind, werffet sie in das Faß, stopfet es zu, so ziehen die Rinden den Can an sich zu Boden.

Item:

Wann ein Wein kanicht werden will, so hilff ihm also: Nehmet eine Hand voll Saltz, darnach das Faß groß ist, lasset es glüend werden, thuts zum Spunde hinein, machet das Faß feste zu, laßt es durch einander arbeiten, es schadet dem Weine nichts, ihr müßt ihn aber auf ein ander Faß ablassen.

Item:

Wollt ihr kanichten Wein schöne machen, so nehmet grüne Pappeln, stoßt sie, und thut sie in ein Säcklein, hänget es in den Wein, so groß, als eine mäßige Kanne, nehmet fichtene Rinden, thut die obere Schale davon, nehmet deren einer mäßigen Kanne lang, laßt sie trocken werden, und hänget sie auch in das Faß, neben das Säcklein.

Item:

Nehmet eine Hand voll Galla, siehet bald wie Alaren, wirff ihn hinein auf den Can, so zergeht der Can über Nacht, und wird der Wein fein wohl geschmack und klar.

Item:

Nehm eine Quitten, und zerschneide die in 4. Theile, doch nicht gar von einander, überlaß das Faß, und hänge sie hinein, doch, daß sie den Wein nicht berühre, so zieht die Quitten den Can alle an sich, und wird schimmlicht.

Item:

Nehm ein Püschel Haber-Nestel, und hängs in Wein, so nehmt die Nestel den Can an sich, nehm sie wieder heraus, und wasch es aus, hängs wieder hinein, so nehmt die Nestel den Can an sich, das thue, bis dich bedünckt, das genug ist, darnach so laß eine Hand voll Saltz wohl warm werden, und also heiß ins Faß gethan, so vergähret der Can; ist gewiß.

## §. 4. Den schwachen Wein starck zu machen.

Geuß in ein Fuder Weins einen halben Eymer süsses Mosts, so beginnet der Wein wieder zu gähren, und wenn sich der Most setzet, so gieß abermahl so viel darein, thue das drey- oder viermahl, so wird der Wein starck.

Item:

Nehmet gemahlenen Senff und geriebenen Routen- oder Rieben-Saamen, jedes vor einen Kreutzer, hängets in ein Säcklein in Wein, 5. 6.

oder 7. Tage, so kommt der Wein wieder zu sich selbst, wird schöne und starck, und werden die Leute davon etwas truncken.

Item:

Im Sommer sammle Korn-Blumen, Senff-Blätter, behalte sie schön bis in Herbst, wirff die Blumen ins Faß, giesse Most darauf, laß den Wein liegen, bis er die Blumen selbst mit der Gähren auswirfft, so wird es ein schöner lieblicher Getranck.

Item:

Wollt ihr starcken Wein noch stärcker machen, so nehmet in dem Herbst den süssen Most, den ihr haben könnet, siedet ihn in einem grossen Kessel, nehmet den vierten Theil so viel Weitzen, thuts in einem Sack in den Kessel, daß er den Boden nicht berühre, laß den Most halb einsieden, schüttet ihn denn in ein Fäßlein, nehmet einen Kessel voll mit dem vorigen Weitzen, das thut so lange, bis das Fäßlein voll wird, und wollt ihr den Wein stärcker machen, so nehmet Ingwer, Muscaten, Nelcken und Zimmet-Rinden, stosset es in einem Mörsel, hänget es in den Wein, über 2. oder 3. Jahr wird der Wein schmecken wie Malvasier.

## §. 5. Dicke, zähe, trübe und gebrochene Weine lauter zu machen.

Nehmet zu einem Fuder Weins ein Pfund Weinsteins, und das Weisse von Eyern, so viel, daß ihr ein Brod möget daraus backen, den Weinstein klopfet zu Pulver, und backet ein

Brod davon, und wenn es dürre wird, soll man zum andern mahl stossen, und denn des Weins 12. Maaß darüber lassen, laß es ein oder zwey Stunden weichen, gieß es in das Faß, schlag es mit dem löcherlichen Holtze wohl, laß ihn ruhen.

Item:

Nehmet 2. Loth Ingwer, 8. Loth Zittwer, stoßt es durch einander, schüttet darein ein halb Viertel Weins, rühret alles durch einander, bis es schäumet, darnach thuts in das Faß, rühret bis auf den Grund, macht den Spund feste drauf, laßt den Wein 4. Tage ruhen, darnach kan davon getruncken werden.

Item:

Nehmet Wermuth-Kraut-Wurtzel, machet sie schön, und legts in den Wein, so wird er schön, lauter und nicht schwer.

Item:

Nehmet zu 1. Fuder 24. Eyerweiß, klopfets wohl, laßt es durch ein Tuch lauffen, nehmet 1. Pfund gestossenen Reiß, ein wenig Saltz, und ein Maaß Wasser, rühret es unter einander, schüttets in Wein, und rühret ihn im Faß.

Item:

Wenn ein Wein von dem Ablassen trübe wird, so nehmet zu einem Fuder das Weisse von 24. Eyern, schlagets wohl, nehmet darzu ein Meßlein Saltz, und eine Hand voll Mehl, auch so viel lauteren Sandes, mischet es unter vier Maaß des Weins, worzu ihrs brauchen wollt, giesset es zu 3. mahlen in den Wein, und nach

jedem-

jedemmahl rühret es gar wohl mit einem löcherlichen Rührscheid.

Item:

Nehmet ein Viertel oder halb Pfund Alaun, klein gestossen, und ein Maaß Saltz, thut des Weins aus dem Faß darunter, bis es wird als ein Muß, gießt es in das Faß, rühret es offt, so wird der Wein lauter und schön.

Item:

Daß der Wein seine Farbe behalte, so laßt den Wein ab in ein ander Faß, das oben weit ist, bedrucket den Wein, und darein Eschen-Saamen, ein gut Theil, decket ihn denn mit einem leinen Tuche, laßt ihn über Nacht stehen, auch thut den Wein in ein ander Faß.

Item:

Wann die Fasse rein gewaschen sind, soll man sie mit Weyrauch wohl räuchern, das bringet dem Wein guten Nutzen.

Item:

Nehm das Weisse von 4. Eyern, zerreib es wohl in ein Saltz, geuß darnach in den Wein, und schlag oder rühre ihn wacker um, so kommt er in 3. Tagen zu sich selber, und laß den Wein ab, daß er nicht von den Eyern schmeckend werde, so wird er gut, dieses gehöret auch zu dem vorigen, nimm 2. Stück Weyrauch, und leg es in den Wein, so wird er desto besser.

Item:

Thue den Most in ein Faß, bis daß er vergohren hat, und geuß allweeg in ein Faß ein halb Viertel Kanne Brandtewein, so bleibt er in seiner Krafft. Probatum.

Item:

Nehm 2. Hand voll Pfersing-Blätter und Agrimonien, oder Gänserig genannt, auch so viel, binde es in ein Säcklein, und hängs in das Faß, so wird der Wein in drey Tagen gerecht. Probatum.

Item:

Nehm Rauten- und Nessel-Wurtzel, auch Wachholder-Beer, siede es mit dem Wein zusammen, thue es hernach in ein Tüchlein, binde es wohl zusammen, laß wohl erkalten, hänge es in den Wein, und rühre ihn wohl durch einander, so wird der Wein frisch und starck. Probatum.

Item:

Nehm Weinstein, Pilsen-Saamen, und Saltz, brenne das in einer Pfannen, und hänge es in den Wein, so wird er lauter und klar.

Noch kürtzer und besser.

Nehm Schwartz-Wurtzel, in ein Säcklein gethan, und in den Wein gehencket, es ist gewiß Probatum.

Item:

Nehm 2. Hände voll kleine Rosinen, und 1. Loth Galitzen Stein, auch 1. Loth Zittwer, muß zuvor fein sauber abgewaschen werden, und reibe es wohl in einen warmen Wein, mache es wohl zu, wenn du es in den Wein gethan hast, so wird der Wein gut, er sey trübe oder zeh gewesen.

Oder:

Nehm Eichen- oder Büchen-Rinde, und wirff sie in den Wein, so wird er lauter und schön.

Item:

Item:

Nehm zu einem 3. Eymerigen Faß 1. Pfund Senff-Mehl, und 3. Pfund süsses Holtz, stoß das klein, und mache Kugeln daraus, als einer welschen Nuß groß, und machs mit dem Wein fein ab, aus demselben Faß, da du die Materie drein thun willst, thut die Kugeln in das Faß Wein, so wird der Wein lind und gut. Probatum.

Item:

Nehm weisse Kiesel-Steine, lege sie ins Feuer, daß sie glüend werden, schlage sie entzwey, thue sie in den Wein, so wird er frisch.

Item:

Hänge ungedroschene Gersten mit samt den Aehren in einem langen Säcklein ins Faß, thuts auch.

Item:

Nehm Tuchmacher-Gallus, und stoß ihn zu Pulver, und wirff ihn in den Wein, und rühre ihn in dem Fasse, daß er schäumet und zischet, darnach nehm 1. Maaß Wasser, und geuß in den Wein, den andern Tag 2. Maaß Wasser, den dritten Tag 4. Maaß Wasser, so hast du am vierdten Tage schönen lautern Wein. Probatum.

Item:

Pflicke Brombeer-Laub, bind es an einen Faden, und hängs in den Wein, so wird er in kurtzer Zeit schön und klar. Etliche zuschlagen das Weisse von den Eyern gar wohl, und giessens in den Wein, so wird er klar, und rühren den Wein mit einem Häselnen Stabe, so fähret die Milch zu Grunde auf die Hefen.

Item:

Nehmet Rohr-Bohnen, thut sie in ein Säcklein, hänget es zum Spunde hinein in das Faß, so wird der Wein in 8. Tagen schöne.

Item:

Wollt ihr trübe Weine lauter und klar machen, nehmet Weinstein, Eyer, Reb-Aschen, ein wenig Milch, lauter Saltz, einer Nuß groß, das reibet unter einander, und rühret es in den Wein, darnach so nehmet 2. Maaß Wasser auf ein Fuder, und 3. Kiesel-Steine, die umwindet mit Werck, und Eyer-Klar, thut das auch in das Faß, und laßt es offen stehen, so wird er recht schön und klar.

Item:

Hänget zum Spunde hinein Agrimonium.

Item:

Nehm ein wenig Rocken-Teig, schneid ihn zu Stücken, wirffs in den Wein, laß ihn drey Stunden ruhen, so ist er gut.

Item:

Nehm 3. Hand voll Saltz, und 2. Schoppen guten Wein, laß wohl durch einander sieden, bis es schier eingesotten ist, geuß es in das Faß, rühre es wohl durch einander, so wird der Wein schön, lauter, frisch und beständig bleiben.

Item:

Nehm Wermuth-Wurtzel, mache sie schön, und lege sie in den Wein, so wird er lauter und nicht schwer.

Item:

Nehm Spicanardi, hänge ihn in den Wein, er sey trübe oder zehe, so wird er frisch und lauter.

§. 6.

## §. 6. Sauren Wein zurechte zu bringen.

Nehmet frischen Tohn, dörret den wohl, klopft ihn, darnach thut ihn in ein Gefäß, waschet ihn rein mit Wasser, rühret es unter einander, und laßt es stehen, bis lauter wird, darnach seugt das Wasser von ihm ab, vermische mit dem Thone weissen Sand unter einander, machet daraus Kuchen, schiebet sie in den Back-Ofen, daß sie auf das allerhärteste werden, darnach laßt Wein aus dem Fasse, schüttet die Materie darein, rühret den Wein mit dem Rührscheide, und füllet das Faß wieder zu, so setzt es sich zu Grunde, und wird der Wein schön und lauter.

Item:

Wenn ein Wein trübe und dicke, und darzu sauer werden will, so nehmet wohlgebrannten Leimen, klopffet den klein, rädelt ihn durch ein Sieb, und vermischet ihn mit dem Weine aus dem Fasse, schüttets in Wein, rührets um, darnach lasset ihn ruhen, der Leimen benehmt allen Unfall, und die Dicke setzet sich alle zu Boden in die Hefen, der Wein wird schöne, lauter und Goldfarb.

Wenn ein Wein gischet, so will er seiger werden, darwider nehmt 4. oder 5. neue Töpfe, stoßt sie klein wie einen Sand, und ein wenig Saltz, machet das wohl dürre, und schüttets mit dem Sand ins Faß, so setzet sich alle Unreinigkeit an Boden, und wird der Wein im Fasse wieder frisch.

## §. 7. Die verlohrne Farbe wieder zu geben.

Daß ein Wein seine Farbe behalte, so nehmet Weiden-Asche, thut sie in ein Säcklein, hängt sie in das Faß, bis ihr schencken wollt, so bleibt der Wein bey seiner Krafft und Farbe.

Item:

Nehmet Reihefahren, klein gestossen, giesset Wein darüber, laßt es 2. Tage stehen, dann giesse es in das Faß, rühre den Wein, laßt ihn ruhen, so behält er seine Farbe.

Item:

Nehmet Wein-Holtz, um unser lieben Frauen-Tage, thut die Blätter davon, hängt es in den Wein, so gewinnet er seine rechte Farbe.

Item:

Zerreibe einen gebrannten ungelöschten Ziegel-Stein, fege ihn durch ein Siebgen zwey Handvoll, mit etlichen Eyer-Dottern wohl zerschlagen, zu einem Muß gemacht, und in Wein gethan, denselben mit einem Rührscheid wohl durch einander geschlagen, so wird er Goldfarb, etliche nehmen Saffran darzu, wird aber nicht gelobet.

Item:

Nehm Haber-Stroh, thu es in das Faß, zeuch den Wein drüber, und laß ihn darnach liegen.

## §. 8. Unseigen und Wolckenfarben Wein wieder zurechte zu bringen.

Zu trägem und Wolckenfarbem Wein nehmet Saltz, Mehl, Milch und 20. Eyer-Klar, Reb-Aschen eine Schüssel voll, weidene Aschen, so groß, als ein Ey, schlagets unter einander, bis es dünne wird, gießt es in das Faß, und laßt den Wein ruhen 8. Tage, so wird er lauter und klar.

Item:

Wann ein Wein seiger werden will, und nicht zu Geschmack kommen, so nehmet ein Pfund Weinstein, 2. Loth Nelcken, stoßt es klein, und nehmet das Weisse von 15. Eyern, mische es unter einander, schüttets ins Faß, so kommt er wieder zu ihm selber.

Item:

Nehmet zu 1. halb Fuder 4. Pfund Zinn, das zerlasset in einer Pfanne, laßts verschaumen, thuts ins Faß, rührets unter einander, 2, Hände voll Ingrin, mit dem Wein ins Faß gegossen, gerühret, darnach eine Handvoll frischen Ingrin auch hinein gehänget, und über den dritten Tag das Faß mit frischem Wasser, und einer Handvoll Saltz darein, gefüllet, so habt ihr in 8. Tagen guten Wein.

Item:

Nehm Petersilien-Wurtzel, die in der Erden übern Winter gestanden, nehm ein ziemliches Büschlein, binds zusammen, und hänge es eine gute Spanne tieff in Wein, laß eine gute Stunde darinnen hängen, darnach zeuch es heraus, wasche sie mit Wein oder Wasser, das frisch ist, thue sie wieder hinein, das brauche Tag und Nacht, so wird der Wein frisch, als wäre er nie seiger gewesen.

Item:

Nehm einen weissen neuen ungebrannten Topf, oder Hafen, schlag ihn zu Stücken, wirf die Scherben ins Faß, so wird der Wein schön lauter, und leg auf den Spund einen grünen Rasen, durchstich ihn, daß der Dunst durch kan.

## §. 9. Wenn der Wein nach dem Fasse schmeckt, oder sonsten ungeschmack ist, wie dem wiederum zu helffen.

Wenn ein Wein nach dem Fasse schmeckt, wirff gestossenen Weinstein darein. Probatum.

Item:

Laßt ihn ab in ein ander Faß, das oben weit ist, bedecke den Wein mit einem Tuche, thue Epheu-Saamen drein, ein gut Theil, laß ihn über Nacht stehen, thu ihn in ein ander Faß, es vertreibet gantz und gar den bösen Geschmack.

Item:

Wenn ein Wein stincket, nehmet Benedicten-Wurtzel und Zittwer, eines so viel als das andere, und halb so viel Salbey in ein Säcklein in den Wein gehänget, der Wein wird in fünf Tagen wohlgeschmack, denn nehm das Säcklein wieder heraus.

Item:

Item:

Nehmet heiß Semmel-Mehl aus einem Back-Ofen, hängets in ein Säcklein in den stinckenden Wein, in 3. oder 4. Tagen kommt der Wein wieder zu sich selber, oder hänget Spicanardi darein, so wird er in drey Tagen wieder wohlschmeckend.

Item:

Nehm ein Püschel Hopfen, thue es in ein Säcklein, und hänge es in den Wein, so bekommet der Wein seinen guten Geschmack wieder. Probatum.

Item:

Nehm heisse Semmel aus dem Back-Ofen, und henge es in einem Säcklein in Wein, in drey oder vier Tagen kommt der Wein wieder zurechte, oder hänge Spückeneten drein, so wird er wohlgeschmack.

Item:

Benedicten-Wurtzel, Zittwer, eines soviel als das andere, und halb soviel Saltz, thue es in ein Säcklein, henge es in den Wein, so wird er in fünf Tagen wohlgeschmack, darnach nehm das Säcklein wieder heraus, es ist gewiß bewährt.

Item:

Nehm frischen und guten Speck, nachdem das Faß groß ist, hänge ihn in den Wein, so nimmt der Speck allen Geschmack an sich, thue das etliche mal nacheinander.

Item:

Nehm heiß Gersten-Brodt, so heiß es aus dem

dem Ofen kommt, brich es mitten entzwey, lege das eine Theil aufs Spund-Loch, wenn es kalt ist, so nehm das andere halbe Theil, und lege es auch wieder warm darauf, solches thue 4. oder 5. mahl, es hilfft.

Item:

Nehm eine gute Hand voll Salbey, thue sie in ein Säcklein, henge es in Wein, so verlieret er seinem bösen Geschmack.

Item:

Nehm Hollunder-Blüthen, und um zwey Kreutzer Negelein und Benedict-Wurtzel, thue es in ein Säcklein, hänge es zum Spunde auf den halben Theil hinein, es nimmt ihm den Geschmack, er sey, wie er wolle, und wird lieblich.

Item:

Nehm ein halb Pfund Pfeffer, und ein viertheil Pfund weissen Ingwer, stosse es klein in einem Mörsel, überlaß den Wein, thue es hernach zu Faß.

Item:

Nehm eine Hand voll Salbey, und eine grosse Galgant-Wurtzel, spalts von einander, und hänge es in Wein mitten ein, mit einem Kiesel-Stein fünf Tage, das ist ein bewährt gut Stück.

Item:

Zu einem drey Eymerigen Faß nehm zwey Pfund Pfeffer, thue ihn in ein Säcklein, und hänge denselben im Wein, der Pfeffer zeucht den bösen Geschmack alle an sich. Probatum.

Item:

Hänge Salbey darein, oder ein heisses Weitzen- oder Rocken-Brodt, in ein leinen Tüchlein auf den Spund gelegt, 1. 2. oder 3. mahl nach einander, wird wohlgeschmack und gut.

Item:

Nehm ein Pfund Pfersig-Kern und ein Viertel Pfund weissen Ingwer, stoß zusammen klein in einem Mörsel, geuß ein halb Maaß Wein daran, und laß es so, mische ein wenig guten Wein drunter, und geuß das zu 3. malen in das Faß, so wird der Wein schön, gut und klar. Probatum.

## §. 10. Verdorbenem Malvasier zu helffen.

Nehmt 4. Loth Zimmet-Rinden, 2. Loth Ingwer, 2. Loth Nelcken, 1. Loth Paradiß-Körner, 1. Loth Galgant, 2. Loth Muscaten-Nüsse, 1. Loth Cartemaumen, 1. Gran Saffran, mischet und siedet es in Honig oder Zucker. Probatum.

## §. 11. Verdorbenem Reinfall zu helffen.

Nehmet das Weisse aus 15. Eyern, zerschlagets sehr wohl, daß es dünne wird, als ein Wasser, darnach nehmet 8. Maaß Milch, gießt sie darein, klopfft und rührts durch einander, thut darunter 2. Loth Nelcken, 2. Loth Zittwer, klein gerieben, und thut es in ein drey Eymerig Faß, laßt es 2. bis 3. Tage ruhen, so wird der Wein lauter, schön und wohlgeschmack.

## §. 12. Verdorbenem Muscateller-Wein zu helffen.

Nehmet 6. Maaß süsses Mostes von Muscateller, laßt den sechsten Theil einsieden, laßt es erkalten, thuts in ein wohl vermachtes Faß, laßt ihn gähren, darauf vermacht das Faß, laßt ihn 2. Jahr liegen, so wird er andern Muscateller weit übertreffen.

## §. 13. Wann ein Wein schimmlicht worden, wie ihm zu helffen.

Nehm Hauß-Rocken-Brod, und leg es in ein Harn, und wenn er sich des Harns untergriffen, so leg es in den Wein, und nehm eine Handvoll Spicanardi, bind es in ein Säckel, und häng es 3. Tage in den Wein, darnach ist er gut. Probatum.

## §. 14. So sich ein Wein verkehren will.

Nehm neu gebacken heiß Gersten- oder Rocken-Brod aus dem Ofen her, brichs von einander, und lege es auf den Spund, so lange, bis es kalt werde, und thue das vorstehende Brod zu hitzen, und aber auf den Spund zu legen, bis es auszeucht, was dem Wein schädlich ist, oder hänge Korn-Blumen in den Wein.

Item:

Cardobenedicten-Wurtzel in den Wein gehänget, bringt dem Wein seine Krafft wiederum, und machet ihn wohlriechend.

## §. 15. So ein Wein weiß-fahlicht wäre, lauter zu machen.

Zertreib den Seim vom Honige in einer

Schüssel gar wohl, und ein wenig davon in den Wein genommen, er wird lauter.

## §. 16. Wenn ein Wein von dem Einschlage schmecket, wie dem zu helffen.

Nehm heiß Brod, das aus dem Ofen kommet, brich es von einander, und leg es heiß auf den Spund, laß liegen, bis es kalt wird, so zeucht es den Geschmack alles an sich, ist das Faß groß, thue es einmahl oder dreye, es hilfft, wie im 14. §pho gemeldet worden.

Item:

Man nehme einen neuen Topf, und lege ihn auf Kohlen, daß er gantz glůend werde, und stůrtz ihn über das Spund-Loch, so zeucht der Topf den Schwefel an sich, so viel man will. Oder ein heisses Brod, wie es aus dem Ofen kommt, entzwey gebrochen, und auf das Spund-Loch geleget, wie vorhero gemeldet worden.

## §. 17. Wenn ein Wein wässericht, wie dem zu helffen.

Nehm Ingwer, Zimmet, Negelein, dieses alles ein Viertels Pfund, stoß es durch einander, thue es in ein Säckel, häng es in Wein, bis auf den Grund, geuß auch ein wenig Brandtewein hinein, so wird er lauter, und wohlgeschmack darzu.

## §. 18. So ein Wein anzůg wollt werden, zu helffen.

Nehm Weinstein und Alant-Wurtzel, hänge es 3. Tage in den Wein, es hilfft.

## §. 19. Wenn ein Wein aufstehet, und gåhren will.

Wann man hòret, daß der Wein beginnet zu knicken, welches man genau in Acht nehmen muß, und das Ohr auf den Spund legen, denn das ist eine gewisse Anzeigung, daß der Wein gåhren will, so nehmt man den vierdten Theil eines Bůchsen-Schusses vom Schieß-Pulver, und thut es in das Faß, so wird er sich so fort bekehren, und wird lauter und schòne; so er aber aufgestanden, daß er brauset, so muß man ein Pfund Bley oder Zinn nehmen, solches schmeltzen, und so heiß in das Faß giessen, so setzet sich der Wein von Stund an, und wird stille; sonst nehmen die Wein-Håndler, so den Rhein- und Francken-Wein in unsere Lande fůhren und bringen, das sůsse Holtz, spalten die Wurtzel auf, und hången es mitten ins Faß, welches sie auch allezeit bey sich fůhren, ist auch probat.

### Item:

Nehme einen weissen, neuen ungebrandten Topf, schlag ihn zu Stůcken, wirff die Scherbel ins Faß, so wird der Wein schòn lauter, und leg auf den Spund einen grůnen Rasen, durchstich ihn, daß der Dunst durch kan.

# Zugabe.

## Von Wein-Eßig.

### §. 1. Ein Eßig-Pulver zu machen.

Im Herbst nehm Trauben-Kern, wenig oder viel, laß sie wohl dürre werden, stoß sie zu Pulver, geuß darüber starcken Wein-Eßig, laß 3. oder 4. Stunden peitzen, dörre das Pulver wiederum, solches thue 3. mahl, willst du hernach in Eil guten Eßig haben, so lege ein wenig davon in einen schlechten Eßig, so wird er gut.

### Einen recht guten Eßig anzusetzen.

Nehmet Weinstein, stosset ihn zu zartem Mehl, nehmet hernach starcken Eßig, und machet ein Teiglein daraus, lasset es trocknen, und stosset es wiederum, solches wiederholet zum dritten mahl, oder auch wohl öffters. Nehmet selbiges Mehl, und thuts in Wein, so wird er zu einem sehr guten und scharffen Eßig. Oder nehmet Bier, und siedets, und wenn es kalt wird, so leget Sauerteig drein, wie auch geröstete und gebrandte Erbsen, so wird es gleich zu einem guten Eßig.

### Eßig aus Wein-Hülsen zu machen.

Nehmlich wir lassen nach der Weinlese, die ausgepreßten Wein-Tröster in einen Zuber schütten, und einen Theil Wasser dran giessen; so wird in einer Woche guter Eßig draus.

Auch pflegen wir die Gäbelein von den Reben zu schneiden, und sie gestossen ins Wasser zu werffen, so wird es guter Eßig; und auf solche Weise kan man auch

## Verdorbenen Wein zum besten Eßig machen.

Nehmlich man schüttet die Wein-Tröster in 2. höltzerne Züber lucker auf einander, und läßt sie 4. Tage lang stehen, und sich erhitzen; hernach gießt man von dem verdorbenen Wein so viel drauf, daß er drüber gehe, läßt es 24. Stunden stehen, und zapft es hernach in einen andern Zuber ab, und nach eben so langer Zeit wieder in einen andern, und solches so lange, bis der Wein zum scharffsten Eßig worden, der gar weiß und hell ist. Wenn man auch von eben diesen Tröstern noch einen andern Eßig machen will, so geußt man auf dieselben nur etwas von gar scharffem Eßig, und läßt sie wohl sauer werden, den zapft man drauf ab, und gießt den verdorbenen Wein drauf, und macht es, wie vor. Endlich kan man die Hülsen wieder pressen, so wird man den zuerst verlohrnen Wein wieder bekommen.

## Item:

Im Sommer, wann heiß Wetter, nehmt man ein eichenes Fäßlein von ungefähr einer halben Tonnen, und thut den vierten Theil guten sauren Eßig darein, das Fäßlein dichte zugemacht und verspündet, und an einen gemeinen Ort ungefähr im Hauß geleget, da täglich viel aus- und

ein-

eingegangen wird, damit das Fäßlein offt und viel umgewelzet werde, oder man weltze selbsten das Fäßlein des Tages offte um, solches kan man 6. oder 7. Wochen thun, hernach leget man es auf den Lager, da es trocken liegt, und spündet es auf, und nachdem man dasjenige, was man darein füllen, oder was man vor Eßig haben will, es sey gleich Wein oder Bier, vorhero wohl gesotten, und allezeit wohl abgeschäumet hat, giesset man von dem abgekochten so viel auf den Eßig, als man meynet, daß der Eßig noch sauer genug seye, machet ihn wieder dichte zu, und lässet ihn mit der Materie arbeiten, dann wann man alsofort vom Anfang zuviel drein thut, so verdirbet er; alsdann kan man alle Wochen, entweder des Montags, oder des Freytags etwas zufüllen, und wohl zuspünden, so bleibet er allezeit gut: Wann man aber davon zapffen will, oben etwa einer Hand breit vom Boden ein Zwick-Loch bohren, und ein Zwick, so dichte zuschleußt, darein stecken, und wann man davon zapfen will, den Zwick heraus nehmen, damit es Lufft zu lauffen habe, hernach aber sofort wieder mit dem Zwick zu machen, und den Spund wohl verwahret halten, so kan man allezeit sauren Eßig haben, und wird nicht verderben, wann nur keine Lufft darzu kommen kan. Sonst thut man auch wohl als eine Faust groß, ein Stücklein Sauerteig mit gestossenem Pfeffer vermenget, in das Faß, worinn man Eßig machen will, und thut einen Löffel voll Honig darzu, so wird der Eßig gar bald sauer: Hat man nicht Wein oder Bier, den sauren Eßig damit aufzufüllen, so kan man auch wohl ein wenig Regen-Wasser nehmen, welches nur ein wenig gewarmet wird, machet auch guten Eßig, man muß aber nicht viel nehmen.

Item:

Ein wohl ausgetrocknetes Faß genommen, welches wohl gebunden, hernach ein halb Quart guten starcken Brandtewein genommen, und darein gethan, darnach das Faß zugeschlagen, und wohl hin und her gewältzet, und wann es 2. oder 3. Tage solchergestalt wohl an der Sonnen gelegen, und wohl umgeweltzet worden, so geußt man ein gut Quart guten Eßig darein, und lässet es wieder einen oder zwey Tage liegen, und wohl umgewältzet; alsdenn nehmt man den Wein, oder den ankommenden Eßig, und siedet ihn in einem meßingen Geschirr, verschaumt ihn sauber, und thut ihn also warm in das zugerichtete Faß, und nehmt zu einem Eymerichen Fasse ein Viertel Pfund Bertram, zerschneidet sie in Stücken, und bindet sie an eine Schnure, daß sie auf den halben Theil oder mitten im Fasse hängen bleibe, oben bohret man in das Faß ein Lufft-Löchlein mit einem Zwick-Bohrer, welches offen bleiben muß, der Spund aber muß wohl zugemachet seyn, so bekommt man einen guten Wein-Eßig.

## §. 2. Guten rothen Wein-Eßig zu machen.

Man lasse den Eßig eine Nacht oder drey über blauen Korn-Blumen, Klapper-Rosen, oder

oder Graß-Blumen stehen, so wird er schön roth, item von Kirsch-Wein macht man schönen rothen Eßig, auf vorgemeldte Art.

## §. 3. Eßig zu machen, den man stets bey sich tragen kan.

Weinstein genommen, und selbigen 9. oder 10. Tage in guten starcken Wein-Eßig liegen lassen, hernach an der Sonnen gedörret, und wann er recht trocken, abermahl 10. Tage in guten Wein-Eßig geleget, und wann er zum andern mahl recht trocken worden, so stösset man ihn, daß er gantz klein wie Mehl wird, will man nun auf der Reise bald Wein-Eßig haben, thut man ein wenig von diesem Pulver in ein Glaß Wein, so hat man guten Wein-Eßig. Man kan dergleichen Wein-Eßig auch von Brod machen, wann man das Brod etliche mahle in Eßig leget, und allezeit wieder heraus nehmt, und trocknet es wieder, solches kan man 1. 3. oder 4. mahl thun, wann man nun solch trocken Brod bey sich hat, thut man ein paar Stücklein in ein Theil Wasser, Bier oder Wein, so hat man von Stund an guten Eßig. Etliche machen auch dergleichen Wein von den Wein-Körnern, welche man mit starckem Wein-Eßig zerreibet, und selbe wieder trocknet, und solches offte nach einander thut, hernach die Körner bey sich trägt, und in Wein oder Bier ein Theil leget, wie gemeldet, so hat man auch sofort guten Wein-Eßig.

## §. 4. Kräuter-Wein-Eßig zu machen.

Nehmet Mayen-Blümlein, dieweil sie frisch seynd, und ihren vollkommenen Geruch haben, treuget sie, und machet selbe rein, und thut sie in eine grosse gläserne Flasche, giesset guten Wein-Eßig darauf, vermacht das Glaß oder Flasche wohl, und setzet selbige an ein Fenster, daß die Sonne darinn würcken kan, so hat man einen guten Wein-Eßig, vor den Schwindel oder Ohnmacht. Solchergestalt machet man allerhand guten Wein-Eßig von Rosen, Rauten, Spicanardi, Lavendel, Roßmarin, Hind-Beeren, Holder-Blüth, Wachholder, Negelchen, Kirschen, und machet es gleich damit, wie mit dem Mayen-Blümleins Wein-Eßig, so habt ihr guten Kräuter-Wein-Eßig.

Die Kräuter und andere Species müssen, wann sie am kräfftigsten, gesammlet, und an der Lufft getrocknet werden, so bleiben sie beständig.

Der,

# Der, In Ermanglung oder Entfernung eines Medici, Sich und die Seinige geschickt zu curiren wissende

# Land- und Bauersmann,

## Oder: Sichere Mittel,

Durch welche ein Hauß-Vatter sich und die Seinige in allerhand vorfallenden Kranckheiten, vermittelst der Gnade und Beystandes GOttes, wohl zu curiren im Stand seyn möge;

Durch vieljährige Praxin selbst probirt, kurtz und einfältig zusammen getragen, auch einem jeden Hauß-Vatter zum Nutzen und auf vieler Liebhaber Begehren, dem Druck überlassen

von

Einem Liebhaber der Oeconomischen Wissenschafften.

---

Franckfurt und Leipzig,
1753.

## §. 1.

### Ein Wasser, das Gesichte schön zu machen, und die Runtzeln zu vertreiben.

Nehmet fliessend Wasser, so am allermeisten geschlagen ist, das ist, solches, welches unter einer Mühlen durchgehet, so es seyn kan; sonsten muß man es in ein Gefäß thun, das nicht gantz voll ist, und eine gute Zeit schütteln, damit es wohl geschlagen werde. Nach diesem seihet es durch ein rein leinen Tuch, und thut es in einen neuen glasurten Topf, mit einer Handvoll Gersten, die wohl gewaschen, und lasset es bey einem Kohl-Feuer kochen, bis die Gerste keimet, alsdenn nehmet es vom Feuer, und lasset sichs setzen, und seihet es abermahls durch ein leinen Tuch, in eine gläserne Flasche, daß der vierdte Theil leer bleibe. Darauf thut zu einen Schoppen Wasser 3. Tropfen weissen Balsam von Peru, und schüttelt gemeldte Flasche 10. bis 12. Stunden lang ohne Aufhören, bis sich der Balsam gantz mit dem Wasser vereiniget hat, und daß das Wasser trübe, und ein wenig weißlich bleibe, so ist es vollkommen bereitet. Es thut Wunder, das Gesichte schön zu machen, und jung und frisch zu erhalten, es nimmt auch

mit

mit der Zeit die Runtzeln hinweg, wenn man es täglich einmahl gebrauchet. Mercket, daß man das Gesicht mit fliessendem Regen- oder Brunnen-Wasser waschen muß, ehe man dieses Wasser gebrauchet.

## §. 2. Ein ander gut Wasser, das Gesichte schön zu machen.

Nehmet 4. Stück schöne Citronen, 2. Stück frische Pomerantzen, zerschneidet beydes zu kleinen Stücken, thut darzu Venedischen Borax, ein halb Loth, schönen weissen Candel-Zucker ein Loth, giesset frische Ziegen-Milch 2. Finger hoch darüber, denn destilliret es aus dem Balneo M. so ist es fertig.

## §. 3. Aqua Damascena, oder Engel-Wasser.

Nehmet von dem besten Benzoe 1. Quintlein, rectificirten Spiritum Vini anderthalb Loth, Sperma Ceti ein halb Quintlein, mischet es wohl unter einander in einer Phiole, setzet sie an einen bequemen Ort, die hochrothe Tinctur daraus zu ziehen, welche man zum Gebrauch bewahret. Und wenn ihr sie gebrauchen wollet, so vermischet sie mit folgendem Wasser: Nehmet wohlriechendes Rosen-Wasser 5. Quintlein, Lavendel-Wasser ein halb Loth, Moschi Alexandrini 10. Gran, des besten Zibets 8. Gran, Ambræ Gryseæ 6. Gran, mischet alles wohl unter einander, und thut es in eine Flasche, die ein gar enges Mund-Loch hat, verbindet das Gläß mit einer doppelten Rinds-Blase, und wenn ihr es gebrauchen wollet, so vermischet es mit vorhergehender Benzoe Tinctur, daß es wie eine Milch werde. Dieses gibt der Haut einen sehr lieblichen Geruch, und machet sie auch weiß.

## §. 4. Wider die Finnen im Angesichte.

Nehmet Vitriol, Grünspahn, Alaun, jedes 1. Loth, Mercurii sublimati ein halb Loth, dieses alles 6. Tage in Brandtewein geweichet, und das Angesicht Morgens und Abends damit gewaschen.

## §. 5. Wider die Sommer-Sprossen.

Nehmet Holder-Blüth, Bohnen-Blüth, eines so viel, als des andern, giesset Ziegen-Milch darauf, lasset es eine Nacht stehen, alsdenn destillirt es in Balneo. Mit diesem Wasser feuchtet Bohnen-Mehl an, daß es wie ein Teig werde, und schmieret das Angesicht damit, lasset es von sich selbst trocken werden, reibet es alsdenn ab, und fahret damit fort.

## §. 6. Ein Wasser wider die Narben und Mähler der Pocken.

Nehmet die Wurtzeln von Esels-Kirbs und blauen Lilien, jedes ein halb Pfund, der Wurtzeln von Eibisch und weissen Lilien, jedes 1. Pfund, Blätter von Bohnen, und Glaß-Kraut, jedes eine Handvoll, See-Blumen und Pappel-Blumen, jedes 2. Hände voll, Brosamen von Gersten-Brod ein Pfund, lasset alles weichen in einem Schoppen blancken Wein, und einem Schoppen Ziegen-Milch: Weiter

thut

thut zu den eingeweichten Sachen eine weisse Rübe in Scheiblein zerschnitten, von denen 4. kalten Saamen, von jedem 1. Loth, Urin von einem jungen Mägdlein von 9. bis 10. Jahren ein halb Pfund, destillirt alles in einem siedenden Balneo. Diß Wasser ist vortrefflich gut für alle Flecken des Angesichts, es vertreibet die Narben, und nimmt weg die Mähler der Pocken und des Brandes.

## §. 7. Das Haar geschwind wachsend zu machen.

Hierzu nimmt man Bienen zu Aschen verbrañt, Lein-Saamen gleichfalls verbrannt, diese werden dann klein gerieben, und frisches Oel darzu gethan, womit man die kahlen Oerter Morgens und Abends bestreichen muß; vorhero aber muß man den Ort mit dieser Lauge vier Wochen nach einander alle Tage 2. mal waschen: Man nimmt nehmlich gemeine Lauge, und thut darein Stein-Rauthen, Agrimonien, Baum-Mooß, jedes 5. Hände voll, lässet es zusammen sieden.

## §. 8. Zu machen, daß die Haare ausfallen.

Nehmet 12. Loth Terpentin, und setzet ihn in einem neuen Töpfflein über das Feuer, lasset es einen ziemlichen Sud thun, giesset es alsdenn in ein Geschirr kaltes Wassers, rühret es mit einem Höltzlein so lange herum, bis es zusammen laufft: Gleich darauf, wenn das alte Wasser abgegossen, so giesset wieder frisches darauf, und ziehet es offt mit den Fingern aus einander, wie

Vogel-

Vogel-Leim, damit es recht sauber gewaschen werde, dieses thut so lange, bis es schön weiß werde: Darnach mischet darunter 1. Loth gestossenen Mastix, thut es in das vorige Töpfgen, lasset es wieder sieden, wie gemeldet, und abermahlen sauber gewaschen, das behaltet also in dem Töpfgen, und giesset kalt Wasser darüber; wenn ihr es brauchen wollet, so giesset das Wasser davon, und lasset es beym Feuer zerschleichen, streichet es denn auf ein Tuch, leget es aber nicht weiter über, als wo ihr keine Haare haben wollet: Wenn es nun erkaltet, wie denn bald geschicht, so reisset es geschwind mit Gewalt hinweg, so bleibet die Haut gantz weiß, und aller Haar entblösset; indessen haltet einen geschabeten Speck bereit, der 9mahl aus kaltem Wasser gewaschen ist, damit bestreichet den Ort, wo die Haare ausgezogen worden; reibet aber dieses mit einer Leinwand bald wieder ab, so wird die Haut schön glatt und gut.

Oder:

Nehmet Terpentin 4. Loth, weiß Wachs 1. Loth, Benzoe, Storax, Calamita, jedes ein wenig, lasset erstlich das Wachs zergehen, hernach den Benzoe und Storax, alsdenn thut den Terpentin darzu mit ein wenig Bleyweiß und Mastix, und machet es mit einander zu einer Salben, nicht zu dicke, und nicht zu dünne: Davon schmieret ein Pflaster, und leget es über Nacht auf. Es muß aber der Ort vorher mit warmen Wasser gewaschen und starck gerieben werden. Solte bey Abnehmung des Pflasters etwas davon zurücke bleiben, so waschet es mit warmem Wasser ab, und reibet es mit einem wöllenen Läpplein, und etwas Kleyen, hernach waschet das Gesichte mit Brandtewein.

Noch auf eine andere Art:

Nehmet Opium Thebaicum, Drachenblut und Eßig, ana 1. Loth, lasset es mit einander sieden, über einem kleinen Feuer, einer Viertel Stunden-lang, waschet damit denselben Ort, so wächset daselbst kein Haar mehr.

Oder:

Nehmet Wachs, Mastix, Colophonien, ana, incorporiret alles unter einander über einem Kohl-Feuer, leget es auf die Oerter, da ihr keine Haare haben wollet, so gehen sie aus.

## §. 9. Wohlriechenden Poudre zu machen.

Nehmet Florentinische Violen-Wurtzel ein Pfund, getrocknete Rosen 1. Pfund, Benzoe 4. Loth, Storax 2. Loth, gelben Sandel 3. Loth, Gewürtz-Nägelein 2. Quintlein, ein wenig Citronen-Schaalen, machet alles zu Pulver in einem Mörsel, und thut darzu 20. Pfund Krafft-Mehl, menget es sehr wohl unter einander, hernach siebet alles durch ein Sieb.

## §. 10. Schöne leicht-schwimmende Seiffe zu machen.

Nehmet von der gemeinen weissen Seiffe, und schälet sie gar klein und subtil, alsdenn thut sie in einen weiten Tiegel, und giesset darauf warme Milch, so, wie man sie von der Kuhe melcket;

melcket; man kan auch Ziegen-Milch nehmen, welche besser ist; man muß aber allgemach die Milch, und immer nur ein wenig auf die Seiffe giessen, und dieselbe mit einem höltzernen Kolben wohl zerreiben, daß keine Knollen darinnen verbleiben, und wenn es dicke werden will, allezeit ein wenig warme Milch wieder zugiessen. Wenn nun die Seiffe also zertrieben, und dicke, wie ein Brey ist, so giesset wieder ein wenig warme Milch darzu, rühret es wohl unter einander, und setzet es auf ein kleines Kohl-Feuer, damit die Seiffe zergehen und einsieden möge; jedoch muß mans ohne Unterlaß rühren, damit es sich nicht an den Tiegel anlege, oder verbrenne. In solchem Rühren nimmt man immer etwas auf dem Messer heraus, und lässet es kalt werden, und wenn es nicht an dem Finger klebet, und nicht weich ist, so thut man es von dem Feuer, und giesset darzu Weinstein-Oel anderthalb Loth, klein geschabten Campher ein halb Loth, Sperma Ceti ein Loth. Man kan auch um guten Geruchs willen etliche Tropffen Rosen- Lavendel- Citronen- oder Pomerantzen-Oehl, oder was einem beliebet, darein giessen. Und wenn die Seiffe vom Feuer genommen, und die wohlriechenden Sachen darunter gemischet worden, so giesset mans in eine Forme, wie man es haben will, und lässet es trocken werden, denn schneidet man solche in Stücklein, in selbst beliebiger Grösse.

## §. 11. Gute Barbier-Seiffe zu machen.

Man nimmt pulverisirte Venedische, oder auch wohl nur gute weisse Hauß-Seiffe anderthalb Pfund, thut darzu gemahlene Violen-Wurtzel 7. oder 8. Messer-Spitzen, und 2. bis 3. Tropffen Spick-Oehl, knetet es alsdenn mit der Hand wohl durch einander: Darnach mischt noch darunter Zimmet- Rosenholtz- Någelein- Citronen- und Pomerantzen-Oehl, jedes vier Tropffen, Bisam 2. Gran: Treibet es mit einem Messer, oder eisernen Spattel wohl durch einander, und machet Kugeln daraus, so groß ihr sie haben wollet, alsdenn nehmet ein klein wenig Zibeth an die Finger-Spitzen, und berůhret die Kugeln damit, so sind sie fertig; hernach thut jede Seiffen-Kugel in Baum-Wollen, und verwahret es in einer Schachtel oder Glaß zum Gebrauch.

## §. 12. Ein gemein, doch gutes Zahn-Pulver.

Nehmet vor 1. Groschen pulverisirten Bimsstein, gebrannten und klein geriebenen Alaun, Violen-Wurtzel, Muscaten-Blůth und Zimmet, von jedem fůr 1. Kr. alles klein gestossen, und wohl unter einander gemischet, auch 3. Gran Bisam darunter gethan.

## §. 13. Eine kőstliche Zahn-Lattwerge.

Nehmet rothe Corallen 2. Untzen, Bimsstein, See-Schaum, Drachen-Blut, jedes eine Untze, Zimmet, Viol-Wurtzel, gebrannten Alaun, Kermes-Beer, jedes 2. Quintlein, Någelein

gelein 1. Quintlein, Bisam 7. Gran, geläutertes Honig anderthalb Pfund, dieses alles zusammen vermischet. Dadurch kan man die Zähne sauber halten.

## §. 14. Wohlriechende Kügelein in den Mund zu nehmen.

Man nimmt weissen Zucker 2. Pfund, machet solchen klein, zerreibet Ambra 8. Gran, Bisam 6. Gran, Zibeth 2. Gran, mit ein wenig Canarien-Zucker, vermischet es wohl unter den andern Zucker, machet mit Tragant, welcher in Rosen-Wasser zergangen ist, einen Teig, und formiret Kügelein daraus.

## §. 15. Eine wohlriechende Tinctur zu machen, die man in metallenen Büchslein zum Riechen bey sich tragen kan.

Man nimmt feinen Bisam, Zibeth, jedes 2. Scrupel, Ambra 1. Scrupel und 6. Gran, thut es in ein reines Glaß-Kölblein nach Gebühr, thut ferner darzu Zimmet-Oehl einen halben Scrupel, Rhodiser-Holtz-Oehl, Bergamotten-Oehl, Ceder-Essentz, jedes einen halben Scrupel, giesset darüber Spiritus Vini 4. Loth, des Rosen-Spiritus, so viel als genug ist: Verstopffet das Glaß auf das beste, und lasset es etliche Tage in gelinder Digestion stehen, bis sich der Rosen-Geist schön gelblicht gefärbet hat.

## §. 16. Ein gutes Niesse-Pulver, so das Haupt, Gesicht und die Brust reiniget.

Nehmet Mayen-Blümlein, 4. Handvoll, Majoran, Timian, Bertram-Wurtzel, weisse Niese-Wurtzel, Augen-Trost und Gewürtz-Nägelein, jedes vor 1. Kr. alles klein gestossen, und unter einander gemischet.

## §. 17. Einen vortrefflichen rothen Schnupff-Toback zu machen.

Nehmet rothe Back-Nelcken vier Handvoll, Violen-Wurtzel 1. Quintlein, Würtz-Negelein anderthalb Quintlein, Rosen- und Citronen-Oehl jedes 6. Tropffen, Bisam, Zibeth, ana 4. Gran, Ambra 2. Gran. Dieses alles mischet wohl unter einander.

## §. 18. Einen vortrefflichen Schlag-Balsam zu machen.

Nehmet 1. Quintlein Muscaten-Oehl, grauen Ambra 6. Gran, schwartzen Ambra 3. Gr. Bisam 6. Gran, Zibeth 10. Gran, Lilium-confallium-Oehl etliche Tropffen, gutes weiß Agtstein-Oehl auch etliche Tropffen, den Bisam reibet erst klein, darein thut man das Muscaten-Oehl, und letztlich den schwartzen Ambra und Zibeth; der graue Ambra muß in dem Lilium-confallium- und Agtstein-Oehl abgerieben werden. Dieser Balsamus apoplecticus ist gut wider den Schlag, Ohnmachten, Schwindel, Haupt-Schmertzen, Schlagheit des Gedächtnusses, wenn man des Morgens die Schläffe und Puls-Adern an den Händen damit bestreichet.

## §. 19. Ein vortreflicher Lebens-Balsam.

Nehmet Nelcken- und Citronen-Oehl, jedes anderthalb Quintlein, Majoran-Lavandel-Krausemüntzen- oder Beymünten-Oehl, ana einen halben Scrupel, Zimmet- und Rodiser-Holtz-Oehl, jedes 4. Tropffen, solviret es in drey Untzen Spiritu Vini rectificatissimi: Hernach solviret von dem Balsamo peruviano, Ambra, Moscho, Zibeth, jedes 2. Gran, in 3. Quintlein Rosen-Spiritu, und mischet alles unter einander. Dieser Balsam hat mit vorigem gleiche Würckung, kan innerlich 10. Tropffen in Wein oder Bier, und auch äusserlich, den Magen und Nabel in Magendrücken und Colic, item die Schläffe in Kopf-Schmertzen damit geschmieret, gebrauchet werden.

## §. 20. Ein vortreflicher Glieder-Balsam, so einem ein kalter Fluß in einen Arm oder Bein fället, daß man Reissen oder Mattigkeit darinnen empfindet.

Nehmet der grossen Ameisen eine Maaß, (wenn sie Eyer haben, sind sie am besten,) tödtet sie in Rheinischem- oder anderm starcken Brandtewein, eine Maaß grüne Wachholder-Beer, stosset solches wohl in einem Mörsel zusammen, darnach nehmt Eyter-Nesseln, Roßmarin, Camillen, Senff-Kraut, Rauten, Salbey, Spiconardi, jedes 2. Hände voll, alles klein zerschnitten oder zerstossen, unter einander gemenget, und in einem Helm destilliret; ist der Helm groß, kan man von jedem ein mehreres nehmen, man kan auch noch ein wenig Brandtewein darauf giessen, so wird er recht. Mit ein paar Löffel voll dieses Balsams das erkältete oder reissende Glied des Tages zweymahl, als Morgens und Abends, gewaschen, nachdem solches zuvor mit einem Tuche, bey einem warmen Ofen oder Kohlfeuer wohl gerieben, auch bey der Wärme wohl einkriechen lassen, stärcket das Glied, wärmet und mehret das Marck, und lindert die Schmertzen.

## §. 21. Ein anderer sehr guter Balsam.

Nehmet Wermuth 3. Hände voll, Beyfuß, Raute, Roßmarin, kleine Salbey-Blätter und Blüthen, jedes 2. Handvoll, nachdem ihr viel machen wollet; es muß aber mehr Wermuth und Rauten seyn, als der andern Kräuter, lasset es mit einander sieden in einem Kessel, mit genugsamer Menge Nuß-Oehl. Wenn diese Kräuter gekocht sind, so nehmet sie aus dem Kessel heraus, und nehmet das klareste Oehl sachte davon: Hernach presset die Kräuter in einem starcken leinen Tuch aus, mit der Presse, alle Substanz daraus zu bringen, dieses thut denn zu eurem klaren Oehl: Hernach thut, nachdem dessen viel ist, darzu zerstossen Hartz-Pech 1. Pfund, neu Wachs ein halb Pfund, Venedischen Terpentin 2. Quintlein, Spick-Oehl 2. Untzen, und rühret es stets um mit einem höltzernen Spattel: Wenn alles wohl geschmoltzen, so seiget es durch, die Unreinigkeit davon zu bringen, und thut diesen Balsam in einen glasurten Topf,

Topf, vermachet den wohl mit Pergament, und mit einem mit Fürniß bestrichenen Leder darüber: Und so man wohl thun will, soll man ihn 6. Wochen lang in einen Pferd-Mist vergraben, und denselben nach folgender Anleitung gebrauchen. Und so ihr ihn flüßig haben wollet, so thut nicht so viel Hartz-Pech darzu.

## Tugenden dieses Balsams.

1. Heilet er in 24. Stunden alle frische Wunden, warm darein gethan, nachdem man vorhero die Wunde mit warmen Wein gewaschen.

2. Heilet er alles Haupt-Wehe, warm an die Schläffe gestrichen, und ein warm leinen Tuch darüber geleget.

3. Heilet er die Taubheit, wenn sie nicht lange veraltet ist, warm in die Ohren mit Baum-Wolle gethan, des Abends, wenn man sich zu Bette leget, und ein warm leinen Tuch darauf gebunden, welches man allezeit in Acht nehmen muß, wenn man diesen Balsam gebrauchet.

4. Hilfft er der Schwachheit des Magens und stillet das Brechen, befördert die Däuung, wenn man den Magen damit reibet, und ein leinen Tuch darüber leget.

5. Curiret er das Bauch-Grimmen, alle Arten der Colica, der Mutter-Beschwerung, auf den Magen, den Bauch und die Nieren gestrichen.

6. Ist er gut zu dem halben Schlag, und allen Schmertzen, so von der Kälte herrühren, warm mit gewöhnlichen doppelten Tüchern aufgeleget; man muß aber den Krancken wohl zudecken, damit er dabey schwitze.

7. Heilet er die Verrenckung der Nerven, ein wenig davon warm übergeleget.

8. Ist er ein sehr fürtreffliches Mittel, wenn einer sein Wasser nicht lassen kan, warm über die Nieren geleget, längs den Gewerck-Beinen, mit einem warmen leinenen Tuch, und blancken Wein darnach darauf getruncken.

9. Heilet er den gifftigen Biß eines tollen Hundes, der Schlangen, oder anderer Thiere; ehe man aber den Balsam darauf leget, muß man die Wunde wieder blutend machen, und sie mit Wein waschen, und Carpie den Balsam darein legen.

## §. 22. Pulvis Sympatheticus.

Nehmet Vitriol, leget ihn im heissen Sommer an die Sonne, so lange, bis er zergehet, alsdenn trocknet ihn wieder an der Sonnen, machet ihn zu einem Pulver, so ist es bereitet. Wenn man nun des Verwundeten sein Blut bekommen kan, es sey gleich in einem leinen Tüchlein, oder an den Waffen, womit er verwundet ist, so machet mans etwas naß, und streuet des Vitriol-Pulvers ein wenig darauf, auch soll der Patient alle Tage die Wunde mit seinem eigenen Urin, so er des Morgens gelassen, auswaschen, und reine Tüchlein darüber binden, so wird es ohne einiges Pflaster heilen.

## §. 23. Waffen-Salbe zu machen, damit alle frische Wunden geheilet werden, wenn man gleich den Menschen selber nicht erreichen kan, sondern allein die Waffen hat, damit er bleßirt ist, und nur die Waffen damit schmieret.

Nehmet Eber-Schmaltz, Bären-Schmaltz, gleichviel, je älter, je besser, zerlasset es auf einem gelinden Feuer, und giesset es auf kalt Wasser, so fället das Saltz zu Boden, und das Schmaltz bleibet oben, dieses nehmet ab: Wenn das geschehen, so nehmet ein Pint Regen-Würmer, thut sie in einen neuen Topf, darein zuvor etwas Sand oder Mist geschüttet worden, daß sie sich darinnen reinigen, decket es wohl zu, setzet den Topf in einen Back-Ofen, wenn das Brod heraus gezogen worden, dörret sie, doch also, daß sie nicht verbrennen, darnach reibet sie klein:

Desselbigen Pulvers nehmet eine halbe Eyer-Schaale voll, guten wohlgereinigten und zu kleinem Pulver gemachten Sandel und Blut-Stein, jedes 1. Loth, Mooß von einem Menschen-Kopf zu Pulver gemacht, einer Hasel-Nuß groß, (wo man dieses letztere haben kan, wo nicht, so ist es dannoch kräfftig:) Die obgemeldten Stücke wohl unter einander gestossen, und mit den Schmaltzen vermischt, so ist die Salbe fertig. Alsdenn thut man sie in ein sauber Gefäß, und lässet sie wohl verdecket stehen. Damit heilet man also:

Wenn

Wenn man das Gewehr bekommen hat, und wissen will, ob der Verwundete lebendig bleiben wird, so nimmt man Sandel und Blut-Stein gleichviel, machet es zu einem Pulver, låsset das Gewehr an einem gelinden Feuer warm werden, also, daß man es an der Hand erleiden kan, alsdenn das Pulver auf die Klinge oder Gewehr geschůttet: So nun das Gewehr Blut schwitzet, so stirbt er; wo aber nicht, so bleibet er lebendig. Man soll auch darauf Acht haben, daß man ihm, so viel mőglich, das Blut stille, und kan das nicht besser geschehen, als mit der Salbe, damit man das Gewehr schmieret; und so sich der Patient nicht recht gebůhrend verhålt, das kan man dabey mercken, wenn auf dem Gewehr Flecken erscheinen, wo dieses aber sich nicht ereignet, so verhålt er sich recht: Denn nicht wenig daran gelegen, daß er sich in Essen und Trincken recht und ordentlich halte.

## Ferner ist auch zu mercken, wie man das Gewehr schmieren soll.

Zum ersten soll man erfahren, ob die Wunde gehauen oder gestochen sey, welches man zum Theil an dem Gewehr selber erkennen kan, und wie tief es in das Fleisch oder in den Leib gegangen. Ist es gestochen? so muß das Gewehr von der Spitze nach dem Griffe zu; ist es aber gehauen, von der Schneide zum Růcken zu, geschmieret werden.

Kan man nicht eigentlich wissen oder erkennen, wie weit oder tief das Gewehr in das

Fleisch

Fleisch oder in den Leib gangen sey, so muß man es gantz und gar schmieren; kan man es aber wissen, so ist es genug, daß man nur denselben Ort schmieret; doch muß man das Gewehr stets in der Wårme, an einer reinen Stelle, damit kein Staub darauf fallen möge, behalten.

Dem Verwundeten soll man den Eyter aus der Wunden wischen, und ein rein Tůchlein darüber binden; man nehme aber nur allein Acht auf das Gewehr, denn der Patient kan ihm wohl selber reine Tůchlein überlegen, und die Wunden reinigen, und so er gleich über 10. 12. oder mehr Meilen von dannen ist, wenn man nur das Gewehr hat, damit er bleßiret worden, so kan man ihn heilen.

Hierbey ist zu mercken, daß derjenige, der das Gewehr salbet, sich an solchem Tage keusch halten muß, und wenn man den Patienten bald heilen will, solle man das Gewehr offt schmieren; sonsten aber, wenn die Blessure nicht starck, oder gefåhrlich ist, so schmieret man die Waffen nur einmahl, oder über den dritten oder vierten Tag, so heilet es ohne die geringste Geschwulst und Schmertzen.

Will man aber dem Patienten Schmertzen machen, so leget man nur das Gewehr in den Wind, oder ins Feld, so bekom̃t er bald Schmertzen; nimmt man aber das Gewehr wieder aus der Kålte in die Wårme, so vergehen die Schmertzen, so bald dasselbe warm wird; jedoch muß man Acht darauf haben, daß das Gewehr nicht zu heiß liege, denn es schadet dem Patienten auch.

§. 24.

## §. 24. Wund-Holtz zu schneiden.

Lignum Fraxinum oder Eschen-Holtz, wenn es an Petri Pauli Tag, so den 29. Junii ist, des Morgens vor der Sonnen-Aufgang, von unten auf geschnitten wird, heilet es alle frische Wunden, wenn man nur das Holtz darauf streichet, so wird die Wunde nicht schwehren, es stillet auch das Bluten alsobald.

## §. 25. Eine köstliche Salbe wenn ein Glied schwindet.

Nehmet 2. Loth Dachs-Schmaltz, 6. Loth Lohr-Oehl, 1. Loth Wachholder-Oehl, 1. Quintlein Spick-Oehl, 4. Loth Schweinen-Schmaltz: Dieses alles zusammen gethan, über einem Kohl-Feuer zergehen lassen, und diese folgende Stücke klein gepulvert darein gerühret: 2. Loth Sadelbaum, 1. Loth Nessel-Saamen, 1. Loth Federweiß, solches stetig umgerühret bis es kalt wird. Es darf aber nicht kochen, sondern nur wohl heiß werden.

## §. 26. Die heilsame Ptisana oder Haber-Tranck.

Nehmet wohlgewachsenen weissen Haber zwölf Hände voll, oder Haber-Grütz, eine gute Handvoll frische wilde Wegwart-Wurtzel, rothen Sandel 5. Loth, nitri antimoniati 1. Loth, Brunnen-Wasser 12. Maaß: Siedet alles mit einander bis auf den halben Theil, lassets etliche mahl durch ein Tuch lauffen, versüsset es mit weissem Zucker, und setzet es in einem steinernen

Geschirr

Geschirr wohl zugedecket, in einen Keller, so ist dieser Tranck fertig; es muß aber das Geschirr allezeit an einem kühlen Ort aufbehalten, und niemahls gerüttelt werden.

Dieses Decoctum dienet wider hefftige Kopff-Schmertzen, Verstopffung des Leibes, der Gold-Ader und des Menstrui, Auffsteigen der Mutter, Unverdaulichkeit der Speisen im Magen, Blähung des Leibes, Augen-Mängel und Zahn-Schmertzen, Ohren-Wehe, Flüsse, Viertägige hitzig- und kalte Fieber, böß Geblüthe, Colic, lauffende Gicht, Hectica, Reissen und Schmertzen der Glieder, Schaden an den Füssen, Engbrüstigkeit, Husten, Blutspeyen, Hertzens-Bangigkeit und Hertzklopffen, grossen Durst, Hitze und Mattigkeit, Seitenstechen, Geschwür des Mastdarms, Stein-Beschwerung, Darmsucht, Schwermüthigkeit Sood, Heischerkeit, Erschrecken im Schlaf, Pocken, Masern, Entzückung der Lunge, Gelbsucht, und Schlag-Flüsse.

Dieser Tranck kan das gantze Jahr über, absonderlich aber im Frühling, in den Hunds-Tagen und im Herbst gebrauchet werden. Und wenn der Leib voller böser Feuchtigkeit und verstopft wäre, kan zuvor ein Clistier appliciret, oder etliche mahl von denen im nachfolgenden §pho beschriebenen polychrest-Pillulein genommen werden.

Wer diesen Tranck öffters brauchet, und dabey diät lebet, der bleibet immer gutes Muths, hat steten Appetit, schläffet wohl, und erreichet ein

ein hohes Alter. Man nimmt diesen Tranck Morgens nůchtern, und des Nachmittags drey Stunden vor dem Abend-Essen, jedesmahls einen halben Schoppen kalt oder warm, jedoch ists besser warm. Den Kindern gibt man nur so viel, als man ihnen einbringen kan, ůber der Mahlzeit kan man Bier oder Wein trincken, und nach Belieben alle Speisen essen, aber nur nicht zuviel.

## §. 27. D. Bechers Polychrest-Pillulen.

Rec. Extractum s. Succinum inspissatum,
Absynthii,
Cardibenedicti,
Fumariæ,
Cochleariæ ana, 1. Untze,
Gummi Hederæ,
Juniperi, ana 3. Untzen,
Myrrhæ rubræ,
Therebinthinæ Venetianæ, ana 3. Loth,
Flores Sulphuris,
Benzoe,
Aloes ana 1. Untze,

cum Essentia Absynthii so viel hierzu genug ist, daraus machet Pillulein, etwan so groß, als eine Linse. Man kan auch vor anderthalb Kreutzer vom pulvere Licopoti nehmen die Pillen zu bestreichen, daß sie nicht an die Finger kleiben.

Von diesen Pillen kan man 18. auf einmahl einnehmen. Sie stårcken das Hertz, Haupt, Gehirn, Gedåchtnuß und Gehör, sind gut vor Miltz, Magen, Brust, Lunge und Leber, sie treiben den Urin, und sind sonsten in viel Zufållen nůtzlich zu gebrauchen.

## §. 28. Ein vor vielerley Kranckheiten herrliches Elixir.

Nehmet Aloe 2. Loth, Saffran 2. Quintlein, Rhabarbara 2. Quintlein, Agarici oder Lerchen-Schwamm 1. Quintlein, Zedoar oder Zittwer 1. Quintlein, Myrrhæ rubræ 2. Quintlein, Terra Sigillata 2. Quintlein, Gentian 1. Quintlein, weissen Diptan 1. Quintlein, Tormentill, 1. Quintlein, Theriac 1. Loth, Angelica 2. Quintlein, Campher 1. Quintlein, Bibergeil 1. halb Quintlein, Spiritus Vitrioli 2. Quintlein, Spiritus Salis 2. Quintlein. Diese Species muß man gröblich zerstossen, in ein Glaß thun, ein Quart oder Schoppen des besten mit Löffel-Kraut zweymahl abgezogenen Brandtewein darüber giessen, 4. oder 5. Tage an die Sonne stellen, oder auf einem warmen Ofen stehen lassen, bis es als ein rother Wein aussiehet: Es kan auch länger stehen, denn je länger es stehet, je besser es wird. Man kan es auch destilliren, daß es klar wird, oder nur filtriren. Wenn es einmahl verbrauchet ist, so kan man wieder aufs neue Brandtewein drauf giessen; es wird aber nicht mehr so starck.

### Gebrauch.

1. Von diesem Elexir 30. 40. bis 50. Tropfen, in ein wenig Bier, Wein oder Brandtewein eingenommen, so ist der Mensch, nechst Gott, 24. Stunden sicher vor der Pest: Ja, wenn einer schon würcklich mit der Pest behafftet wäre, und nimmt 50. bis 100. Tropffen von dieser Essentz, ehe 24. Stunden verlauffen,

so wird er, vermittelst Göttlichen Seegen und Hülffe, davon befreyet.

2. So einem ein kalt oder hitzig Fieber anstösset, der nehme einen halben Löffel voll von diesem Elexir, und schwitze darauf, so bleibt es aussen.

3. Wider die Epilepsie, oder fallende Sucht, muß, wenn der Paroxismus kommt, ein gantzer Löffel voll genommen, und allenfalls dem Patienten der Mund aufgebrochen, und ihme eingeschüttet werden.

4. Machet es ein gut Gedächtnuß.

5. Schärffet es das Gesicht.

6. Stärcket es die Glieder.

7. Vertreibet es die Flüsse.

8. Wehret es der Colic.

9. Ist es gut wider den Scharbock.

10. Reiniget es das Geblüt.

11. Erhält es den Leib in steter Gesundheit. In Summa, wenn einem eine Unpäßlichkeit zustösset, so kan man von diesem Elexir nehmen, und darauf schwitzen. Es können auch denen jungen Kindern von 2. Jahren, 10. Tropfen davon gegeben werden.

## §. 29. Vor allerhand Schwachheit und Mattigkeit des gantzen Leibes.

Nehmet Syrupus Caryophillorum hortensium, oder Garten-Nelcken-Safft, Zimmet-Wasser, von jeglichem einen Löffel voll, und Zimmet-Oehl 6. Tropffen, dieses alles mischt man wohl unter einander, und trincket es auf einmahl aus.

§. 30.

## §. 30. Ein gut Gedächtnuß zu machen.

Nehmet 2. Löffel voll Wein, 3. Löffel voll Baum-Oehl, 4. Löffel voll Rauten-Wasser, vier Löffel voll Winter-Blumen-Wasser, thut solches alles unter gute Lauge, und waschet alle Monath einmahl ein gantzes Jahr hindurch, das Haupt damit, so behält man alles, was man lieset und höret. Man kan auch alle Monath einmahl die Schläffe mit der Galle von einem Rebhun wohl schmieren.

Oder:

Nehmet 1. Quintlein Weyrauch, Galgant, Pfeffer, Saffran und Myrrhen, jedes 2. Quintlein, dieses zu subtilem Pulver gemacht, und alle Morgen und Abends, eine Zeitlang, davon ein Quintlein eingenommen.

## §. 31. Vor Kopf-Schmertzen.

Von dem besten Ungarischen Wasser auf den Wirbel gegossen, und wohl eingerieben, vertreibet den Schmertzen alsobald.

Oder:

Nehmet Beymünten und Saffran, auf die Stirn gebunden, Kümmel und Lorbeern gestossen, und auf das Haupt geleget, ist gut vor kalte Flüsse desselben.

## §. 32. Wenn einer nicht schlaffen kan,

Der schmiere des Abends die Schläffe mit Mohn-Oehl, auch die Stirn und Nasen-Löcher können damit bestrichen werden, hilfft zum Schlaff.

Oder:

Anis-Saamen gekäuet, befördert den Schlaff. Ebenfalls, Dill-Saamen mit den obersten Sprossen und Blumen in Wein gesotten, und Abends getruncken; oder das Oehl von vorerwehnten Saamen an die Stirne und Schläffe gestrichen.

## §. 33. Ein vortreflich, und noch nie bekannt-gewordenes, Augen-Wasser.

Man nimmt einen halben Schoppen guten Wein (NB. aber keinen rothen) schüttet eben so viel frisch Brunnen-Wasser darunter, nehmet von einem hart-gesottenen Ey das Weisse, zerhackts so klein, daß es ist wie Brey, thut vor 3. Kreutzer präparirte Tucia darunter, rühreṫs mit dem Wasser und Wein an, pressets durch ein Tuch, und dann waschet mit dem durchgepreßten Wasser die Augen täglich 2. bis 3. oder mehrmahlen. Es hilfft nächst GOttes Beystand und Gnade, wann auch der Mensch fast verblinden will.

## §. 34. Für ein blödes Gesichte.

Wermuth-Safft in die Augen-Winckel gethan, Violen-Safft, oder auch Ohren-Schmaltz, thut eben dasselbe.

Item:

Die Augen mit Honig-Wasser bestrichen, ist ihnen gut, und vertreibet auch die Felle von denen Augen.

## §. 35. Ein gutes Augen-Wasser, für scharffe saltzige Flüsse, Schmertzen, Röthe und Jucken der Augen.

Rec. Macillag. fœn. græc. ℥ij.
Aqua fœnicul. ℥j. Flor. Cyan. plantag.
Tussilag. ā ā ℥jß. Vitriol. alb. Gr. X.
Lap. Tut. prpt. ℥ß. Sacch. ♄. Drach. ß.
Camphor. Gr. IV.
M. Drach. 1. Mel. Rosar.

Dieses Augen-Wasser wird täglich 5. bis 6. mahl mit frischen Tüchern wohl ausgedrückt aufgelegt, und müssen die Augen gantz zugebunden werden. Ein geringes, jedoch gutes Augen-Wasser, ist auch dieses: Augen-Trost-Baldrian, Wegbreit- und Rosen-Wasser, jedes vor 1. kr. unter einander gemischet und gebrauchet.

## §. 36. Das Getöß und Sausen der Ohren zu vertreiben.

Nehmet vor 1. Kreutzer Rücken-Brod, schneidet es von einander, giesset von dem stärckſten Brandtewein auf jedes inwendige Theil, und haltet es eine Weile, so warm mans erleiden kan, an beyde Ohren, solches wiederholet, nachdeme die Kranckheit schon lange gedauret, 14. bis 20. Tage hinter einander.

## §. 37. Die Schmertzen der Ohren zu stillen, und das verlohrne Gehör wieder zu bringen.

Nehmet gutes Schwefel-Oehl, feuchtet Baumwollen mit 2. oder 3. Tropffen davon an, und thut es etliche Morgen in die Ohren.

## Das verlohrne Gehör wieder zu bringen.

Nimm neuen Kümmel 10. Handvoll, und röste ihn in einer saubern meßingen Pfannen, bis er gantz heiß und schier schwartz wird; alsdann nimm 2. zinnerne Schüsseln, die wohl auf einander taugen, und leere den Kümmich also heiß in die eine Schüssel, und decke die andere geschwind darauf, darnach ein Tisch- oder anderes Tuch darüber gedeckt, daß kein Dampf heraus gehet, wann es etwan eine halbe Stunde also gestanden, so nimm das Tisch-Tuch fein gemach ab, und deck die Schüssel auf, so wirst du in der obern Schüssel etliche Tropffen Wasser finden, die sich vom Dampf angesetzt haben, dieselbe wollest du sauber zusammen machen, und in einem Gläßlein wohl verwahrt aufbehalten; alsdann den Kümmich wieder rösten, und also fortfahren, weilen er etwas Feuchtigkeit in sich hat.

Welche Persohn nun übel höret, der soll man zuvor das Haupt wohl purgiren, alsdann nehme man einer Hasel-Nuß groß Baumwolle, und netze es in obgemeldtem Wasser, und thue es dem Patienten in die Ohren, wo der Schmertzen ist, des Tages 4. bis 5. mahl, so wird es besser werden.

## §. 38. Wider den Schnuppen.

Spiritus Salis Ammoniaci, oder Salvolatile Oleosum, welches letztere stärcker und besser ist, in ein Schwämgen gethan, dasselbe in einem

nem silbernen, oder beinernen Büchsgen verwahret, und daran gerochen.

## §. 39. Wider die Zahn-Schmertzen.

Nehmet vor 1. Kreutzer Bilsen-Kraut-Saamen, werffet ein wenig davon auf glüende Kohlen, in einem Feuer-Becken, lasset den Rauch etliche mahl durch einen Trichter in den Mund ziehen; doch hütet euch, daß ihr den Rauch nicht hinunter schluckt. Item, Bertram-Wurtzel gekauet, ziehet den Schleim aus dem Munde, und lindert die Schmertzen. Lavendel-Wasser offt im Munde auf den schmertzhafften Ort gehalten. Bey diesen allen kan man 20. bis 30. Franckfurter Haupt-Pillen einnehmen zum Purgiren.

## §. 40. Wider den Scharbock und üblen Geruch aus dem Munde.

Dawider kan man alle Morgen, Mittags nach der Mahlzeit, und Abends mit braunem Indianischen Balsam die Zähne reiben, und auch etwas davon in die Nasen-Löcher streichen: Auch Morgens, Mittags und Abends sich mit folgendem Decocto gurgeln:

Nehmet weissen Ysop, Salbey und Prunellen, jedes vor einen halben Kreutzer, und thut darzu vor 1. Kreutzer Salpeter-Küchlein.

Dieses kochet in Brunnen-Wasser, und gurgelt euch damit, weil es noch warm ist: Es hilfft auch für den Zapffen, wenn er geschossen ist.

Wider den üblen Geruch aus dem Munde kan man auch 2. Hände voll Kümmel stossen, und in einem halben Schoppen weissen Wein bis auf den vierten Theil einsieden lassen, und 14. Tage lange alle Morgen und Abend etliche Tropffen davon trincken.

## §. 41. Die Wartzen im Gesichte und auf den Händen zu vertreiben.

Man nimmt vor 1. Kreutzer Spiritum Nitri, bestreichet die Wartzen damit des Tages dreymahl, nemlich des Morgens, Mittags und Abends, es thut keinen Schaden, ob es schon ziemlich beisset, und die Wurtzel heraus frisset; jedoch muß man sich in Acht nehmen, daß es nicht daneben auf die Haut kommet.

## §. 42. Vor den Husten.

Nehmet vor 2. Kreutzer Feigen, kleine Rosinen vor anderthalb Kreutzer, braunen Zucker-Candel vor anderthalb Kreutzer, und Brandtewein vor 1. Kreutzer, laßt den Brandtewein auf diesen klein geschnittenen Stücken abbrennen, und esset es warm mit einem Löffel.

Oder:

Man kan weissen Indianischen Balsam, etwa 10. Tropfen auf gestossenen Zucker in einen Löffel fallen lassen, und einnehmen, und Anis-Oehl in warmem Bier oder Wein getruncken.

## §. 43. Vor die Schwindsucht ein bewährtes Mittel.

Nehmet Scordien, und machet dieselbige zu Pulver, präparirets mit Honig zu einer Lattwerge, und nehmet davon täglich einer Welschen Nuß groß, es dienet dawider.

Oder:

Nehmet Johannis-Brod, so viel ihr wollet, giesset guten Wein darauf, und lasset es 24. Stunden weichen. Den andern Tag darauf lasset zuvor den Urin, trincket darauf von dem Wein, und continuiret es 9. Tage nach einander, so, daß ihr euch von allem anderen Getränck enthaltet, indessen aber allen gelassenen Urin auffsammlet, und in den Rauch hänget, damit er allgemach daselbst verzehret werde. Es kan auch ein Schwindsüchtiger des Morgens frühe seinen Urin nehmen, darinnen über dem Feuer ein frisches Ey rühren, und selbigen austrincken: Dieses muß er etliche Morgen continuiren. Noch andere bringen das aus der Ader eines Schwindsüchtigen gelassene Blut einem Hahn oder Hunde glücklich bey, daß der Patient davon geneset.

## §. 44. Ein vortreflicher Lungen-Trunck.

Nehmet Anis, Fenchel, jedes 1. Loth, Süß-Holtz, kleine Rosinen, Feigen, jedes 2. Loth, Alant-Wurtzel 2. Quintlein, Tausend-Gulden-Kraut, Ehrenpreiß, Scabiosen, Lungen-Kraut, Feld-Nägelein, Ysoppen, Huflattig, jedes eine halbe Handvoll, Violen- und Rosen-Blätter, kochet es, wenn zuvor alles zerschnitten und zerstossen worden, mit Wasser zum Trancke, und machet es mit Honig und Zucker-Candel fein süsse.

## §. 45. Für die Wassersucht.

Schneidet 2. Häringe unten am Bauch, in die Breite von einander, bindet sie an die Fußsohlen, wiederholet solches alle Tage zweymahl, Morgens und Abends, und brauchet Franckfurter-Pillen, oder andere Laxanz a dabey. NB. Wenn man die Häringe von den Füssen abnimmt, so vergräbt man sie in die Erde.

Oder:

Nimm Raute mit Wein zur Helffte eingesotten und getruncken, benimmt die Wassersucht. Man kan auch die Brühe von Rüben offtmahls warm trincken.

Item:

Ein Wassersüchtiger lasse am rechten Arm zur Ader, thue das Blut in ein neu ausgeleertes Ey, lege es in Mist, daß es verfaule, so wird er gesund.

Oder:

Nehmet bereitetes Spieß-Glaß, das durchscheinend, hell und roth sey, wie rothes Glaß, welches das beste ist, man kans in denen Apothecken haben, stosset es zu reinem Pulver, und siebet es wohl durch ein eng Sieb: Von diesem Pulver soll man einem alten Menschen von 50. 60. oder mehr Jahren, mit ein wenig Wein, Bier, oder warmer Brühe, 6. bis 8. Gersten-Körner schwer;

schwer; einem jungen Mann oder Weib, 8. bis 10. Gran, jungen Kindern aber 2. bis 4. nüchtern eingeben, eine Stunde darauf fasten, und hernach warm Bier trincken lassen. Dieses reiniget ohne Gefahr, und treibet das Wasser aus.

## §. 46. Wider die Gelbsucht.

Kochet Erdbeer-Kraut samt der Wurtzel, in Bier, und trincket davon: Lasset auch den Urin etliche mahl auf Pferde-Mist. Man kan auch frühe Morgens, ehe die Sonne aufgehet, einen Wegwart-Stock, Cichoream, ausgraben, doch so, daß die Wurtzel nicht verletzet wird, in das Loch seinen Urin lassen, den Stock sogleich wieder hinein setzen, und mit Erde wieder zuscharren.

Uber diß ist auch gut, wenn man Wermuth öffters in Speiß und Tranck gebrauchet.

Noch besser:

Hast du die Gelbsucht, so nimm gleich in den ersten 2. bis 3. Tagen 13. Erbsen, binde dieselbe in ein leinen Tüchlein, den andern Tag wieder so viel auf gleiche Art, und den dritten Tag eben so, schlage das Wasser drüber ab, nehme sie hernach wieder aus dem Urin, und nähe sie in ein gelb Tuchen-Läpplein, hänge sie hernach also feucht in den Schorrstein oder Camin, laß sie also austrücknen, und siehe nimmer darnach, du wirst wieder genesen.

§. 47.

## §. 47. Vor Miltz-Beschwehrung.

Kauffet vor 2. Kreutzer Wermuth-Extract, nehmet davon 50. Tropffen in Bier ein; item bittere Mandeln gegessen, und mit dem Essen öffters Kappern genossen.

## §. 48. Vor Rücken-Schmertzen und Lenden-Weh.

Nehmet gut Ungarisch-Wasser, oder vor einen Groschen Majoran-Oehl, reibet erstlich den schmertzhafften Ort mit einem warmen Tuch, darnach lasset euch mit diesem Oehl oder Wasser schmieren, und über einem Kohl-Feuer wohl einreiben: Nehmet auch 10. bis 20. Tropffen Wachholder-Oehl in Petersilien-Wasser, und wiederholet es etliche mahl, so vergehets.

## §. 49. Vor die Colic.

Man nehme einen Löffel voll aufrichtig Ungarisch Wasser ein, oder Brandtewein, darinnen Calmus, Pomerantzen-Schaalen und dergleichen eingeweichet ist.

Oder: Knoblauch in Brandtewein geweichet, und davon getruncken, oder 10. Tropffen vom Spiritu Salis in Brandtewein getruncken; auch nehme man ein wenig Lohr-Oehl, Wachholder-Oehl, und Muscaten-Oehl, mische es unter einander, und schmiere es warm in den Nabel. Man kan auch an dessen statt wild Katzen-Schmaltz und Zibeth auf den Nabel streichen.

Item:

Item:

Nehmet drey Lorbeern, stosset sie sehr klein, thuts in ein Glaß weissen Wein, und nehmet es ein.

Oder:

Nehmet die erste subtileste Schaale von Pomerantzen 2. Loth, und auch so viel Würtz-Negelein, lasset es in einem halben Schoppen Wein einkochen und trincken, so wird es alsofort, und für allezeit helffen.

Oder:

Nehmet ein halb Glaß guten Brandtewein, thut darein 7. oder 8. Tropfen Spiritus Salis, und trincket es aus.

Desgleichen:

Eines Kindes abgeschnittener Nabel in einen Ring gefasset: Wenn ihn einer, der die Colic hat, anstecket, so vergehet der Schmertzen, so bald der Nabel warm wird.

## Ein trefflich Recept für die Colica, Passionis, oder Grimmen.

Nimm des besten Theriacs und Campher jedes 1. Loth, Bibergeil 2. Loth, Aaron-Wurtzel, Meister-Wurtz, guten Saffran, Angelica-Wurtz, Pimpinell-Wurtz, jedes ein halb Loth, Mumia anderthalb Loth, thue darzu Wermuth, Cardobenedicten und Tausendgulden-Kraut, diese Species 8. Tage in einer Maaß des besten Brandteweins eingebeitzt, alsdann durch den Kolben destillirt, so ist es zum Gebrauch fertig; derjenige nun, so mit dieser Kranckheit behafftet, nehme

nehme des Morgens nůchtern davon 3. Gran schwer. Auch einer, den dieser Schmertzen ohngefehr anstoßt, nehme davon alsbald einen Lǒffel voll, so vergehet ihm der Schmertzen sogleich.

Oder:

Nimm Opium, des besten Saffrans, der besten Muscaten-Nůß und gelben Agtstein, jedes 1. Loth, pråparirte rothe und weisse Corallen, jedes 1. Quintlein. Dieses alles zu Pulver gemacht, und wann einem das Grimmen ankommt, so gib ihm davon ein halb Quintlein in einem halben Glaßvoll Wein, oder Brůhe, laß ihn wohl darauf schwitzen. Es stillt die Schmertzen.

## §. 50. Vor einen verdorbenen Magen.

Wermuth-Extract in Wein, Brandtewein oder Bier, ohngefehr 50. Tropffen gethan und getruncken: oder 2. bis 3. Messer-Spitzen gepulverte Hůner-Magen in warmem Bier eingenommen. Man kan auch folgendes Magen Aqua vitæ brauchen:

Nehmet eine halbe Maaß guten Korn-Brandtewein, und thut darein folgende Species: Eine grosse Muscaten-Nuß klein geschnitten, Anis, Zittwer, Nelcken, Muscaten-Blumen, jedes vor 1. Kreutzer, Coriander, rothen Sandel, jedes vor 2. Kreutzer, Calmus und weisse Diptam-Wurtzel, jedes vor einen halben Kreutzer, gantzen Zimmet vor 3. Kreutzer, und Zucker vor 6. Kreutzer. Diese Species mit dem Brandtewein, in einem Glaß 14. Tage lang an die Sonne, oder auf einem warmen Ofen gesetzet, und wenn der Magen verdorben ist, ein klein wenig davon getruncken.

## §. 51. Ein gut Vomitiv.

Nehmet Tartari Emedici 2. Gran, in warmem Bier.

## §. 52.

Nehmet Rhabarbara vor 3. Kreutzer, und Jalappen vor 1. Kreutzer, beydes klein gestossen, und in Kirsch- oder Pflaumen-Lattwergen eingenommen.

An dessen statt kan man auch 15. 20. bis 25. Franckfurter Pillulein gebrauchen.

## §. 53. Mittel zu schwitzen.

Nehm vor 3. Kreutzer Bezoar-Tinctur, in warmem Bier, oder vor anderthalb Kreutzer Theriac, oder auch wohl Wachholder-Safft eingenommen.

## §. 54. Wider die Strangurie oder kalten Piß.

Knüpfet einen Knopf in das Hemd auf der lincken Seiten, so vergehet es längstens in einer halben Viertel Stunde.

## §. 55. Wenn einem der Urin verstanden.

Nehmet Steinbrech- Petersilien- Schlehen-Blüth, Wachholder- und Erdbeer-Wasser, jedes vor 1. Kreutzer, mischet es unter einander, und nehmet in einem Löffel von diesem Wasser ein, 6. bis 10. Tropffen Wachholder-Oehl, so mit weissem Indianischem Balsam vermischet ist, nehmet auch noch 2. oder 3. Löffel von diesem Wasser nach dem Oehl. Oder 30. Tropffen Spiritus Nitri dulcis in ein wenig Wein oder Bier getruncken.

## §. 56. Wider die Stein-Schmertzen.

Alle Morgen nüchtern 20. bis 30. frische Wachholder-Beeren gekauet und hinunter geschlucket, präserviret vor die Stein-Schmertzen: Es muß aber damit ad dies vitæ continuiret werden.

## §. 57. Ein bewährtes Recept den Stein zu zermalmen, und ohne Schmertzen abzutreiben.

Nehmet vier Maas des besten Rheinischen Brandteweins, giesset ihn in einen verglasurten Topf, darein thut nachfolgende Kräuter und Saamen, von jedem 3. Hände voll, wohl zerschnitten und gequetschet: Jung Eichen-Laub, Steinbrech-Kraut und Wurtzel, grosse Brenn-Nesseln, Kraut und Wurtzeln, Erdbeer-Kraut und Wurtzel, Wachholder-Beer, Fenchel-Saamen, Anis-Saamen.

Lasset dieses alles wohl verdecket 6. Tage in einem Keller stehen, darnach destilliret es in Balneo Mariæ. Solchen Brandtewein verwahret zum Gebrauch, und nehmet die Woche 2. Morgen und 2. Abend, jedesmahl einen Löffel voll davon ein. Man darf es aber nicht gebrauchen, wenn der Schmertz vorhanden ist, denn es treibet zu starck.

## §. 58. Wenn einem der Zapfen geschossen.

Nehmet weiß Baum-Oehl und Canarien-Zucker, jedes vor einen Kreutzer, unter einander gemischet, und mit einem darein getunckten Pinselgen den Hals innerhalb bestrichen, es vergehet bald wieder.

Oder:

Melotten-Pflaster auf ein Läppchen geschmieret, und um den Hals geleget: Wenn es trucken worden, so schmieret Mandel-Oehl darauf, und leget es wieder auf.

Auch:

Vermenget ein wenig gestossenen Ingwer mit Saltz, machet den Nagel des Zeige-Fingers mit der Zungen naß, streuet dieses Pulver darauf, und drucket damit den Zapfen in die Höhe. Man kan die vortreffliche Würckung davon in kurtzer Zeit spühren.

## §. 59. Wenn beym Frauenzimmer die Menses zu starck fliessen.

Recipe Tinctur. Corall. Nigr. Travmat. ãã. ℥ij. M. d. ad Vitr. S.

Zu 6. Tropfen dreymahl des Tages in kaltem Bier, oder in Taschen-Kraut-Wasser einzunehmen.

Man kan auch vor 1. Kreutzer Tormentillen-Kraut, und vor 1. Kreutzer Taschen-Kraut nehmen, solches ein wenig zerschneiden, in warmem Land-Wein kochen, Tücher damit netzen, und über den Nabel legen.

## §. 60. Wenn das Menstruum nicht fliessen will.

Nehmet schwartze Kücher-Erbsen, lasset sie in Wasser sieden, das Wasser seiget durch, wenn sie gekochet sind, davon nehmet ein Glaß voll, 3. Morgen nach einander. Auf solche Art kan man auch das Stern-Kraut gebrauchen:

Oder:

Saffran in rothem Wein oder Thee getruncken, die Blätter, Rinde und Körner von Rheinweiden in weissem Wein gesotten, und gebrauchet, wie oben gemeldet, hilfft bald.

## §. 61. Für den weissen Fluß.

Nehmet eine Handvoll weisse Klee-Blüthe, eine Handvoll weisse Rosen-Blätter, eine Hand voll weisse Nessel-Blüthe, und so viel Taschen-Kraut, theilet es in 3. oder 4. Theil, nachdem es zuvor wohl unter einander geschnitten und gemischet ist, giesset einen Schoppen Milch darüber, lasset es ein wenig kochen, und trincket es des Morgens wie einen Thee, so lang es währet.

## §. 62. Brüche zu heilen.

Nehmet ein Pfund Bruch-Pflaster, schneidet es in kleine Stücke, und lasset es am Feuer schmeltzen, und wenn es geschmoltzen, thut darzu eine halbe Untze gepulverten Magnet-Stein, Bohnen-Mehl eine Untze, Garten-Schnecken ohne Häuser 1. Untze, Spargen oder Glaß-Kraut ein wenig, Mastix-Oehl 4. Untzen, lasses alles zusammen so lange kochen, bis das Pflaster fein schwartz

schwartz und sehr glåntzend ist. Ehe man diß Pflaster aufleget, muß man die Haare, so einige vorhanden, abscheeren, und den Ort, wo der Schaden ist, mit starckem Wein-Eßig båhen, in welchem etwas Alaun zergangen, alle 2. Tage das Pflaster verneuren, und die Båhung mit dem Eßig wiederholen. Im übrigen solle der Patient 14. Tage, mehr oder weniger im Bette auf dem Rücken liegen bleiben, und das Haupt so niedrig, als es immer seyn kan, halten, auch keine gesaltzene Speise, Hülsen-Früchte oder Rind-Fleisch essen, dabey aber alle Morgen und Abend diese 14. Tage über ein Glaß weissen Wein trincken, worinnen zerknirschete Kresse in einem neuen Topf bis auf die Helffte eingesotten worden.

## §. 63. Für den kalten Brand.

Lôschet ungelôschten Kalch ab, und seihet das Wasser davon durch, darein stecket das gebrannte Glied, oder leget ein, damit naß gemachtes leinen Tuch über.

Oder:

Lasset Campher in gutem Brandtewein zergehen, und thut damit, wie jetzt gemeldet.

Oder:

Nehmet frischen Pferde-Mist, rôstet ihn in einer Pfanne mit Schweinen-Schmeer, hernach drucket den Safft in einer Presse durch ein Tuch, mit diesem Safft salbet den beschådigten Ort, und leget ein Pappier darüber.

## §. 64. Für die rothe Ruhr.

Kochet ein paar Hände voll klein geschnittenen Korck in Wasser, und trincket stets davon.

Oder:

Tormentill-Wurtzel klein gestossen, eine Messer-Spitze voll, und so viel gestossene Hecht-Zähne, dieses vermischet, und in warmer Brühe alle 2. Stunden 2. Messerspitzen voll eingenommen. Es muß auch der Patient 3. oder 4. mahl warm Bier oder Brühe mit Hunds-Fett, wie auch Bier mit geröstetem Brod, mit Muscaten-Nüß, aber keinen Wein, trincken. Man kan auch vor anderthalb Kreutzer Quitten-Brod auf einmahl essen, und das Caput Mortuum von Vitriol mit des Patienten Koth vermischen.

Das gemeinste und sicherste Mittel aber, so ich selbst gebrauchet, ist:

So du mit dieser Kranckheit überfallen wirst, so lasse sie 2. bis höchstens 3. Tag, ohne etwas zu brauchen, bey dir würcken, am dritten Tage aber, lasse dir 2. Pfund Hammel-Fleisch mit 2. Händ voll Körbel-Kraut absieden, von dieser Brüh lasse dir täglich 3. Suppen, worinnen sehr wenig Weck eingeschnitten seyn darf, anrichten, und iß diese, das erstemahl hernach nehm den dritten nehmlichen Tag Abends ein halb Quintlein Rhabarbara Elector. Den vierten Tag Morgens noch ein halb Quintlein, und des Mittags wieder etwas von obgemeldter Suppe, des Abends so viel dir beliebt, und etwas von dem Fleisch darzu, doch mit sehr wenig weiß

Brod;

Brod; den 5ten Tag, nimm einen guten Schoppen Muscaten-Wein, trinck davon den achten Theil, und in 2. Stunden drauf wieder so viel, und so nach und nach, bis es auf eine halbe Maaß kommt, so wirst du gesund und frisch werden, dieses kan im benöthigten Fall 2. mal repetirt werden. Ist ein leicht und sicher, auch untrügliches Mittel.

## §. 65. Wenn der Affter-Darm ausgehet.

Nehmet Scabiosen und Königs-Kertzen-Kraut, jedes vor ein Kreutzer, siedet es in einem wohlzudeckten Topf, setzet es in einem Nacht-Stuhl, und lasset den warmen Schwalm davon heiß an euern Leib gehen. Probatum.

## §. 66. Die Würmer abzutreiben.

Im Abnehmen des Monds etliche Morgen nach einander einen Löffel voll Zittwer-Saamen in süsser Milch eingenommen.

Oder:

Wenn der Mond im Abnehmen ist, so gebe man einem Kinde, das Würmer hat, ein klein Löffelgen voll Baum-Oehl; Wenn das letzte Viertel eintritt, den andern Löffel voll, und wenn das neue Licht eintritt, den dritten Löffel voll, so gehet der gantze Stock vom Kinde weg.

Oder:

Wermuth-Oehl um den Nabel geschmieret, vertreibet sie auch, absonderlich, wenn man auch dasselbe in die Nasen-Löcher und an den Puls reibet: Item 3. Gran Bezoar-Pulver denen Kindern eingegeben.

## §. 67. Wenn eine Ader geschwollen ist.

Reibet dieselbe etliche mahl mit Rauten-Wasser, womit man ein Tüchlein anfeuchten kan, und nachdem es gerieben, das Tüchlein drüber liegen lassen.

## §. 68. Das Fieber zu vertreiben.

Rec. Cort. peruv. ʒvij.
Conserv. Rosar. v.
Syr Cort. aurant. ana.
q. s. Misc. Elect. Dr.

Item:

Rec. El. Cort. Peruviat. Rad. Gentian. Sachar. āā ʒß. Dr. 60. bis 80. Tropfen.

Oder:

Wenn einem das Fieber ankommen will, so nehme er ein warm Brod, schneide unten am Boden ein rundes Loch, und gieß Brandtewein darein, lege es hernach mit dem Loch auf den Nabel, so warm er es erleiden kan, laß es drauf liegen, so lang der Paroxismus währet, nehm es alsdenn ab, und menge es einem Schwein unter sein Gefräß. Das Fieber verliert sich von Stund an.

Item:

Brechet von 77. Weiden, von jeder ein Blatt, und also zusammen 77. Blätter ab, lasset sie trucken werden, pulverisiret dieselben; gebt aber wohl Acht, daß nichts davon komme, nehmet es kurtz vor dem Paroxismo in Wein oder Bier ein, und schwitzet drauf. Man kan auch vor anderthalb Kreutzer Campher in ein Tüchlein nä-

nähen, und dem Patienten an den Hals hängen. Es kan auch nicht schaden, wenn man dem Patienten die Nägel von Händen und Füssen abschneidet, sie einem lebendigen Krebs anbindet, und ihn in das Wasser wirfft.

## §. 69. Gute Blut-Reinigung.

Rec. Essent. lignor. ℥iij.
Balsam. d. Copaiv. ß.
M. d. l. 40. Tropfen auf einmahl.

Item:

Rec. Elexir. proprietatis, Essentia lignorum, cochleareæ & fumariæ, jedes vor 2. Kr. Dr. 50. Tropfen in Bier davon genommen.

Oder:

Mars. Pilnl. de Succin. gr. XV. Mercur. dulc. gr. VI. Resin. Jalapp. gr. IV. cum Essent. Absinth. q. s. f. pilul. n. XII. Dr. Purgier-Pillen auf einmahl.

## §. 70. Wider die Frantzosen.

Dieselben ohne Salivation zu curiren, brauche man folgende panaceam Tartaream:

Nehmet Tartari crudi electi pulverisati 12. Pfund, thut es in eine steinerne Retorte, und schneidet folgendes klein darzu: Lign. Guajaci 4½. Pfund, Sassafras, Sassaparill ana 1½. Pfund, Radix Chinæ ein halb Pfund. Wann dieses in die Retorte zusammen gethan worden, so wird dieselbe wohl vermachet, und in offenem Feuer, mit einer Vorlage, gesetzet, und muß also gradatim Feuer gegeben, und alles herüber destilliret werden, bis man bey nahe anderthalb

Quart des Liquoris hat: Wenn solches geschehen, so filtriret das Dünne durch Lösch-Pappier, und scheidet es von dem dicken Oleo oder Balsamo fœtido; so ihr wollet den Liquorem von dem Oleo fœtido desto reiner geschieden haben, so könnet ihr ihn durch eine gläserne Retorte rectificiren, worinnen eine Rinde oder Kruste Brod geleget sey:

Hernach nehmet Cristall. ♀ri. ℥vj.
Rasur. lign. Guajaci cum cortice aa. ℥iiij.
Sassafrass, Sassaparill, Sem. lign. Fraxin. ãã ℥iß.
Cinnamomi elect. ℥ij.
Rad. Chinæ. ℥.
Santal. rubr. ℥ß.

Dieses wird klein gestossen, in einen Kolben gethan, und der zuvor bereitete Liquor, samt 3. Quintlein Spiritus Vitrioli darauf gegossen, lasset es 12. Tage lang wohl vermachet digeriren, so färbet sich der Liquor Blut-roth; es muß aber alle Tage wohl umgeschüttelt werden, hernach wird es abgegossen, exprimiret, filtriret, und zum Gebrauch aufgehoben. Diese panacea kan innerlich und äusserlich gebrauchet werden; es riechet aber sehr starck.

Folgendes Antivenerisches Wasser ist auch gut einzunehmen.

Rec. Klein geschnittene Sassaparill 1. Loth, eichene Mispel 3. Quintlein, geraspelt Hirschhorn und Helffenbein, jedes drey Quintlein, Antimonium crudum klein gestossen, Weinstein, jedes anderthalb Loth.

Die beyden letzten Stücke bindet in ein leinen Läppgen, und thut sie samt denen andern in einen Topf mit einem Schoppen Brunnen-Wasser, lasset es 24. Stunden ausziehen, und denn bey gelindem Feuer bis auf die Helffte einsieden; endlich thut noch darzu ein Quintlein Zimmet.

## §. 71. Wider das Podagra.

Nehmet eine gute Handvoll Königs-Kertzen-Kraut, ein Stück Kreide, so groß als ein Ey, stosset sie zu Pulver, kochet beydes unter einander in einem Tiegel, in solchem Wasser, darinnen die Schmiede das Eisen ablöschen, eine halbe Stunde: Alsdenn, wenn es verschlagen, so setzet die Füsse hinein, wie in ein ander Fuß-Bad, und bähet sie darinnen. Hernach machet ein Loch in die Erde, giesset das Wasser, samt dem Kraut und der Kreide darein, und scharret es wieder zu: Wenn es verweset und verfaulet, so vergehet das Podagra.

Item: Wenn das letzte Viertel des Monds eingetretten ist, den andern Tag hernach, so hauet von einer Weiden einen Ast, behauet und richtet ihn zu, in allem, wie man die jungen Satz-Weiden pfleget zu machen, lasset den Patienten auch an diesem Tag an dem afficirten Orte schröpfen, und habet dabey stehen einen grossen Topf, der über die Helffte mit des Krancken Urin, (welchen er einen oder 2. Tage sammlen muß:) gefüllet sey, thut das Blut, sobald es ausgezogen ist, aus den Köpfen in den Topf zu dem

Urin, und rühret es wohl unter einander, diß thut so lange, als die Köpfe gehen, oder Blut geben: Alsdenn leget in diesen Topf die Satz-Weide, mit dem Ende, damit sie in die Erde gesetzet wird, lasset sie darinnen liegen, bis 3. Tage vor dem neuen Mond; sodann machet ein Loch, etwan so weit, als die Satz-Weide ist, in die Erde, giesset den Urin mit samt dem Blut hinein, und setzet die Weide auch darein, beschüttet es dichte mit der Erden, und lasset sie also stehen. Wenn 4. Wochen vorbey sind, abermahls 3. Tage vor dem neuen Mond, so schröpfet ihr wieder also, thut das Blut in neuen Urin, mischet es wohl, und raumt ein wenig oben um die Satz-Weide, giesset es alsdenn auch darzu: Und dieses wiederholet in 4. Wochen wieder, so bringet ihr das Podagra hinweg. Es muß aber dieses um die Zeit geschehen, wenn man sonsten junge Weiden zu setzen pfleget: Und soll der Mond, wenn man dem Patienten schröpfet, nicht im Zeichen der Fische seyn.

## Für die kalte Geschwulst des Podagra.

Nimm eine Handvoll von den grossen schwartzen Ameisen-Eyern, und stosse sie wohl in einem Mörsel, und truck sie wohl aus zu einem Safft, und netze ein Tüchlein darein, schlag es dem Patienten so warm als ers leiden mag über die Geschwulst, so wird es dieselbe wegnehmen, und den Schmertzen stillen.

## Den grossen Schmertzen des rechten Podagrams hinweg zu bringen.

Nimm ein junges Hündlein, welches von einer Hün-

Hündin kommen, welche das erste mahl gejunget hat, auch das erste Hündlein, das sie wirfft, so bald sie es gefällt hat, und binde ihm eine starcke Schnur um den Hals, und hänck es also lebendig in den Rauch, und lasse es hangen, bis es so dürr wird, daß man es zu Pulver stossen kan, dann stoßs zu Pulver, und heb es zum Gebrauch auf.

So dann eine Person das Podagra hätte von Kälte, so nimm 8. bis 10. der schwartzen auf der Erden kriechenden Schnecken, stoß sie wohl in einem Mörsel, alsdenn vermisch darunter 3. Loth rein gestossenen weissen Weyrauch, 2. Loth des obgemeldten Pulvers vom Hündlein, und mache es zu einem Pflaster, streichs auf ein Tüchlein, legs auf die Glieder, wo der Schmertzen ist. NB. So das Podagra hitzig wäre, so mußt du an statt der schwartzen Schnecken rothe nehmen.

## §. 72. Ein köstlich Wasser für den reissenden Stein, oder Grieß.

Nimm den Safft von Corallina, frische Cassia Extract: Petersilgen-Wurtzel-Safft, Haus-Wurtzel-Safft, Steinbrech-Kraut-Safft, jedes 5. Loth, gestossene Corallen 3. Loth, jung Menschen-Blut ein halb Pfund, Bocks-Blut 1. Pfund, Hirsch-Marck ein halb Pfund. Alle diese Stücke wohl durch einander gemischt, und in einem gläsernen Kolben nach der Kunst destillirt, doch mit gelindem Feuer. Von diesem Wasser gib dem Patienten, welcher mit dem reissen-

reissenden Stein oder Grieß behafftet, Morgens nüchtern 2. Loth zu trincken, und laß ihn zwey Stund darauf fasten, darnach gib ihm eine gute Hennen-Brühe zu trincken, 2. Stunden nach dem Mittag-Essen gib ihm wieder 2. Loth des vorigen Wassers ein, und laß denn den Patienten den Urin in einem Harn-Glaß aufhalten, so wird sich eine sandigte Materie am Boden setzen, und so lang du an dem Boden Sand siehest, mußt du mit diesem Wasser einzunehmen fortfahren, bis kein Sand mehr im Harn gespüret wird, dessen du alle Tage weniger finden wirst.

## §. 73. Für das Schneiden im Leib.

Nimm Melissen-Wasser, Bethonien-Wasser, Fenchel-Wasser, jedes 1. Loth, Zimmet-Wasser ein Quintlein, Balsam-Safft 3. Loth. Dieses alles unter einander gemischt, und davon eingenommen, thut trefflichen Effect.

## §. 74. Vor einen bösen verkälteten Magen, der mit kalten Speisen ist verderbet worden, daß der Mensch nichts essen mag.

Nimm Tormentill-Wurtzel, Natter-Wurtzel, Aaron-Wurtzel, Symphitum, jedes 1. Loth, Odermenning, Taubenkropf, Wermuth, Matrisilva, jedes eine halbe Handvoll, Wachholder-Beer, Loorbeer, jedes 1. halb Loth, Anis- und Fenchel-Saamen, jedes ein Quintlein, Ingwer, Calmus, Galgant, Zimmet, Nägelchen, jedes ein halb Quintlein, dieses gröblich durch einander

der gemacht, in zwey Maaß Wein gelegt, und davon getruncken.

## §. 75. Vor das Grieß.

Nimm Magisterium von Krebs-Augen, präparirten Judenstein, Lazurstein, jedes anderthalb Quintlein, Sem-Mily Solis, Steinbrach-Saamen, jedes ein Quintlein, Lattich-Saamen, weiß Mag-Saamen, Bilsen-Saamen, jedes anderthalb Quintlein, 4. Sem. frigid. Majora excortic. jedes 4. Scrupel, gestossen Süß-Holtz-Pulver ein halb Loth, Troch. Alkekengi 3. Quintlein, Pimpernell-Wurtz, Genstern-Saamen, jedes 2. Scrupel, Magist. Tartari. XXV. gran. Essentia Ambræ, q. s. machs alles zu einem subtilen Pulver, und brauch davon täglich des Morgens 3. Messerspitz voll, und des Abends vor Schlaffengehen eben so viel.

## §. 76. Vor das Auffsteigen der Mutter bey Frauens-Personen.

Nimm 20. zerknirschte Wachholder-Beer, 5. gute Messerspitz voll Pomerantzen-Schaalen, so du vorhero pulverisirt habest, Saffran und Muscaten-Blumen, jedes eine Messerspitz voll, einer Nuß groß süsse Butter; diese Sachen in einem halben Schoppen Wein gesotten und getruncken, dieweil es noch warm ist, es thut herrliche Würckung.

## §. 77. Rhabarbara-Tinctur zu machen.

Nimm ein Loth Rhabarbara-Elect. klein zerschnitten, ein halb Loth Weinstein Saltz, eine

eine halbe Maaß Holder-Blůth, und Endivien-Wasser, zusammen in ein Glaß gethan, wohl zugebunden, und an der Sonnen oder auf einem warmen Ofen in Sand gestellet 6. Stunden lang, alsdenn durch ein sauber Tuch gesiegen, und davon auf nachfolgende Art gebraucht.

Abends und Morgens 9. gute Tropffen in Fleisch-Brůhe, Wein oder Bier eingenommen, eine Stund darauf gefastet; ist eine vortreffliche Geblůts-Reinigung vor Alte und Junge.

## §. 78. Vor die Hůner-Augen.

Nehme einen gelben Schnecken, der kein Hauß hat, schneide ihn auf dem Růcken auf, laß das Fett heraus lauffen, dieses fasse in ein Geschirrlein, und hebs auf; darnach setze den Fuß in ein warm Wasser, bis die Hůner-Augen anfahen weich zu werden, alsdenn schneide sie heraus, so weit als es mőglich, nimm von obigem Fett, und schmiere es in die Wunden auf die Wurtzel, so wird es schwåren und fållt heraus, daß es ein tief Lőchlein gibt, dieses heile hernacher mit nachbeschriebenem so genanntem Nůrnberger Pflaster.

## §. 79. Das sogenannte Nůrnberger-Pflaster recht zu verfertigen.

Nimm 8. weisse grosse Růben, scheele sie sauber, schneid sie klein, thue sie in einen Topf, und darzu 2. Lilien-Zwibel, laß es mit einander wohl kochen, doch sehe fleißig zu, daß es nicht anbrenne, so nehme die klare Růben-Brůhe, seyhe sie sauber ab, und nehme davon ein halb Pfund netto abgewogen, thue darzu ein halb Pfund rothe Menning, diese beyde Stücke thue in eine saubere meßinge Pfanne unter einander, stelle es auf ein subtiles Kohl-Feuer; mache einen Spattel von jungem Haselholtz, rühre damit von Anfang, bis es gekochet ist, diese beyde Stücke wohl um, bis sie dick werden, laß es aber ja nicht anbrennen; wann dieses nun in seiner rechten Dicke ist, so thue folgende Oehle darunter, als: Rosen-Oehl, Wein-Rauten-Oehl, Camillen-Oehl, zusammen 1. Pfund; von jedem aber gleichviel, item Lilien-Oehl, und Roßmarin-Oehl, von jedem ein Viertel Pfund, Terpentin vor 3. Kreutzer, thue dieses alles zu dem vorigen in die Pfanne, rühre es stetigs um, laß es 5. bis 6. Stunden übern Feuer stehen, bis es anfängt trucken zu werden, darnach thue ein Viertel Pfund sauber weiß Wachs darzu, dieses unter einander unaufhörlich gerühret, bis es gantz anfängt dicke zu werden, alsdenn nehme mit dem Spattel ein paar Tropffen auf ein zinnern Teller, so wirst du sehen, ob es die rechte Dicke zu einem Pflaster hat, darnach thue es von dem Feuer, und rühre ein Viertel Pfund Campher darein, der recht klein zerstossen ist, rühre denselben langsam drein, und stelle es wieder ein wenig auf ein gelindes Feuer von Kohlen, es darf aber nicht mehr sieden, sondern nur so heiß werden, daß man Campher darinnen wohl verreiben kan, alsdenn mache eine nochmahlige Probe auf einem zinnern Teller, findest du es gerecht, so

schütte

schütte es in ein rein-zinnern Geschirr; es hält sich Jahre und Tage, und ist vor alle alte und frische Wunden gut.

## §. 80. Vor Kopf-Schmertzen, ein vortrefflich Mittel.

Nimm Pförsich-Kern 1. Loth, gestossene Rosen 6. Quintlein, grüne Blätter von Wein-Rauten und Majoran, jedes 3. Quintlein, Muscaten-Nüß ein halb Loth, Wachholder-Beer drittehalb Quintlein, gerieben Brodt 3. Loth, dieses alles mit genugsamem Rosen- und Majoran-Wasser zu einem gar subtilen Brey gestossen; erstlich stosse die Pförsich-Kern mit 30. guten Tropffen Rosen-Wasser, darnach die Wachholder-Beer, und darunter das Gekräut klein gehackt, mit darunter gethan.

Diese Species nehme und streiche es auf ein Hand breit Pappier, lege es auf deine Stirn, bis zu den Ohren, auch eines Thalers groß hinter das Genick, so es auf dieses nicht nachlassen will, so schneide oben auf dem Kopf eines Gulden groß, das Haar weg, und lege auf die Blatte auch ein solch Pflästerlein, es hilfft gewiß.

## §. 81. So einer die Füsse erfrohren.

Nimm frisch Schöpf-Brunnen-Wasser, laß ihn die Füsse eine Viertel Stunde lang darein stellen, nachgehends wieder heraus nehmen, und an demjenigen Ort, wo sie erfrohren sind, mit einer Schweinen-Galle wohl schmieren, und beym Ofen trucken werden, es wird allen Frost ausziehen.

Auch:

Auch:

Wenn man die Hände oder Füsse erfrohren hat, so muß man die Wärme oder Feuer anfänglich meiden, den Frost aber mit Schnee, gefrornen Rüben, Aepfeln, oder kaltem Wasser ausziehen. Ist der Frost ausgezogen, so nimmt man Baum-Oehl, oder Fett, darinnen weisse Rüben wohl geröstet, und schmieret das Glied mit dem daraus gedruckten Fett etlichmahl.

Oder:

Man nimmt seinen eigenen Urin, oder auch Wein, darinnen ein wenig Lorbeern und dürre Salbey aufgesotten, und schlägt es warm über, hilfft auch.

## §. 82. Die Schmertzen an den Füssen zu vertreiben.

Im Abnehmen des Monds, wenn derselbe nicht im Zeichen der Fische, auch in keinem andern bösen Aspect Saturni oder Martis ist, schröpfet an den Füssen, und leget nachgehends das Emplastrum Anodinum drauf.

## §. 83. Für die Geschwulst an den Beinen.

Nehm Wermuth, Haus-Wurtzel, Nachtschatten- und Flöh-Kraut, jedes eine Handvoll, Salpeter 6. Loth, und eine Handvoll Kleyen; thut alles in ein Säcklein, siedet es in Wein, und schlaget es über die Beine oder Füsse; kan mans am Tage nicht thun, so ists genug, wenn mans etliche Nächte gebrauchet.

Oder:

Grob Rocken-Mehl eine Handvoll, Lackritzen-Pulver vor 1. Kreutzer, Kreide vor ein halben Kreutzer, solche klein gestossen, und nebst dem grünen vom geschabten Holder unter einander gemenget, und auf die Geschwulst gebunden.

Item:

Raute mit grünen Lorbeer-Blättern zerknirschet, und Pflaster-weise darauf geleget, oder das Diapalma- und Zelten-Pflaster gleichfalls gebrauchet. Dabey kan man vom Lobstock und Winter-Blumen trincken, auch Pillen einnehmen.

## §. 84. Vor die Epilepsie, fallende Sucht oder schwere Noth.

Nimm Rauten- und Wermuth-Safft, jedes ein halb Loth, weisse präparirte Corallen 1. Quintlein, Terpentin-Oehl 2. Scrupel, mache ein Sälblein daraus, davon mag der Patient alle Morgen eines Steck-Nadel-Kopfs groß in beede Naß-Löcher thun, und starck hinauf in das Hirn schnupfen, so wird ihn denselben Tag die Kranckheit nicht ankommen.

Oder:

**Daß ein Kind solche Kranckheit sein Lebetage nicht bekomme.**

Nimm Poeonien-Wurtzel, so im Monat Julio im Abnehmen des Monds, und in dem Zeichen des Löwens, auf einen Sonntag zwischen 3. und 4. Uhr des Morgens, ist gegraben worden; diese

diese Wurtzel laß in ein roth scharlachen Läpgen mit einem rothen seidenen Faden nehen, von einem Kind, das noch nicht 12. Jahr alt ist, welches die Wurtzel auch graben muß, doch darf sie eine erwachsene Person suchen helffen. Dieses Läpplein mit der darein genäheten Wurtzel kan man den Kindern mit einem rothen seiden Faden gleich bey der Geburt anhängen, so sind sie nächst GOttes Beystand ihr Lebetage sicher vor dieser Kranckheit.

## Ein anderes, oder auch vor den Schlag.

Nimm gefeilte Menschen-Hirnschaale, die nicht vergraben gewesen, 3. Quintlein Päonien-Wurtzel vom Männlein ein halb Loth, präparirten Agtstein, Magisterium Corallon dulc. & perlarum, präparirte Krebs-Augen, Elends-Klauen, jedes 1. Quintlein, Beinlein aus einem Hirsch-Hertz, Orientalischen Bezoar, jedes 4. Scrupel, eingemachte Citronen- und Pomerantzen-Schaalen, Zimmet, jedes 5. Scrupel, Confect. Alkermes anderthalb Loth, des weissesten besten Zuckers ein halb Pfund. Was von diesen Stücken zu stossen ist, das stosse gantz zart, misch es wohl, und so es nöthig, thue ein wenig Tragant, so in Zimmet-Wasser eingeweicht worden, darzu stosse es zu einem Teig, mache daraus Täffelein, jedes 1. Quintlein schwer, darvon nehm 2. des Morgens frühe, und 2. des Abends nach dem Nacht-Essen, in Päonien- oder schwartz Kirschen-Wasser. Es thut wunderbare Würckung.

Noch ein anderes:

Man soll im Paroxismo dem Krancken einen lebendigen Spatzen in die Hand geben, den soll er so lang darinnen behalten, bis er stirbt, und solte der Krancke denselben auf die letzt aus Schwachheit nicht mehr halten können, so kan eine andere Person ihm die Hand halten, daß er den Spatz drinnen behalten muß, bis er tod ist, so wird der Patient von Stund an genesen.

Oder:

Wenn eine Hündin werffen will, so breitet man ihr ein Tuch unter, daß die Jungen nicht auf die Erden kommen, vielweniger dürffen die Jungen an der Mutter schon gesogen haben; Alsdenn nimmt man vor Manns-Personen ein Männlein, und vor Weibs-Personen ein Weiblein, schneidet solche lebendig auf, nimmt das Hertze, Lunge und Leber heraus, leget in einen Tiegel ein sauber Pappier, thut besagte Stücke darein, und decket sie mit sauberem Pappier zu, doch daß man diese 3. Stücke mit blosser Hand nicht berühre, lässet selbige in einem Ofen gemächlich dürre werden; hernach stösset mans zu Pulver, gibt dem Patienten eine Messerspitze voll davon in warmem Bier oder Thee ein, lässet ihn darauf schwitzen und fasten, wiederholet auch solches, bis es aussen bleibt, wenn er geschwitzet hat, ziehet man das Hemde unterwärts aus über die Füsse, und ein anderes wieder an.

Einem alten Menschen, bey dem es sehr eingewurtzelt, kan man die Brust-Grube mit Elends-Klauen ritzen, daß es blutet, und ihn die lincke

Hand 2. Stunden lang unter den Kopf legen lassen. Es wird besser.

## §. 85. Vor die Hüner-Augen.

Nehmet einen guten Theil Fliegen, lasset sie gantz austrocknen, zerreibet sie zu Pulver, waschet die Füsse mit warmem Wasser zuvor wohl, darnach leget des Pulvers auf die Hüner-Augen, sie werden sich verlieren.

Oder:

Man nimmt Bimsenstein, machet ihn glüend, und zerstösset ihn, schneidet das Hüner-Aug nach einem vorher gehabten Fußbad, ein wenig ab, und leget diß Pulver mit scharffem Eßig darauf.

Desgleichen:

Nehmet Knoblauch, Saffran, Mastix oder Wachs, machet davon ein Pflaster, und legts auf das abgeschnittene, sie vergehen.

Oder:

Nehmet Schweffel, Alaun, Bleyweiß, rothen Bolus, Weinstein, Pech, Calefonium, jedes vor 1. Pfenning, Salpeter vor 2. Pfenning, Terpentin-Oehl, Spiritus Vitrioli, Wachs, jedes vor 1. Kreutzer, Campher vor anderthalb Kreutzer, diese Species stosset klein, vermischet sie, und lassets über Kohlen in einem Tiegel zergehen, und machet ein Pflaster daraus. Man kan auch ein Stücklein ungesaltzenen Speck darauf legen; item, gelb Wachs, darein 3. oder 8. Tropfen Scheid-Wasser gethan, und wieder trucknen lassen, alsdann als ein Pflaster gebrauchet.

Folgendes Pflaster ist auch gut:

Recipe Galban. in aceto dissol. unc. 1. picis naval. unc. ß. Emplastr. diachyl. simpl. Dr. 2. Salarmoniac. Scrupl. 1. Misc. & fiat Emplastrum.

## §. 86. Recept vor den Stein, Aufblähung des Miltzes, Gelbsucht, Hauptwehe und Reinigung des Geblütes.

Nimm Ingwer, Galgant, Muscaten-Nüsse, jedes anderthalb Loth, Sennet-Blätter, Beymünten, Päonien, jedes 3. Loth, Zittwer, Anis-Saamen, Kümmel und Rauten-Saamen, Fenchel-Saamen, Salbeyen, Pimpinell-Kraut, Weyrauch, Süßholtz, Zimmet, jedes 1. Loth, Rhabarbara 3. Loth. Diese Stück wohl unter einander gemischt, und zu einem reinen Pulver gestossen, doch muß man den Anis, Fenchel und Rauten-Saamen zuvor 24. Stunden in gutem Wein-Eßig einbeitzen, und wieder trucken werden lassen, darnach erst mit den andern zu Pulver machen. NB. So viel diese Species mit einander wiegen, so viel muß auch gestossener Canari-Zucker darunter gemischt werden, alsdann ist das Pulver fertig einzunehmen.

Man nimmt davon eine gute Messerspitz voll, oder was man mit drey Fingern halten kan, Morgens frühe, zu Mittag nach dem Essen, und nach dem Nacht-Essen, fastet auch allemahl 4. Stunden darauf, und braucht es drey Monathe nach einander, so wird man Wunder erfahren.

§. 87.

## §. 87. Weisse Hände zu machen.

Rec. Sem. Papav. alb. ℥ij.
Amygd. Amar. Excorticat. ℥iv.
Sem. 4. Major. ā ℥ß.
Pulv. Synapi ℥iij.
Farin. Fabar. ℥ij.
Sperma Coeti ℥ß.
Camphor. ʒiiß.
Contunt. in ▽. Rosar. q. s. f. Massa
adde fel. Bovis ℥iij.

Damit alltäglich gewaschen, die Hände werden wie Schnee.

## §. 88. Vor Schrunden der Hände ein sehr gutes Sälblein.

Rec. Ungt. Pomad.
Rosar. ā. ʒj.
Ol. Mastic. Lil. alb. Rosar.
Cer. alb. ʒj. (ā ℈j.
Sev. Hircini ʒß.
M. f. Ungt. sive Linimentum.

## §. 89. Vor das Harn-Brennen.

Recipe Cyprianischen Terpentin, mit Rosen-Wasser und Breitwegerich-Wasser hart gesotten, jedes 3. Quintlein, Mastix, das Innerste von Helffenbein (Ossa sæpiæ genannt) präparirten Augstein, jedes ein halb Loth, Croci Martis adstringent. 4. Scrupel, Campher 1. Quintlein. Dieses alles wohl gemischt, mit See-Blumen-Safft zu einer Massa gestossen, darvon Morgens und Abends eine Stund nach dem

Nacht-Essen 1. Quintlein schwer in Nacht-Schatten-Wasser, oder Breitwegerich-Wasser, eingenommen, und damit 12. bis 15. Tag continuiret, es befreyet den Patienten wunderbarlich von seinen Schmertzen.

Ein anderes einzuspritzen.

Nimm Sach. Saturni ein halb Loth, Trach. alb. Rhasis 1. Loth, weissen Vitriol ein halb Quintlein, Alaun 1. Quintlein, Rosen-Wasser, Breitwegerich-Nacht-Schatten- und Froschleich-Wasser, jedes 20. Loth, wohl vermischt, und damit täglich 3. mahl gespritzt.

## §. 90. Elixier Sanitatis zu machen.

Zu einer Maaß guten Brandtewein nehme Zimmet-Rinden 4. Loth, Muscaten-Nüß 2. Loth, Muscaten-Blüth 1. Loth, Nägelein ein halb Loth, Pomerantzen-Schaalen von 4. Stück, Citronen-Schaalen von 2. Stück, Calmus des besten anderthalb Quintlein, Saffran des besten 2. Quintlein. Dieses macht man zusammen zu einem groben Pulver, und giesset den Brandtewein darüber, lassets 8. Tage an der Sonne, oder beym Ofen destilliren, darnach kan man davon trincken; erhält die Gesundheit vortrefflich.

### Ein anderes Elixier.

Rec. Rhabarbara Elect. ʒiiij.
Aloe ʒiij.
Myrrh. ʒiß.
Crocus or. ʒj.
Radices Rapont.

Angelic.

Angelic.
Zedoar.
Imperator.
Gentian ā. ʒß.
Baccæ juniperor.
Sambuc. āā. ʒj.

Contundantur omnia g. m. & cum Spiritu Vini rectificatiss. tt. iiij. fiat Elixirium.

## §. 91. Lattwerge vor die rothe Ruhr.

Nimm Rosen-Conserv. Quitten-Lattwerg, jedes 2. Loth, auserlesene Rhabarbara gestossen ein halb Loth, gelbe Mirobolanen-Schaalen 4. Scrupel, weiß gebrannt Hirschhorn, Spodi ex Ebore, jedes 1. und ein halbes Quintlein, präparirte rothe Corallen ein halb Quintlein, von 3erley Sandel-Holtz, von jedem 1. Scrupel, dieses mit Corallen-Safft zu einer Lattwergen gemacht, darvon täglich 3. Stund vor dem Essen einer Nuß groß in warmem Bier eingenommen.

## §. 92. Sälblein vor die rothe Ruhr.

Nimm Quitten-Oel, Myrrhen-Oel, jedes 3. Quintlein, Ol. Omphacin. Mastichin. Rosar. ʒij. Sang. Drac. Armen. Bolus præpar. jedes X. gran. Pulvis Balast. Masticis jedes XX. gran. mit ein wenig Wachs zu einer Salben gemacht, und den Leib damit geschmieret.

## §. 93. Vor das Nasenbluten.

Nimm ungebrannten gestossenen Alaun und Eyerklar so viel genug ist, mache ein Teiglein daraus, nimm ungehechelt Werck, und befeuchte es, mache einen Pauscht daraus, der um den Hals gehet, netze es auf einer Seiten in dem Teig, und schlags alsobald um die Hals-Adern, und laß es daran dürr werden, wann sichs von diesem noch nicht setzen wollte, solle man Ventosen oder Schröpf-Köpf vornen auf die Brust, wie auch auf den Rücken, an jedes Ort 3-4. setzen, aber nicht picken lassen, auch soll man beede Arme hinter dem Ellnbogen, mit einem rothen floret-seidenen Band zimlich hart binden, doch bald wiederum auflösen, auch beede Schenckel in warm Wasser stellen und baden lassen, sich vor gewürtzten Speisen hüten; die verlohrne Kräfften aber durch das starcke Bluten, mit guten kräfftigen Cappaunen-Hennen, oder dergleichen Brühen; item: Gersten- Mandel- und Reiß-Müßlein, wieder aufzuhelffen sich bemühen, auch kan, damit der Leib offen gehalten wird, von gesotten-wohlgezuckerten und geschmeltzten Zwetschgen zu essen gegeben werden, unter welche Speisen man dem Patienten eine gute Messerspitz voll von den präparirten Perlen, präparirten Corallen und präparirten Carniol-Stein soll vermischen.

Sonsten kan auch das hefftige Bluten durch fleißiges Schröpffen abgeleinet werden, demselben alle Monat abgewartet, und wenn der Mond abnimmt, verrichtet, besonders wann der Mond im Krebs, Waag, Jungfrau, oder Scorpion stehet, so verlieret sich das Bluten aus der Nasen nach und nach.

§. 94.

## §. 94. Vor die Lungensucht.

Nimm Süßholtz 4. Loth, präparirte Perlen ein halb Loth, Penis-Zucker 5. Loth, Schwefel-Blumen ein halb Loth, mach es zu einem Pulver, darvon Morgens und Abends 1. Quintlein schwer eingenommen.

## §. 95. Ein köstlicher Brust-Safft.

Nimm Dosten oder Wohlgemuth, Boley, Ysop, Ehrenpreiß, Apostem-Kraut, Lungen-Kraut, Frauen-Haar, Huflattich, Bethonien, Mutter-Kraut, Erdbeer-Kraut, jedes eine halbe Handvoll, Herb. Cortæ 3. Handvoll, Süß-Holtz, Viol-Wurtz, Alant-Wurtz, jedes ein halb Loth, Cubeben 3. Quintlein, gute fette Feigen Nro. 2. Lein-Saamen, fœnum græcum, jedes ein Quintlein, dieses alles zusammen gekocht in 3. oder 4. Pfund Gersten-Wasser, bis die Helffte eingekocht. Seihe es durch ein Tuch, thue darzu, Zucker-Candel 6. Loth, saubern Honig 9. Loth, koch es wiederum, daß es ein Safft wird.

Mit diesem Safft kan der allergrausamste Husten curirt und geheilt werden, wann man alle Tage des Morgens und Abends vor Schlaffengehen 2. oder 3. Löffel voll davon einnimmt, und zwar des Morgens warm.

Dieser Safft heilet auch die Schwindsucht und Seitenstechen, extraordinaire; item ist er vor Lungen-Geschwär, enge Brust, kurtzen Athem und Keuchen, und was der Brust zustößt, das trefflichste Mittel so gefunden werden mag.

## §. 96. Für die enge Brust.

Nimm Aqua Astmatica 12. Loth, Zimmet-Wasser 2. Loth, weissen Candel-Zucker, Manus Christi mit Perlen, jedes anderthalb Loth. Von solchem Wasser täglich ein paar Löffel voll gebraucht, oder nachdem es vonnöthen ist, mehr oder weniger.

## §. 97. Einem Lungensüchtigen Menschen zu gebrauchen.

Nimm Hirsch-Zungen 1. Loth, Angelica 1. Loth, Sanickel 2. Loth, Creutz-Salbey eine kleine Handvoll, Bethonien-Kraut, 1. Handvoll, Brunellen-Kraut 1. kleine Handvoll, Leber-Kraut, oder Waldmeister 1. Handvoll, Lungen-Kraut 1. Handvoll, Schmalwegerich 1. kleine Hand voll, Bibernell-Wurtzel, grosse Rosinen und Fenchel, jedes 1. Loth, kleine Rosinen, Feigen und Süßholtz, jedes 2. Loth, Candel-Zucker 3. Loth. Diese Kräuter samtlich mit dem Süß-Holtz klein zerschnitten, und mit den obgemeldten Medicamenten, in einen neuen Hafen, der ohngefehr 9. Schoppen hält, gethan, mit gutem altem Wein oder Bier voll gefüllt, mit einem neuen Deckel zugedeckt, und neben herum wohl verkleibet, daß der Spiritus beysammen bleibe, und nicht heraus kommen könne, laß es auf 2. quer Finger einsieden, und hernach verkalten, so ists fertig; davon nimm Morgens nüchtern 3. Löffel voll, faste ein paar Stunden darauf, desgleichen Mittags und Abends nach dem Essen, jedesmahl ein paar Löffel voll davon getruncken.

Ent-

Enthalte dich dabey aller sauren und groben Speisen, so wird es mit der Hülffe GOttes zusehens besser.

## §. 98. Vor das Rothlauff.

Nimm Weyrauch, Sevenbaum, Hanf-Saamen, jedes 1. Loth, zusammen vermischt, und zu einem gröblichten Pulver gestossen, nimm darnach eine Kohl-Pfanne mit Kohlen, und wirf des Pulvers ein wenig darein, so gibt es einen Rauch, über diesen Rauch halte das Glied, woran sich das Rothlauf befindet, decke ein schwartz Tisch-Tuch darüber, damit der Dampf bey einander bleibe, und halte damit etliche mahl nach einander an, so wird es besser.

## §. 99. Vor grosse innerliche Hitze.

Gib einer Ziege oder Geiß 3. Tage nach einander unter dem Futter Attich zu essen, am dritten und folgenden Tagen nimm davon die Milch, und gib dem Patienten täglich auf eine halbe Maaß, oder mehr auf etliche mahl zu trincken; es verliehret sich die innerliche Hitze zusehens. NB. So lange der Patient von der Milch brauchet, so lange füttert man die Ziege mit Attich.

## §. 100. Vor ein hitziges Magen-Fieber.

Nimm Wegewarten-Wasser, Eisen-Kraut-Wasser, Pfaffen-Röhrlein-Wasser, Bethonien-Wasser, jedes 2. Loth, Zimmet-Wasser 1. Quintlein, Bethonien-Syrup 2. Loth, Wermuth und Balsam-Syrup, jedes 1. Loth, Saltz-

Geist

Geist 10. Tropfen, misch es wohl unter einander, und gibs einem Kind auf acht mahl, einem Alten aber auf 3mahl.

## §. 101. Vor hitzige Haupt-Fieber, auch Haupt- und Ungarische Kranckheiten.

Nimm gantze Gersten 2. Handvoll, koche die in 2. Maaß Brunnen-Wasser, und wenn sie gekocht, so nimm 1. Maaß von diesem Wasser, thue darzu Weinstein-Pulver 1. Loth, Zucker des besten ein Viertel Pfund, Limonen-Safft und Spiritus Salis, jedes bis es genug ist, damit es eine liebliche Såure bekomme, thue dann darzu 1. Quintlein Zimmet, dieses in ein rein Tůchlein gebunden, und 1. Scrupel Zimmet-Wasser darunter gemischt, dieses ist sehr gut, und lieblich in hitzigen Kranckheiten.

## Tranck in hitzigen Fiebern.

Nimm eine Maas Brod-Wasser, einen Schoppen Wein-Eßig, 3. Lőffel voll pulverisirten weissen Zucker-Candel, dieses wohl unter einander vermischt, und dem Patienten davon nach Durst zu trincken gegeben, bringt vortreffliche Linderung.

Oder:

Nimm Wegwarten-Wurtzel eine Handvoll, in 3. Maas Wasser einen starcken Sud thun lassen, und das Wasser abgesiegen, davon in hitzigen Fiebern nach Durst getruncken; ist trefflich gut.

## Ein Tranck in allen hitzigen Kranckheiten.

Nimm Schlangen-Wurtz 5. Loth, Sassaparill

rill anderthalb Loth, geraspelt Hirschhorn ein Loth, Endivien und Sauerampfer, jedes eine halbe Handvoll. Dieses in einer Maas Wasser gekocht, daß es ungefehr eine halbe Maas bleibe, thue darzu Zimmet-Wasser ein halb Loth, Limonen-Safft 4. Loth, mische es zusammen zum täglichen Gebrauch.

## Umschlag für grosse Hitze und Kopf-Schmertzen.

Nimm Rosen-Eßig, Majoran-Wasser, Quendel-Lavendel-Bethonien- und Holder-Blüth-Wasser, jedes gleichviel, und ein Eyerklar darunter gekläppert; netz darinnen ein Tüchlein, trucks wieder aus, schlags um den Kopf, und wann es trucken ist, so netze es wieder frisch, und lege es etliche mahl hinter einander auf. Es benimmt die Hitze gar bald.

## Pulver vor hitzige Fieber.

Mache eine Pfanne glüend, wirf darein eine Handvoll des besten Salpeters, so wirds bald fliessen, gleich einem blauen Wasser, indeme es aber fliesset, so wirf darein gestossenen Schwefel, so viel du mit 2. Fingern halten kanst, so wird sich eine Himmel-blaue Farbe erzeigen, welche, wann sie vergangen, und es wieder siedet, so wirf wieder so viel Schwefel darein, diß thue 3. mahl, hernach geuß es in ein irrdenes Gefäß, so werdens weisse Küchlein, diese zerstoß zu Pulver, darnach nimm 2. Loth Rosen-Zucker, und von diesem Pulver eine gute Messerspitze voll, gib davon dem Krancken, so offt er will, es kühlet gleich dem Schnee.

§. 102.

## §. 102. Ein vortrefflich Mittel allerley Fieber zu vertreiben.

Nimm ein neues irrdenes Häfelein, darein ungefehr anderthalb Schoppen gehen, laß den Patienten seinen Urin darein abschlagen, alsdenn lege 2. neugelegte Hüner-Eyer darein, und laß selbige eine Weile sieden, daß sie sich scheelen lassen, dann thue die Schaalen davon, und laß sie noch ein wenig sieden, bis der Harn schier eingesotten ist, alsdenn nimm das Häfelein samt den Eyern, und vergrab solches in einen Ameisen-Haufen, wie die Ameisen diese Eyer verzehren, so verliehret sich auch bey dem Patienten das Fieber, und kommt sein Lebetage nicht wieder.

## §. 103. Für Kopf-Schmertzen.

Nehm abgezogene Pfersich-Kern anderthalb Loth, weissen Mag-Saamen ein halb Loth, diese 2. Stück werden gestossen mit Eisen-Kraut-Wasser, Violen-Wasser, Bethonien-Wasser, Rosen-Wasser, jedes 4. Loth, daß es eine Milch wird, wann man aber keine Pfersich-Kern haben kan, so nimm bittere Mandel darfür: In dieser Milch netze ein doppelt leinen Tuch, leg es auf die Stirn, stillet die Hitze und Kopf-Schmertzen unvergleichlich.

## §. 104. Vor den Schwindel.

Wann einen die Schwindel pflegen zu vexiren, kan man alle Morgen nüchtern, allein von den überzuckerten Cubeben 2. oder 3. in den Mund nehmen, und dieselbe zerkauen, so wird man augenscheinliche besondere Hirnstärckung spühren.

So kan man auch im Fall der Noth, sich mit Zimmet-Wasser, Zimmet-Balsam, Nägelein- Muscaten- Schlag- Augstein- Majoran- und Angelica-Balsam versehen.

## §. 105. Ein vortrefflich Wasser wider das Zahn-Weh.

Nimm Granaten-Schaalen, Balaustia, jedes 2. Loth, rothe Rosen 3. Pfötichen voll, Bertram-Wurtzel 2. Loth, Meister-Wurtz, Angelica, jedes 1. Loth, Zimmet, Nägelein, jedes ein halb Loth, Armenischen Bolus 2. Loth, Alaun 4. Loth, Breitwegerich-Wasser, Rosen-Wasser, jedes ein Pfund, mische es wohl unter einander, nimm davon in Mund, und reibe die Zähne mit, hernach wieder ausgespugt, est excellentissima & approbata Aqua. NB. Es kan auch eingenommen werden zu 2. Löffel voll auf einmahl.

## Zahn-Pflaster.

Nimm Tacumahaca 1. Quintlein, Mastix 1. Scrupel, weiß Wachs 2. Scrupel, mache daraus ein Pflaster nach der Kunst, und lege davon auf den schmertzhafften Backen, es lindert vortrefflich.

## Ein anderes Mittel vor das Zahnweh, bey hohlen Zähnen zu gebrauchen.

Nimm Philon. Roman. 1. Loth, Campher- und Nägelein-Oehl, jedes 10. Gran, Spiritus Vitrioli 7. Tropfen, mische dieses unter einander, und lege es mit ein wenig Baumwolle in den hohlen Zahn, die Schmertzen verliehren sich bald.

## Pillulen für Zahn-Schmertzen.

Nimm Bilsam-Saamen, Eppich-Saamen, Opium Thebaicum, jedes 10. Gran, mit Philon. Roman. so viel hierzu vonnöthen. Pillulein daraus gemacht, und auf drey mahl gebraucht.

Oder:

Nehme destillirt Rauten-Oehl 1. Quintlein, destillirt Wachholder-Oehl 1. Quintlein, Zimmet-Oehl 2. Tropfen, dieses wohl unter einander gemischt, und so die schmertzhaffte Zähne nicht hohl, so nimm ein Federlein, und schmiere Zähne und Zahnfleisch damit; sind sie aber hohl, so nehme ein wenig Baumwolle, mache es mit diesem Oehl feucht, und lege es in den Zahn, es stillet die Schmertzen.

Oder:

Nehme einen Gall-Apfel, schneide den in der Mitte von einander, und nehme den Kern daraus, stecke ihn in den hohlen Zahn; es hilfft gleich.

## Zähne ohne Schmertzen ausfallend zu machen.

Nehm 2. oder 3. Laub-Frösche, thue darzu Sal Armoniac. ein halb Loth, laß es mit einander sieden, was oben schwimmt, nimm, und reibe den Zahn damit, der ausfallen soll, so gehet er ohne Schmertzen.

## §. 106. Einer gebährenden Frauen die Wehen zu befördern.

Nimm Elect. de Castoreo ein halb Loth, Citronen-Schaalen-Safft 1. Loth, Zimmet-

Safft

Safft 3. Quintlein, Boley- und Beyfuß-Wasser, jedes 2. Loth, Zimmet-Wasser ein Quintlein, weiß Agtstein-Oehl 3. Tropfen, Zimmet-Oehl ein Tropfen. Dieses alles wohl unter einander gemischt, und so, wie es ist, auf einmahl eingenommen; es hilfft unvergleichlich.

## Ein anderes die Wehen zu befördern.

Nimm blaue Ritterspornn-Blumen 2. Scrupel, Borax ein Scrupel, Zimmet, Saffran, jedes 5. Gran, Bibergeil 6. Gran, solches alles zu Pulver gemacht, mit Beyfuß- gelb Violen- und Poley-Wasser zu einem Tråncklein gemacht, auf einmahl ausgetruncken, so bald nun dieses im Leib erwarmet, so kommen die Wehen schnell auf einander, und das Kind mit. NB. Man kan auch der Frau ein wenig Agtstein-Oehl in den Nabel zu streichen verordnen.

Oder noch kürtzer:

Recipe Sang. Hyrci & Corall. āā. ʒß. in ein wenig Wein oder Coffee eingegeben, hilfft von Stund an.

## Todte Geburt auszutreiben.

Nehme Myrrhen-Zeltlein aus der Apotheck 1. Quintlein, des besten Theriacs 1. Scrupel, Agtstein-Oehl 3. Tropfen, Boley-Wasser, so viel, daß man obgemeldte Sachen damit zertreiben kan. Auf einmahl eingenommen. Oder, wo allzu hitzige Naturen seynd, so nimm Borax ein Quintlein, Zimmet und Saffran, jedes 9. Gran, dieses in Boley-Wasser vermischt, und eingegeben.

Auch laß dabey folgendes Bad gebrauchen:

Nimm Lein-Saamen und Krausemüntz, oder Beymünthen, jedes 6. gute Handvoll, laß es in 3. oder 4. Jmi Wasser sieden, darnach mache ein Bad daraus, laß die Persohn darein sitzen, so, daß ihr das Wasser über die Lenden gehet, es ist sehr gut.

## §. 107. Ein Hertz-Träncklein vor eine Frau nach der Geburt.

Wann die Gebährerin nach der Geburt sehr schwach ist. Nimm präparirte Perlen 1. Scrupel, Bezoar 4. Gran, Citronen-Schaalen-Safft anderthalb Loth, Borragen-Blumen-Wasser 3. Loth, destillirt Citronen-Oehl drey Tropfen. Dieses alles unter einander gemischt, und auf einmahl eingegeben.

## §. 108. Vor die Nachwehen.

Nimm Camillen-Safft zwey Loth, Camillen-Wasser, Mutter-Kraut-Wasser, jedes 2. Loth, und ein wenig Zimmet-Wasser, destillirt Camillen-Oehl 3. Tropfen. Mische dieses alles unter einander, und gibs auf einmahl ein.

## §. 109. Purgation für schwangere Frauen.

Nimm Sennet-Blätter 1. Loth, ein wenig Jngwer, Lerchen-Schwamm 1. halb Quintlein, kleine Rosinen 1. Loth, blaue Violen-Blumen ein wenig, diese Stücke alle zusammen mit einer mageren ungesaltzenen Hüner-Brühe über Nacht eingeweicht, dann des andern Morgens frühe ein wenig gesotten, darnach durch ein Tuch

gesie-

gesiegen, und Morgens nüchtern auf einmahl ausgetruncken, 3. Stund darauf gefastet, das wird der Mutter und dem Kind allen Schleim gantz gelinde aus dem Magen führen, daß es keine andere Artzney besser vermögend ist.

## §. 110. Purgier-Bier, in Miltz-Kranckheiten, so dem Miltz gar dienlich.

Nimm Löffel-Kraut, Miltz-Kraut, jedes zwey Handvoll, Odermenning, Frauen-Haar, Hirsch-Zungen, Tamarisen-Schaalen, jedes 1. Handvoll, frische Engelsüß-Wurtzel 8. Loth, Schelfen von Capern-Wurtzel 1. Loth, auserlesene Sennet-Blätter klein geschnitten, 4. Loth, Epithymi 1. Loth, Tubethum anderthalb Loth, Hermodactili 4. Loth, Mechoacuma 2. Loth, Calmus und Muscaten-Nuß, geschabt Süß-Holtz, Sassafras, Anis-Saamen, jedes 1. Loth, Schaalen von Aschen-Holtz 1. Handvoll, alles wohl zerschnitten und groblecht zerstossen, in ein Säcklein gethan, und in 3. Imi Bier gehängt, 7. Tag lang hängen lassen, alsdenn trinck täglich dreymahl, als Morgens, Mittags und Abends jedesmahls einen halben Schoppen davon, bis das Bier völlig ausgetruncken. Es wird dir grosse Hülff erzeigen.

## §. 111. Purgier- und Haupt-Pillulein.

Recipe Pillul. Cochie. ℈ß.
Extr. panchimagog. croll. gr. iiij.
Troch. Alhandali. gr. ij.
Diagryd. ppt. gr. iij.

Ol. Cinamomi. gr. ij.
M. f. pill. Nro. XI. Asperg. pulv. Ligrit.

Diese Haupt-reinigende Purgier-Pillen auf einmahl zu nehmen.

## §. 112. Tråncklein das Haupt zu purgieren.

Nimm weiß Agtstein-Oehl 3. Tropfen, Majoran-Oehl und Fenchel-Oehl, jedes fünff Tropfen: Sachar. Rос. tabulat. 1. Loth mit Endivien-Wasser, so viel hierzu genug, zu einem Tråncklein gemacht, und Morgens nůchtern eingenommen.

## §. 113. Purgier-Pulver vor eine alte Persohn.

Nimm Jalapp. 2. Scrupel, Diagrydium Sulphurat. 10. Gran, Weinstein-Pulver ein Scrupel; dieses mische wohl unter einander, und nimms auf einmahl ein.

Noch ein anderes:

Nimm Rhabarbara-Pulver, 2. Scrupel, Weinstein-Pulver 1. Scrupel, Anis-Oehl drey Tropfen. Dieses zusammen gemischet; ist ein gelind Purgier-Pulver, Abends vor Schlafengehen auf einmahl einzunehmen.

## §. 114. Purgier-Tråncklein für melancholische Leute auf einmahl zu nehmen.

Nimm Wegwarten-Wasser, Boras-Wasser, Sauerklee-Wasser, jedes 2. Loth, Oxymell. anderthalb Loth, Confect. Hamech 1. Loth, Rosen-Lattwerg, so vom Safft gemacht worden,

den, ein halb Quintlein; ausgepreßten Saurach-Safft 1. Quintlein, Spiritus Victrioli 5. Tropfen, misch es nach der Kunst, so ist es fertig.

## §. 115. Purgier-Pulver.

Nimm Weinstein-Pulver, gestossene Sennet-Blätter, Jalappen-Wurtzel, jedes 1. halb Quintlein, Diagrydium 6. Gran, Candel-Zucker 1. Scrupel, mische es zusammen zu einem reinen Pulver, und nimm es auf einmahl ein.

## §. 116. Offene Brüste der Weiber zu curiren.

Nimm himmlisch Brand-Oehl, Hirsch-Unschlitt, jedes drittehalb Loth, gelb Wachs 4. Loth, zerlaß dieses über einem Feuer, alsdann thue nachfolgende Pulver darunter, als: Myrrhen, Weyrauch, jedes 1. Quintlein, Campher 1. Quintlein, rothen Orientalischen Bolus armen. ein halb Loth, laßts erkalten, so ists ein Pflaster, von diesem leg auf den Schaden; es heilet in kurtzer Zeit.

Ein anderes:

Nehm Honig, darinnen frische Breitwegerich-Blätter, und ein wenig frische Schwartz-Wurtzel gesotten ist 6. Loth, Rheinberger-Schmaltz 4. Loth, Gallmey-Stein, mit Wein abgelöscht und zubereitet, 3. Loth, Weyrauch ein halb Loth, Gummi Galbani ein Loth in Wein zerlassen, ein wenig von dem allerschönsten Mehl darunter gemischt, zu einem Pflaster gemacht, diß leget warm über, es heilet aus dem Grund.

## §. 117. Milch den Weibern zu vermehren.

Nimm Anis- und Fenchel-Saamen, jedes ein Loth, präparirten Coriander ein halb Loth, Liebstöckel-Wurtzel, Zimmet, jedes anderthalb Quintlein, Lein-Saamen, präparirte Corallen, jedes ein halb Loth, präparirte Erdwürm anderthalb Loth, Zucker, so schwer, als die obbeschriebene Species mit einander wägen, darzu thue Liebstöckel-Oehl, Fenchel-Oehl, jedes fünf Tropfen, dieses alles zu einem subtilen Pulver gemacht, und Morgens und Abends 1. Quintlein schwer davon eingenommen.

### Ein anderes:

Die Milch zu befördern ist gut, wann man Fenchel und Fenchel-Saamen, auch Kümmel in Hüner-Suppen siedet, und täglich darvon trincket, desgleichen auch Kümmich und Fenchel mit Zucker überzogen, offt isset, man siedet auch Fenchel-Wurtz, zerstoßt sie, und legts hernacher Pflasterweiß auf die Brust.

### Oder:

Es wird auch sor sten ein Tresenet gemacht, davon man täglich 1. Quintlein gebrauchen kan, und zwar in einer Suppe. Nehme präparirte Crystallen 3. Quintlein, präparirte Perlen ein halb Quintlein, Fenchel-Saamen, ein halb Loth, Lattich-Salat-Saamen 4. Scrupel. Agni Casti Saamen und Zimmet, jedes 1. Quintlein, Muscaten-Blüthe einen halben Scrupel, weissen Zucker-Candel ℥ij. Gold-Blätter Nro. 2. alles zerstossen, und unter einander vermischt.

## §. 118. Milch, so überflüßig bey den Weibern, zu vertreiben.

Ursachen des Uberfluß, und zu viel Lauffens der Milch, kommt mehrentheils von zu vielem Essen und Trincken; derowegen dieses hauptsächlich zu meiden, dann es geschicht offt, daß dadurch die Milch in den Brüsten verhartet, wovor dann folgendes Pflaster

### Vor Verhartung der Milch in den Brüsten sehr gut ist.

Nimm Bohnen-Mehl, Hünerdarm-Kraut, Myrrhen, Saffran, jedes ein wenig, weiß Ilgen-Oehl, Geiß-Milch und Rosen-Eßig, solches zu einem Teich gemachet, und übergeschlagen.

### Ein anderes:

Nehme gerieben Semmel-Mehl, süsse Milch, Rosen- und Lilien-Oehl, ein wenig Saffran zu einem Brey gemacht, und Pflaster-weiß übergeleget.

### Oder:

Zerquetsche Petersilien-Kraut, und lege es über die Brüste, es vertheilet und vertreibet die Milch, und zwar in kurtzer Zeit.

## §. 119. Die Schrunden an den Wartzen der Weiber-Brüsten zu vertreiben.

Nimm das Marck von rohen Kalbs-Füssen, laß es zergehen, und so offt das Kind getruncken hat, so muß die Mutter die Wartzen damit bestreichen.

### Oder:

Nimm Sem. phylli, Quitten-Kern und Tragant, jedes ein wenig, ziehet den Schleim mit Breitwegerich-Wasser und Safft aus, thut darzu Eyer-Oehl, Kalbs-Marck und Violen-Oehl, eins so viel als des andern, ein wenig Wachs darunter gemischt, und darmit zu einer Salbe gemacht, alsdenn mit diesem Sälblein geschmiert.

Auch:

Braucht man offt Eyer-Oehl nur allein darzu, wie auch das Rosen-Honig genommen, und damit gesalbet.

Item:

Macht man auch kleine Finger-Hüthe von Wachs, darein gebrannt Pulver vermischt ist, und setzet es auf die Wartzen, erhält sie fein kühl, daß es bald heilet.

## §. 120. Monath-Zeit zu fördern.

Nimm weissen Ingwer, Galgant, auserlesenen Zimmet, jedes 3. Quintlein, Zittwer und Bertram-Wurtzel, jedes 3. Quintlein, Zucker 4. Loth, dieses unter einander gestossen, und ein Tresenet daraus gemacht, davon des Tages 3. mahl genommen, und jedesmahls 3. Messerspitzen voll.

Ein anders:

Nimm ein halb Pfund Calmus, und koche den in einer halben Maaß guten alten Wein, trinck davon des Tags 3. mahl, jedesmahls einen halben Schoppen, es hilfft auch.

## §. 121. Eine vortreffliche gute Salbe für böse aufgesprungene Brüste.

Nimm Tutia-Sälblein, Bley-Balsam, Balsamus Saturni genannt, jedes 3. Quintlein,

Eyer-

Eyer-Oehl anderthalb Quintlein, Schleim von Flöh-Saamen gemacht, ein Quintlein, präparirte Tutia ein halb Quintlein, Weiß nicht ein Scrupel, misch es zusammen zu einer Salbe, und lege es über.

## §. 122. Vor erkaltete Glieder, oder auch vors Podagra.

Nimm Wein-Tröster, stecke die Glieder, besonders die Füsse hinein, wie in ein Bad, es ist ein vortreffliches Remedium, wann einem auch das Marck in den Beinen gestanden oder erkaltet ist; auch denen, so zum Podagra geneigt sind, welches ex immodica Venere herkommt, hilfft es wunderbarlich.

## §. 123. Sälblein vor die Röthe im Angesicht.

Nimm weissen Ingwer, Pfeffer, jedes 1. halb Loth, gelben Schwefel 2. Loth, alles klein gestossen, und dann unter 10. Loth Pomade-Salb wohl vermischt, und Morgens und Abends das Angesicht damit geschmiert.

Ein anderes:

Nimm Weinstein-Oehl ein Loth, Mercurii sublim. ein halb Quintlein, Bocks-Unschlitt ein halb Loth, Terpentin ein Quintlein, Enden-Schmaltz anderthalb Quintlein, und ein wenig Wachs, vermischts wohl zu einer Salbe.

Noch ein anderes:

Nimm Alaun 1. Loth, weissen Candi-Zucker 3. Quintlein, Campher anderthalb Quintlein, präparirten Tutia 1. halb Quintlein, Sal Armoniac.

moniac. 1. Quintlein; dieses alles zu einem subtilen Pulver wohl zerstossen, und mit Brandtewein, so viel hierzu vonnöthen, zu einem Sälblein gemacht.

Oder:

Nehm weisse Rosen-Salb, Ungt. album Rhasis, jedes ein halb Loth, Ungt. de Minis 1. Quintlein, Cinab. Antimon. ppt. ℈j. Rosen-Oehl ein halb Quintlein; misch dieses zu einer Salbe.

## §. 124. Sälblein vor die Flecken im Angesicht.

Nimm Jungfrau-Milch, (die auf unten bemeldte Weise zugerichtet wird) 4. Loth, ausgepreßten Limonen-Safft anderthalb Loth, coquantur ad succi consumptionem, darnach thue darzu Bleyweiß in Rosen-Wasser gewaschen ein halb Loth, Goldglätt in Eßig gewaschen anderthalb Loth, mit Eyer-Oehl, so viel genug zu einem Sälblein gemacht.

### Obgemeldte Jungfrau-Milch wird auf nachfolgende Weise zugerichtet.

Nimm Zucker 1. Loth, Borax ein halb Loth, Alaun 1. Quintlein, des weissesten Saltzes zwey Loth; diese Stücke lasse zergehen in See-Blumen-Wasser, weiß Lilien-Wasser, Bohnen-Blüth-Wasser, Myrrthen-Wasser, Rosen-Wasser, und ausgepreßten grossen Haus-Wurtzel-Safft, jedes 4. Loth, darzu thue Myrrhæ 3. Quintlein, wohl vermischt, alsdenn durch ein Pappier gegossen, so ist die Jungfern-Milch fertig.

Ein

Ein anderes:

Nimm Goldglätt 6. Loth, destillirten Eßig 8. Loth, ausgepreßten Limonen-Safft 12. Loth, vermisch es wohl, und gebrauchs.

## §. 125. Vor die Finnen im Angesicht.

Nimm Linden-Blüth-Wasser, weiß Lilien-Wasser, Weiß-Wurtz-Wasser, Frosch-leich-Wasser, jedes 4. Loth, Weinstein-Oehl, süß Mandel-Oehl, jedes ein halb Loth, Campher 1. Quintlein, das Weisse von 2. Eyern, Bley-Zucker, 1. Quintlein, vermisch diese Sachen wohl unter einander, und wasche damit das Angesicht; es verschafft baldige Besserung.

## §. 126. Süß-Holtz-Salb vor die Feig-Blattern.

Nimm einen Vierling frisch Süß-Holtz, ein halb Pfund Butter, scheele das Süßholtz sauber, reisse es von einander in kleine Stücklein, thue den Butter in eine Pfanne, laß ihn vergehen, alsdenn thue das Süßholtz auch in den Butter, laß es wohl sieden, bis keine Krafft mehr in dem Süßholtz ist, darnach seihe es durch ein Tuch in eine Schüssel, darinn frisch Wasser ist, laß es gestehen, alsdenn schöpfs ab, in eine saubere Schüssel, wasche es ab mit Rosen-Wasser in der Kälte, so wird es ein weiß Sälblein, welches in obgedachter Kranckheit mit recht grossem Nutzen kan gebraucht werden.

## §. 127. Vor Wölffe, so man im Reisen entweder durchs Reiten oder langes Gehen bekommen.

Nehme Süß-Holtz-Mehl, und bestreue den schadhafften Ort damit, es kühlet nicht allein, sondern ziehet auch bald wieder eine frische Haut, dann an solchen heimlichen Orten, insonderheit der Hitze zu wehren ist.

## §. 128. Vor den Erb-Grind.

Nimm Aschen, so von Eichen- und Bircken-Holtz gebrannt ist, mache eine Laugen davon, zwacke damit den Kopf, und wann er wieder trucken, so schmiere ihn mit nachfolgender Salbe.

Nimm grünen Vitriol, Schwefel, Saltz, weisse Niese-Wurtz, Lorbeer, Weinstein, Attich-Rinden von den Wurtzeln, und Entian, jedes 1. Loth, Ochsen-Gall 4. Loth, Quecksilber ein Loth, das muß absonderlich mit Schweinen-Schmaltz vorher getödtet werden; Eßig 8. Loth, Butter und Schweinen-Schmeer, jedes 4. Loth, laßt es unter einander sieden, seyhet es durch ein Tüchlein, laßt es kalt werden, und ehe es kalt wird, rühret's wohl durch einander, laßt auch ein wenig Weinstein-Oehl darunter lauffen, so ist es vortrefflich gut, und heilet aus dem Grund.

## §. 129. Den Wurm am Finger zu tödten.

Nimm Schwefel in einen neuen Topf oder Hafen, setze den auf glüende Kohlen, und halte den Finger wohl über den Rauch, daß er wohl daran gehe.

Oder:

Oder:

Lege Hirschhorn auf Kohlen, und halte den Finger über den Dampff, so davon gehet, es hilfft auch.

## §. 130. Wurm aus den Ohren eines Kindes wieder heraus zu bringen.

Wann einem Kind etwas in ein Ohr kommt, es sey eine Floh oder Ohr-Wurm, so nimm ein wenig Baumwolle, streich ein bißgen Honig darauf, leg es über das Ohr, dann mit dem Ohr unterwärts auf die Baumwolle gelegen, so kriecht der Wurm heraus, alsdenn lasse 3. oder 6. Tropfen bitter Mandel-Oehl, oder im Fall der Noth nur Baum-Oehl in das Ohr lauffen, so tödtet es den Wurm, daß derselbe keinen Schaden mehr thun kan.

Oder:

Nimm einen Granat-Apfel, den zerschneide, und halte ihn vor das Ohr, so gehet der Wurm heraus.

Ein anderes:

Nimm Ochsen-Galle, und mache sie warm in einem Pfändlein, darnach thue es in eine Eyer-Schaale, und halte das Ohr drüber.

Noch ein anders:

Nimm den Safft von Stein-Wurtzel, und binde ihn auf das Ohr.

## §. 131. Vor den Wurm am Bein.

Nimm Vitriol, Grünspahn, Alaun, jedes ein Loth, Wasser ein Pfund, koche dieses mit einander, gieß es durch ein Tuch, und wasche es warm damit; der Wurm wird davon getödtet.

## §. 132. Vor die Würm im Leib.

Nehme Wurm-Saamen anderthalb Loth, Meer-Mooß 3. Quintlein, weissen Diptam, farin. Lupinorum, jedes anderthalb Quintlein, Hirschhorn, so mit Spiritu Victrioli präparirt worden, Sennet-Blätter, Lachen-Knoblauch, jedes 4. Scrupel, auserlesene Rhabarara auch 4. Scrupel, weissen Ingwer 1. Scrupel, des besten Orientalischen Saffrans 7. Gran, dieses alles zu einem subtilen Pulver gemacht, und mit Canari-Zucker 3. Viertel Pfund, so in Balsam-Wasser zur Consistens gekocht, darnach Küchlein daraus gemacht, und davon eines Quintleins schwer alle Morgen nüchtern genommen, bis diese Dosis aufgebraucht, die Würm gehen alle aus dem Leib.

Ein anders:

Nimm der besten Rhabarbara und Wurm-Saamen, jedes 2. Loth, präparirt Hirschhorn 1. Loth, Diagridii 1. Quintlein, dieses alles zu einem subtilen Pulver gemacht, und 1. Scrupel destillirt Citronen-Oehl darunter gemischt; gib dem Patienten täglich 2. Messerspitz voll davon nüchtern ein.

## §. 133. Vor die Würm der Kinder.

Nimm Corallina 1. Quintlein, gebrañt Hirschhorn ein halb Quintlein, unter einander gemischt, einem Kind so viel man kan eingeben. Es vertreibet alle Würme aus dem Leibe.

Item:

Man kan dem Kind ein Wasser sieden von gebranntem Hirschhorn, und ungebranntem gefeiltem Hirschhorn; es kan auch eine Hand-voll Graß-Wurtzel damit gesotten, und täglich davon getruncken werden.

Man kan auch dieses nachfolgende Pflaster dem Kind dabey auf den Nabel legen.

Nimm Aloes Epatica, Myrrhen, Tausend-Gulden-Kraut und Wermuth-Kraut, Wurm-Saamen, Entian, Calmus, Pomerantzen-Schaalen, eines so viel als des andern, Wermuth-Oehl, und etliche Tropfen Petrolei, dann mit einer Ochsen-Gallen zu einem Pflaster gemacht und eingesotten.

Man kan auch ein Clystier von Milch und Honig gebrauchen, deme die Würm nachgehen, und also heraus kommen.

NB. Denen Kindern, so Würm haben, soll man nicht viel von Milch oder Obst geben, und also meyden, was kalten Schleim und Feuchtigkeit verursachet.

## §. 134. Ein vortreflicher Wund-Tranck.

Nimm Krebs-Augen, Muscaten-Blumen, Mumia, Galgant, jedes 1. Loth, Album græcum 1. Loth, in ein Säcklein gethan, und das Säcklein in einen verglasurten Hafen oder Glaß gethan, darüber anderthalb Maas guten alten Wein geschüttet, und 24. Stunden daran stehen lassen, daß keine Lufft darzu kommen kan, alsdenn die Species wieder heraus genommen, und davon Morgens und Abends einen halben Schoppen getruncken. Man kan auch alte Wunden damit auswaschen, so ist es gut für den Brand.

## §. 135. Treibendes Pulver in geschossenen Wunden.

Nimm Mumia 1. Loth, Wallrath oder Sperma-Ceti ein halb Loth, Krebs-Augen drey Quintlein, Süßholtz 4. Loth, Rhabarbara ein halb Loth, Zimmet 1. Loth, dieses alles stosse unter einander zu einem reinen Pulver, und nimm davon in folgendem Tranck täglich ein Quintlein ein; darzu

Nimm Ehrenpreiß, Juden-Kirschen, Rothbucken-Kraut, jedes eine Handvoll, Tormentill-Wurtz 3. Loth, Natter-Wurtz 2. Loth, dieses alles in 2. Maas Wasser gekocht, und zwar so lang, daß es nur 5. Schoppen bleibt, davon dem Patienten täglich 2. mahl mit obigem Pulver vermischt, jedesmahls einen halben Schoppen gegeben, thut herrliche Würckung.

## §. 136. Tranck zu denen Bauch-Wunden.

Nimm Süßholtz 4. Loth, Nägelein-Kraut, Natterzünglein, jedes eine Handvoll, Geißbarth-Wurtzel 3. Loth, Waldmeister, Sanickel, Sinau, jedes 2. Loth, rothen Beyfuß, Apostem-Kraut, jedes eine halbe Handvoll. Dieses siede in 5. Schoppen Wasser, und 5. Schoppen altem Wein, daß es nicht gar zwey Maaß bleibe, davon gib dem Patienten täglich Morgens einen Schoppen, und Abends auch so viel, es heilet mächtig zusammen, und läßt nichts Unreines im Leibe.

## Ein anderer kostbarer Wund-Tranck wird also gemacht.

Nimm Erdbeer-Kraut 4. Loth, Heydnisch Wund-Kraut, Buchkohl, Sinau, Wintergrün, Sanickel, Ehrenpreiß, Maus-Oehrlein, jedes zwey Loth, Zimmet anderthalb Loth, Ingber, Muscaten-Nüß, Süßholtz, jedes 1. Loth, Wall-Wurtz ein halb Loth, Candel-Zucker 4. Loth. Schneid obgemeldte Stücke alle klein, thue sie zusammen in einem Säcklein, in einen neuen Hafen, und schütte darzu 1. Maas Wein, und so viel Wasser, verwahre den Hafen wohl, damit kein Dampf heraus gehe, und laß es bey einem steten Feuer 4. Stunden lang sieden, darnach laß es kalt werden, und gib dem Krancken jeden Tag Morgens 4. Loth schwer, und Abends wieder so viel, warm zu trincken.

## §. 137. Pflaster zu denen Fontanellen.

Nimm Venedisch Bleyweiß, Goldglätt, jedes 12. Loth, stoß zu einem reinen Pulver, thue darzu Rosen-Oehl ein Pfund, Rosen-Wasser ein halb Pfund, zuletzt thue darzu, weiß Wachs ein Viertel Pfund, mache es nach der Kunst zu einem Pflaster.

## §. 138. Vor wütender Hunde-Biß.

Wann ein Kind von einem wütenden Hunde gebissen worden, so nimm frische Wein-Rauten, Knoblauch, Saltz, Weyrauch, Myrrhen, eines so viel als des andern, mit halb Wein und Eßig zerstossen, zu einem Pflaster gemacht, und aufgelegt; auch kan man dem Kind ein wenig des besten Theriacs in Wein-Rauten-Eßig eingeben, und darauf schwitzen lassen.

## §. 139. Wein-Senfft zu machen.

Nimm grün Senfft-Mehl vier Pfund, gelb Senfft-Mehl 2. Pfund, Coriander, Kümmel, jedes 2. Loth, stoß alles wohl unter einander, mische es unter 3. Maas Wein, und ein halb Maas Honig, so ist er fertig, und sehr gesund.

## §. 140. Eine köstliche Pulver-Löschung.

Nimm Honig 1. Pfund, Saltz, Alaun, weissen Vitriol, jedes 2. Loth, Terpentin 3. Loth, des besten Theriacs 1. Loth, darzu thue einen Schoppen Eßig, laß es in einer Pfanne durch einander sieden, bis es dick wird, wie ein Balsam, so ists recht, alsdenn thue hierzu Krebs-Safft, Quitten-Safft, Bley-Saltz, Abfeilung von einer Menschen Hirnschaale, so viel genug ist, in eine wohl verschraubte zinnerne Flasche gethan, und den Schaden damit täglich 2. mahl verbunden, bis sich der Brand abledigет. Dieses Mittel ist auch gut, so einer mit Gifft geschossen ist.

### Ein anderes vor den Brand mit Schieß-Pulver.

Nimm frischen, oder mehrmahl zerlassenen, und in destillirtem Froschleich-Wasser gewaschene Butter 12. Loth, Eyer-Oehl 4. Loth, mische es zu einer Salbe, damit den Schaden täglich 4. mahl geschmieret, ist vor einen jeden verbrennten Schaden von Schieß-Pulver vortrefflich gut.

Noch

## Noch eine andere gute Pulver-Löschung.

Nimm Lein-Oehl, Hanf-Saamen-Oehl, jedes 8. Loth, frischen Butter 1. Pfund, lebendigen Kalch 4. Loth, Sal Armoniac. 2. Loth, das Weisse von 4. Eyern; dieses alles nach der Kunst, zu einer Salbe wohl unter einander gemischt, und wie obiges gebraucht.

## §. 141. Vor einen bösen Mund.

Nimm Bach-Bohnen, Brunnen-Kreß, Löffel-Kraut, Cardobenedicten, jedes gleich viel, stoßs, und druck den Safft aus, thue so viel Milch darzu, als des Saffts ist, laß zusammen einen Wall oder zwey thun, schwencke damit den Mund öffters wohl aus. Ist trefflich gut.

Nimm Prunellen-Wasser, Heydel-Beer-Safft, jedes 2. Loth, Rosen-Honig, Syr. d. Ros. Sicc. jedes 1. Loth, präparirten Salpeter ein halb Loth. Mische diese Sachen wohl, und wasche damit den Mund offt.

## §. 142. Vor Mund-Fäulung.

Nimm Krausenmüntz oder Beymünthen, Salbey, rothe Myrrhen, jedes 1. Loth, Muscaten-Nüß 2. Loth, gebrannten Alaun 5. Loth. Dieses zu einem Pulver gemacht, und zu einem Sälblein vermischt, und inwendig damit den Mund fleißig geschmiert.

## §. 143. Vor Blattern im Mund.

Nimm gelb Violen-Syrup und Rosen-Honig, den Mund damit bestrichen.

## §. 144. Species zum Gurgel-Wasser.

Nimm Hasen-Pappel samt der Wurtzel und Blumen 2. Loth, Salbey, Erdbeer-Kraut, jedes 1. Handvoll, Pfersich-Blüth, sauer Kirschen-Blüth, jedes anderthalb Handvoll, Ringel-Blumen, Braunellen-Blüth, Klatsch-Rosen, Epheu-Holtz, Album græcum, Bley-Zucker, jedes ein halb Loth, süssen Vitriol anderthalb Quintlein, koche es zusammen in einen Schoppen Wein, und so viel Wasser, seihe es durch ein Tüchlein, vermische ein wenig Rosen-Honig darunter, und gurgele dich damit laulecht.

## §. 145. Zu verderbten Hals-Wunden ein köstliches Wasser.

Nehme Bley-Zucker 2. Loth, Phlegma von Allaun ein halb Pfund, Allaun, Zucker, ℥j. ʒij. Crystall von Eisen anderthalb Loth, Apostemen-Wasser 1. Pfund, Queckſilber-Wasser 3. Loth. Misch es dann, laß es eine Nacht stehen, filtrire es durch ein Pappier, gurgle dich damit.

## §. 146. Vor Hals-Geschwär, hitzige Geschwulst der Kehlen, auch für die Bräune.

Nimm weissen Wein, Salmiac, jedes 2. Loth, Vitriol vier Loth, Allaun ein halb Loth, Grünspahn 1. Quintlein, ein wenig Campher, alles in Wein gesotten, den Hals damit gegurgelt, ist auch für die Frantzosen im Hals.

## §. 147. Für Hals-Weh und Bräune, auch so die Mandel geschwollen sind.

Nimm Geiß-Milch, zuckere dieselbe wohl, lege 3. Feigen darein, laß es sieden, und gurgele dich offt damit; es thut herrliche Dienste.

Oder:

Nimm faule Quitten in Brunellen-Wasser, und Eßig geknetet, von jedem gleichviel genommen, und damit gegurgelt.

## §. 148. Wann das Zäpflein gefallen.

Nimm langen Pfeffer 3. Quintlein, weissen Ingwer anderthalb Quintlein, Album græcum 1. Quintlein bis 20. Gran, zu einem Pulver gemacht, und davon täglich 3. Messerspitzen voll genommen.

Oder:

Netze ein Tüchlein in Brandtewein, und lege es auf den Scheidel.

## §. 149. Vor Blindheit.

Nehme Rauthen, Bethonien, Scheel-Wurtz, weiß Steinbrech, Augentrost, Liebstöckel, Anis, Fenchel, Canel Boley, jedes 6. Loth, alles zu einem reinen Pulver gemacht, und gebraucht, wie man will, im Trincken oder Essen.

## §. 150.

Nimm eine Kugel, die in ein Wild geschossen ist, und hencke dieselbe an.

## §. 151. Ein köstlich Sälblein vor die Augen.

Recipe Ungt. Album Camprorat. ℥ij.

Rosarum ℥ß.
Nihili - ʒiij.

Vermisch es wohl, und schmiere damit die Augenlieder.

## §. 152. Für Hitz-Rinnen und Beissen der Augen.

Nimm Breitwegerich- und Rosen-Wasser, jedes 4. Loth, Sief. album 1. Scrupel, präparirte Tutia einen halben Scrupel. Mischet es unter einander, brauchet es offt laulecht, warm gemacht, und überschlagen;

Wo aber ein Fell darüber ist,

Muß man zu dem obgemeldten Wasser 10. Gran weissen Vitriol thun.

Sind sie aber eyterich.

Muß zum ersten Wasser 1. Scrupel Aloes Epatica gethan, und der Vitriol weggelassen werden, es heilet Augen, so obgemeldten Schäden unterworffen sind.

### Vor Augen, so von heissem Wasser oder Pulver verbrannt sind,

Ist dieser Uberschlag gut: Nimmt Nachtschatten- und Eisen-Kraut-Wasser, weicht Quitten-Kern darein, seihet den Schleim durch ein Tuch, mischet ein Eyerklar darunter, netzet ein Tuch darein, und legts auf die Augen, oder schmieret es mit einer Feder auf die Augen, auch neben herum, es hilfft in kurtzer Zeit.

### So einem etwas ins Auge gefallen, daß es wieder heraus komme.

Ist sehr gut, wann ein anderer Wein in den Mund nimmt, und spritzet ihm in das Aug, daß er weinet, dann kommt der Spreissel, oder was hinein gefallen ist, wieder heraus.

## §. 153. Kröpf, den Kindern zu vertreiben.

Nimm Haus-Wurtz, Schaaf-Unschlitt und Saltz, mit ein wenig Eßig vermischt, auf ein Tuch gestrichen und übergelegt.

### Kropf-Pulver, besonders vor Kinder.

Nimm Schlaf-Aepfel 8. Loth, thue dieselbe in einen Hafen, und verbrenne sie zu Aschen, nimm von dieser Aschen 2. Loth, und verbrenne ein halb Loth grob Maculatur-Pappier zu der ersten Aschen, Zimmet-Rinden 1. Loth, rothe präparirte Corallen anderthalb Quintlein. Mische alles unter einander zu einem Pulver, laß den Patienten zuvor laxiren, und gib hernach dem Kinde bey abnehmendem Mond, je nachdem es alt oder jung ist, eine grosse oder kleine Messerspitze voll, Morgens nüchtern in einem Löffel Suppe oder Wein, und continuir damit 12. Tage nach einander.

## §. 154. Für einen schweren Athem.

Nimm Saffran 3. Viertels Quintlein, Bisem ein halb Gran, mit warmem Wein vermischt und getruncken, ist eine von den besten Artzeneyen für schweren Athem; es komme auch her, wo es wolle.

## §. 155. Für den Husten.

Siede weisse Rüben, und schütte das erste Wasser davon, das andere sied, bis die Rüben gantz mürb sind, alsdenn mache diese Brüh mit weissem Zucker-Candel süß, und trincks an statt eines Thee. Es ist nichts bessers vor den Husten.

## §. 156. Brust-Tranck.

Nimm Süßholtz, Feigen, Anis, Hirschzungen, Lugen-Kraut, vor Aufgang der Sonnen gegraben, Ehrenpreiß, jedes 2. Loth, dieses in gutem alten Wein gekocht, thue darzu Hol-Wurtz, Benedicten-Wurtz, Lorbeer, Muscaten-Nüß, jedes 1. Loth, Muscaten-Blumen, Saffran, jedes 1. Quintlein, und Rosinen, so viel man will; davon trincke Morgens, Mittags und Abends jedesmahlen einen halben Schoppen.

## §. 157. Einen Wund-Tranck, so zu der Brust sehr gut.

Nimm Lungen-Kraut 2. Handvoll, Hirschzungen, Ehrenpreiß, jedes eine halbe Handvoll, Lachen-Knoblauch, Fenchel-Kraut, jedes eine Handvoll, Schwalben-Wurtz, Tormentill-Wurtz, Mertz-Wurtz, jedes 1. Quintlein, Anis-Saamen 1. Loth. Dieses in halb Wasser und Wein 3. Stunden lang gesotten, und einen guten Löffel voll Honig darzu gethan, seihe es durch, darnach mische ein halb Loth präparirte Krebs-Augen darzu, und dem Patienten täglich zweymahl davon gegeben.

## §. 158. Vor einen kurtzen Athem.

Recipe ▽ Astmatica, ℥ß. Cinomomi buglossat. ℥j. Aq. Scabiosæ & Menthæ ā ℥ß. Spir. Salis Armoniaci gr. ii. Spr. Vini Tartari Sat. ʒj. Flor. ♀ris ℈ß.

Ist eine treffliche Mixtur vor den kurtzen Athem,

Athem, davon kan täglich, wann man will, ein Löffel voll genommen werden.

## §. 159. Den Kindern die Zähne wachsend machen.

Bestreich ihnen das Zahnfleisch mit Hasen-Hirn öffters. Es hilfft gewißlich.

## §. 160. Zu erkennen, ob ein Kind in Mutterleib kranck oder gesund seye;

Ist nachfolgendes das sicherste Zeichen: Wann nehmlich der Frauen-Brüste viel Milch geben, so ist es ein Zeichen, daß das Kind in ihrem Leibe schwach ist, dann dasjenige, so das Kind ernähren solle, gehet zu den Brüsten hinaus; wann aber der Frauen-Brüste hart sind, und keine Milch von ihr gehet, so ist es ein sicheres Zeichen, daß das Kind frisch und gesund in Mutter-Leibe seye.

## §. 161. Wann den Kindern die Lunge verschleimt ist,

So soll man ihnen eine Milch von Hanf-Saamen und Küh-Milch machen, als wie man eine Mandel-Milch zu machen pflegt, und ihnen darvon öffters zu trincken geben.

## §. 162. Vor das Grimmen der jungen Kinder.

Nimm Hünerdarm-Majoran- und Römisch-Camillen, jedes gleich viel, dieses zusammen in Oehl geröstet, und warm über den Nabel gelegt, solches offt gethan, es hilfft wunderbarlich.

Ein anderes:

Nimm Camillen-Wermuth-Dillen-Braun-Wurtz

Wurtz, Weinrauten, Hünerdarm- May-Blumen- und Majoran-Oehl, eines so viel als des andern, oder von jedem 1. Loth, Römisch-Kümmel-Saamen 2. Loth, Storax Liquid. 1. Loth, Wein 6. Loth, dieses alles mit einander gesotten, bis die Feuchtigkeit des Weins eingesotten ist, hernach durch ein Tuch gesiegen, und davon nach Nothdurfft Uberschläg gemacht.

Oder:

Gib dem Kind süß Mandel-Oehl ein, es hilfft gewiß.

## §. 163. Vor die Krätze der Kinder.

Grossen Kindern, wann sie sehr ausschlagen, ist nachfolgendes Wasser-Bad sehr gut, darzu nimm:

Alant-Wurtz, Streiff-Wurtz, Eybisch-Wurtz, jedes 4. Loth, Pappeln und Erdrauch-Kraut, jedes 3. Handvoll, Alaun 1. Loth, lebendigen Schwefel 3. Loth, siedets in Wasser, und laßts sie fein warm darinnen baden, solches gebrauche etliche Tage nach einander, alsdenn kan man nachfolgende Salbe vor die Krätze gebrauchen: Nimm Bleyweiß 2. Loth, von einem Ey den Dotter, Mastix und Weyrauch, jedes ein halb Quintlein, Rosen-Wasser und Rosen-Eßig, jedes ein wenig, unter einander zu einer Salben gemacht.

Wann die Kinder an Händen und Füssen wegen der Rauten, grosse Hitz und Schmertzen haben, daß sie nicht schlaffen können, so lege ihnen frische Mangolt-Blätter mit süsser Butter überschmiert, auf die schmertzhaffte Theile, es kühlet und lindert vortrefflich; auch dienet hierzu das kühlende Rosen-Sälblein.

## §. 164. In Miltz-Kranckheiten.

Nimm Rad. quenque Aperient. jedes 1. Loth, Hirschzungen, Erdbien, Frauen-Haar, jedes eine Handvoll, Holder-Blüth, die Spitzlein von Wermuth, jedes eine halbe Handvoll, Roßmarin, Majoran, jedes ein Pfötgen voll, Wachholder-Beer, weissen Weinstein, jedes anderthalb Loth, Zimmet, Nägelein, jedes ein Quintlein; dieses in 2. Maas Wein gesotten, und davon täglich zweymahl, jedesmahls einen halben Schoppen getruncken.

### Einen Aufschlag in Miltz-Umständen zu machen.

Nimm Rad. felicis Major. Tamariseen-Rinden, Kappern-Schälen, jedes 1. Loth, Gensteren, Hirschzungen, Erdrauch, jedes eine Handvoll, Bockshorn-Saamen, Nessel-Saamen, Lein-Saamen, Brunnen-Kressen, jedes ein halb Loth, Camillen-Blumen, Steinklee, Wullen-Kraut-Blumen, jedes ein Pfötgen voll. Dieses alles in halb Wein und halb Eßig, zu einem Aufschlag oder Cataplasma gesotten, und äusserlich gebraucht.

### Miltz-Pflaster.

Recipe Empl. Stiptic. Crollii. 4. Loth, Mastix-Pulver 1. Loth, mit Ol. Myrthin. und Ol. Menth. von jedem so viel genug ist, genommen, und obiges zu einem Pflaster gemacht.

### Ein anderes Miltz-Pflaster.

Nimm gemein Diachilon-Pflaster, Melotenten-Pflaster, jedes 2. Loth, Genstern-Blumen, Nessel-Saamen, jedes ein halb Loth, Kappern-Oehl, so viel darzu vonnöthen, daß es ein Pflaster werde.

### Noch eine andere Miltz-Salbe.

Nimm gemein Diachilon-Pflaster 1. Loth, Kappern-Oehl, Rauten-Oehl, jedes so viel vonnöthen. Daß es eine Salbe werde, darzu thue ein wenig Rosen-Eßig, kochs unter einander, bis sich der Eßig verzehret hat.

### Ein gutes Miltz-Pulver zu machen.

Nimm Weinstein-Pulver anderthalb Loth, Tartar. Victriolat. ein halb Quintlein, Zimmet Eleosach. anderthalb Quintlein. Misch es zu einem reinen Pulver.

### Miltz-Oehl vor junge Kinder.

Nimm Kappern-Oehl 2. Loth, Wermuth- und Tamaristen-Oehl, jedes 1. Loth, dieses vermische unter einander wohl, und gebrauchs äusserlich.

### Miltz-Säcklein vor junge Kinder.

Nimm Wermuth, Camillen, Pappeln, Glaß-Kraut, Stein-Klee, Tamariseen Kraut, Hirsch-zungen, jedes eine Handvoll, Eybisch-Wurtz, Kappern-Wurtz-Rinden, Schweins-Brod-Wurtzel, jedes 1. Loth, Römisch-Kümmel 1. Loth; diese Stücke zerschnitten, und zerstossen in ein langlecht Säcklein gethan, diese Säcklein mit halb Wasser und Wein wohl gekocht, ein wenig ausgedruckt, und ziemlich warm auf die lincke Seiten gelegt, wann es kalt, wieder warm gemacht, und solches offt wiederholt. NB. Man kan auch 2. solche Säcklein machen, damit man eins ums andere auflegen könne.

## §. 165. Einem Kind, welches sich mit einem Messer in das Aug gestochen, habe folgendes gebraucht:

Recipe Sief. alb. 1. Quintlein, Magister. Corallor. ein halb Quintlein, präparirte Tutia, Weyrauch gestossen, jedes $\frac{1}{3}$. Quintlein, weissen Vitriol, gebrannten Alaun, Campher, jedes 5. Gran. Dieses alles zu einem reinen Pülverlein gemacht, und davon dem Kind täglich durch einen Feder-Kiel etwas in das Aug geblasen, hat dem Kind geholffen, und das Aug erhalten.

## §. 166. Ein treffliches Haupt- und Augen-Tresenet zu machen.

Nimm Muscaten-Nüß, Aloes-Holtz, Mastix, Augentrost, Sem. Sileris Montan. Anis, Fenchel und Kümmel, jedes anderthalb Quintlein, Zucker von dem weissen feinesten 3. Loth. Dieses mische zu einem Tresenet, und nimm davon täglich Morgens, Mittags und Abends, jedesmahls eine starcke Messerspitze voll, es conserviret das Haupt, und stärcket die Augen auf wunderbarliche Weise.

## §. 167. Einem Kind, so gantz nichts mehr gesehen, als wann es vollkommen blind werden wolte, hat folgendes geholffen:

Nimm einen Apfel, woraus der Butzen und Kern sauber heraus genommen, und Krebs-Marck 3. Loth, koche dieses in Rosen-Wasser und Fenchel-Wasser, so lang, bis es ein Brey werde, thue darzu Schleim vom fœn. græc.

gemacht

gemacht 1. Loth, das halbe Theil von dem Weissen aus einem Ey, Granaten-Schaalen, wohl gestossen, ein halb Quintlein, Raum von Milch ein wenig, mache dieses zu einem Cataplasma oder Aufschlag.

## §. 168. Augen-Tresenet zu machen.

Nimm gedörrete Augen-Trost-Blumen ein halb Loth.
Anis 2. Scrupel,
Fenchel 1. Quintlein,
Auserlesen Mastix,
präparirte rothe Corallen,
Majoran, jedes ein halb Quintlein,
Spec. Diamosch. dulc. 2. Scrupel,
Zucker ein Viertel Pfund.

Mach es zu einem reinen Pulver, und gebrauchs wie ein Tresenet, täglich dreymahl davon eine gute Messerspitz voll.

## §. 169. Das Ceratum divinum oder göttlich Pflaster zu machen,

Welches allerley Geschwär in kurtzer Zeit heilet, auch kein wild Fleisch darinnen wachsen läßt, solches mache nun also: Nimm Gummi Galbanum, Ammoniacum, Opopanax, Bdellium, gestossen Weyrauch, Myrrhen, Mastix, langen Osterlucey, Grünspahn, Gallmey, Blutstein, jedes 2. Loth, Goldglätt, Baum-Oehl, jedes 1. Pfund, gelb Wachs, Terpentin, jedes 12. Loth. Dieses zu einem Cerato gemacht, und übergelegt.

§. 170.

## §. 170. Wann einem ein Arm oder Fuß verstaucht, die Nerven verzuckt, hitzige Geschwulst vorhanden, oder grosser Schmertzen und Reissen in Gliedern verspüret wird, ist nachfolgendes Pflaster sehr gut.

Nehme Weyrauch, Mastix, jedes 2. Loth, rothen Sandel, 1. Loth, des besten Saffrans 1. halb Quintlein, Camillen-Blumen, rothe Rosen, jedes eine Hand voll, dieses pulverisire und thue nachfolgende Stücke darzu, als: Blutstein 1. halb Loth, Wachs 1. Loth, Hirsch-Unschlitt 2. Loth, Baum-Oehl 4. Loth, Wachholder-Oehl 1. halb Quintlein; Mache diese Species zusamen zu einem Pflaster, streich darvon auf ein weiß Barchet Läpplein, laß es 24. Stund liegen, hernach wieder frisch überstrichen, damit 14. Tage continuiret.

## §. 171. Sandel-Pflaster.

Nimm gelb Wachs, Hartz, jedes 8. Loth, Calephonium ein halb Pfund, Terpentin 4. Loth, pulverisirten rothen Sandel 3. Loth, darzu nimm soviel Brandtwein, laß 24. Stund am Sandel stehen; koche die erste 4. Stück zu einem Pflaster, alsdenn rühre den Sandel zuletzt darein, so ist es fertig.

## §. 172. Ein kostbares Pflaster, wann eins einen Arm oder Bein gebrochen, und selbiges alle Jahr wieder aufschwüllt, zu gebrauchen.

Nimm Wax 2. Loth, Hartz 5. Quintlein, Gummi Galbanum Ammoniacum jedes 3.

Quintlein, Mastix 1. Loth, Weyrauch anderthalb Loth, Bibergeil ein halb Loth, Camillen-Blumen, Steinklee, Fœnum græcum, Kümmel, Althea-Wurtzel, jedes $1\frac{1}{2}$ Quintlein, Camillen-Oehl ein halb Loth. Mache es zu einem Pflaster und brauchs, so wird es nimmer aufschwellen.

## §. 173. Ein gutes Schluß-Pflaster zu machen.

Nimm Callmey 2. Loth, Silberglätt 4. Loth, Bleyweiß 1. Loth, Weyhrauch 5. Quintlein, Mastix 3. Quintlein, Bethonien 3. Quintlein, Drachenblut, präparirte rothe Corallen, jedes ein halb Loth, weisse Corallen, anderthalb Quintlein, Hirsch-Unschlitt 4. Loth, Terpentin anderthalb Loth. Dieses alles zu einem Pflaster gemacht, es schließt die Wunde mit Verwunderung zu.

## §. 174. Ein kostbares Weich-Pflaster, so man in ein Eisen oder Dorn getretten.

Nimm Spanisch-Pech, Thannen-Hartz, jedes 2. Pfund, gemein Pech, Terpentin, Neu-Wachs, jedes 2. Pfund, gemein Präcipitat, Magnetstein jedes 6. Loth, klein gestossen Armoniacum, 6. Loth. Siede es in einem grossen Kessel, daß nicht überlaufft, wanns nicht mehr steiget, so thue darzu 2. Loth Rosen-Oehl, und probirs obs genug seye, wann es gar ist, so schütte es in einen Zuber voll Wein, laß es erkalten, wanns gestanden, so knäte es wohl mit den Händen in dem Wein, mache Rollen daraus, und verwahre es in der Kühle; Diß Ceratum reiniget alle alte und unreine Schäden, zieht Eisen und Dorn aus, heilet alte und wiederspenstige Schäden, welches ich aus eigener Experienz approbiren kan.

## §. 175. Vor den Glied-Schwamm eine vortreffliche Salbe.

Nimm Terra Sigillata 2. Loth, gemeinen Bolus 4. Loth, gefeilt Helfenbein und Campher, jedes 1. Quintlein, gelb Wachs 3. Loth, Rosen-Oehl 12. Loth, Wein Eßig 2. Loth, das Weisse von einem Ey darunter gemischt, und nach der Kunst zu einem Sälblein gemacht, dann übergelegt, und damit continuiret.

## §. 176. Ein vortreffliches Wässerlein in allerhand alten, Carfunckelischen gesaltzenen und flüßigen Schäden zu gebrauchen.

Nimm Franzosen-Holtz, ein halb Pfund, frisch Brunnen-Wasser, 6. Maas, laß auf die Helffte einsieden, dann nimm Silberglätt ein halb Pfund gepulvert, in einer halb Maas Eßig gesotten, das gesottene Holtz-Wasser durch ein wullen Tuch gesiegen, dann die Silberglätt, samt dem Eßig darein gerühret, auch ein Handvoll gemein Saltz und 2. Loth gepulvert rohen Alaun darzu gethan, wann das Wasser erkaltet ist, aufbehalten, und in allen hitzigen alten und neuen Schäden nur kalt aufgeschlagen. Es curiret aus dem Grund.

## §. 177 Senft-Pflaster zu machen.

Nimm Sal Gemmæ, Goldglätt, Bleyweiß jedes 6. Loth, Wachs, Terpentin, jedes ein halb Loth, Gummi Galbani, Gummi Opopanacis, jedes 1. Loth, gestossenen Senff-Saamen, 4. Loth, altes Baum-Oehl 18. Loth, scharfen Wein-Eßig, so viel genug ist, daß man es zu einem weichen Pflaster machen kan. Dieses Pflaster nun zertheilet und verzehret alle weiche Geschwulst, besonders wann der Leib durch eine Purgation vorhero wohl ausgereiniget worden.

## §. 178. Ein vortrefflich alt Schäden-Pülverlein.

Nimmt ein oder zwey des schönsten und reinesten Mercurii Sublimati, stoßts zu einem reinen Pulver (doch mit verbundener Nasen, damit ihr den Staub nicht in euch ziehet,) diß Pülverlein thut in einen grossen irrdenen verglasurten Hafen, giesset auf jedes Pfund dieses Pulvers, ungefehr 3. oder 4. Pfundt rein Brunnenwasser, lasset es sittiglich sieden, bis alles zergangen, alsdann seyhe es also siedend heiß, durch ein rein und dick wullen Tuch in einen anderen Hafen: Wann nun alles durchgeloffen, sollt ihr von nachfolgender Laugen immerhin zutropfen, so lange als das Wasser noch trüb wird, und ein roth Pülverlein zu Boden fället, alsdenn sollt ihrs wohl sitzen lassen, das klare Wasser abgiessen, und ander rein warm Wasser daran giessen, darnach wieder das reine ab, und anderes drauf giessen,

bis

bis das Pülverlein aufs beste ausgessüsset, alsdenn solches an der Sonnen getrucknet, und zum Gebrauch verwahret;

**Die Lauge hierzu soll also gemacht werden.**

Nehmet eine reine Holtz- und Reben-Aschen und wohlgebrannten Weinstein, daraus machet eine Lauge, giesset das Reine ab, in einen irrdenen glasirten Hafen, und kochets darinnen sittiglich, bis ein braun Saltz zuruck bleibet. Dieses Saltz könnt ihr in einem Tiegel schmeltzen, oder fliessen lassen, alsdenn in einen reinen warmen Mörsel giessen, solches ein wenig stossen, und in einem reinen glasurten Hafen mit Wasser gesotten, bis alles zergangen: Alsdenn solches wiederum sitzen lassen, und das Reine oben abgegossen, so ist die Lauge bereit. Wollte man aber die Lauge noch schärfer haben, kan das erste braune Saltz klein gepulvert mit 3. Theil gepulvertem ungelöschtem Kalch vermischt, in einem irrdenen Geschierr auf 2. 3. oder mehr Tag in einem Hafners-Ofen immerdar zum glüen eingesetzt, darnach solchen Kalch ausgelanget, und die reine Laugen zum Gebrauch aufbehalten; welches in allerhand alten Schäden, wie auch in sogenannten Frantzösischen, mit grossem Lob und Nutzen zu gebrauchen, besonders, wenn man in der Franzosen-Cur, von diesem Pülverlein dem Patienten, all andern oder dritten Morgen (wie es die Nothdurfft und Gelegenheit des Patienten erfordert:) 3. 4. bis 5. Gran, mit 20. Gran Extract von Wachholder- oder Franzosen-Holtz eingiebet, und darneben regulirt lebt, wie sichs gebühret, so wird man offt Wunder verrichten.

Ferner kan dieses Pulver in alten Gallen- und Leber-Verstopfungen, und veralteten Gelbsucht, zu 3. 4. biß 5. Gran des Morgens in 10. 15. biß 20. Gran Extracti Rhabarbari eingegeben werden.

Weilen nun der Mercurius von allen andern Mitteln aus angebohrner Eigenschafft allen Corruptionibus und Fäulnüssen des Geblüts am allerkräfftigsten wiederstehet; Als kan ein vernünfftiger Natur-Erfahrner Artzt leichtlich schliessen, daß er noch zu viel anderen Kranckheiten mehr, mit Nutzen kan gebraucht werden.

## §. 179. Ein herrliches Pflaster zu allerhand alten Schäden zu machen.

Nimm Baum-Oehl ein viertels Pfund, Wachs 3. Loth, Campher 1. Loth, Bleyweis ein viertels Pfund, mache daraus ein Pflaster, und thue nach belieben Hirsch-Unschlitt darzu, darnach legs über, es hat treffliche Würckung.

## §. 180. Ein vortrefliches Wasser zu alten Schäden, wann die Löcher nicht sauber werden wollen.

Nimm eine halbe Maas Scheelkraut-Wasser, 8. Loth Brantenwein, 2. Loth Bleyweiß, 1. Quintlein Campher, 2. Loth Silber-Glätt, stosse alles klein, und thue es in ein darzu bestimmtes Geschirr, wann mans brauchen will, so netze Carpi darinn, und legs in den Schaden, so wird es sauber und rein, dann kan das im vorigen §pho beschriebene Pflaster seine Würckung thun.

## §. 181. Ein kostbares Pflaster für mächtig groß geschwollen Gemächt auch in Podagra.

Recipe Gummi Opopanac.
Sagapeni.
Galbani.
Bdelly, aa. 1. Loth.

diese Gummi in Eßig zerlassen, und wieder zur rechten Dicke gekocht, darnach thue darzu: Bohnen-Mehl 1. Loth, Feigen 6. Stück, Campher 1. Quintlein, Ziegel-Oehl 2. Loth. Koche alles zusammen zu einem weichen Pflaster, dieses hebe in einem neuen Häfelein oder Blasen auf; auch kan der Schaden mit dem blossen Ziegel-Oehl nebst obigem Pflaster nebenher fleißig bestrichen werden.

## §. 182. Ein treflich gutes Zug-Pflaster, so alle Geschwähr ausziehet uud wieder heilet.

Recipe Gummi Opopanac.
Bdellij āā 4. Loth.
Serapini ein halb Loth.

Diese Gummi in Eßig aufgelößt, und biß zur Dicke eines Honigs wieder eingekocht, alsdenn thue darzu

Mumia anderthalb Quintlein.
Hohl-Wurtz 3. Quintlein.
Diachilon-Pflaster, so mit obgemelten Gummis gemacht worden, so viel als das andere alles zusammen wigt; ist vor ob-erwehnte Gebrechen sehr gut.

## §. 183. Ein sehr gutes Augen-Sälblein.

Nimm Fenchel-Wasser, Rosen-Wasser, jedes 1. Loth, Weiß nicht-Pulver 1. Quintlein, Weiß Victriol, präparirte Tutia, grauen Galitzen-Stein, jedes ein halb Loth, Campher, 1. Scrupel. Was harte Stück sind, stosse rein, alsdenn thue 2. Loth Schweine-Schmaltz in ein Häfelein, und rühre es mit obigen Speciebus auf dem Feuer so lange, bis du kein Wasser mehr oben drauf spürest; so ist es recht, und kan davon täglich etliche mahl einer Erbiß groß in die Ecken des Augs gethan werden, ist für rothe und triffende Augen vortrefflich dienlich.

## §. 184. Ein Fall-Tränklein für gerunnen Blut.

Nimm Mumia, Sanguis Draconis, Sperma Ceti, Armenischen Bolus, jedes anderthalb Quintlein. Dieses zu Pulver gemacht, und in 6. Loth Wegerich-Wasser auf einmahl eingenommen.

## §. 185. Für Geschwulst und allerley Zufälle ein trefliches Pflaster.

Nimm Eppig-Safft 4. Loth, Honig 5. Loth.

Laß dieses miteinander sieden, daß es wohl dicke wird, thue darzu einen Dotter von einem Ey, Gersten-Mehl 3. Loth, Album græcum 2. Loth, lege dieses Pflaster bey Nacht auf, es vertreibt alle Geschwulst zu grosser Verwunderung.

## §. 186. Ein gutes Pflaster vor allerhand Schmertzen der Glieder.

Nimm Hermodactili 2. Loth, Bohnen- und Gersten-Meehl, jedes 1. Loth, Althea-Salb 3. Loth, Eyer-Dotter, Nro. 5. Violen-Oehl und Wachs, jedes biß es genug ist, zu einem Pflaster.

## §. 187. Für Zittern der Hände.

Trincke öffters weiß Lilien-Wasser und bestreiche die Hände damit; es hilfft.

## §. 188. Ein herrliches Schwind-Pflaster zu machen.

Nimm Lohr-Oehl, Althea-Salb, jedes ein halb Pfund, langen Pfeffer 3. Loth, Euphorbium, Alumen plumosum, jedes 3. Loth. Misch es untereinander zu einer Salben, und gebrauchs.

## §. 189. Eine Salbe für allerley Lähme der Glieder

Nimm Martiat. Salb, Althea-Salb, Ungt. Agrippæ, Aregonis, jedes 1. Loth, Euphorbium-Oehl, Ziegel-Oehl, Wachholder-Oehl, Biebergeil- und Stein Oehl, Lohr- und Spick-Oehl, Terpentin-Oehl, von jedem ein halb Loth, Hunds-Bären-Wild Katzen- und Daxen-Schmaltz, jedes anderthalb Loth, langen Pfeffer, Bertram-Wurtz, gemeinen Alaun, Gummi Hederæ Laudanum, jedes ½. Quintlein, guten alten Wein 2. Loth. Was von obgemeldten Speciebus zu stossen ist, das zerstosse klein, und misch es untereinander wohl, koche es auf gelindem Feuer, biß der Wein verzehret ist, dann durchgegossen und wohl ausgepreßt; thue noch darzu Colophonia, Gummi Bdell. Myrrhæ, jedes ein halb Quintlein. Mische dieses zu einer Salbe, und lasse den Patienten dabey öffters mit 1. Quintlein Mithridat darneben schwitzen.

## §. 190. Eine besondere Kühl-Salbe zu machen.

Nimm Rosen-Oehl 1. Loth, Hirsch-Unschlitt 3. Quintlein, gestossen Bleyweiß, Terpentin, jedes ein halb Loth. Wachs 1 Quintlein, Weyrauch ein halb Quintlein. Mische dieses zu einer Salbe und gebrauche es, so wirst du besonderen Nutzen finden.

## §. 191. Den Gliedschwamm zu vertreiben.

Ein Gliedschwamm ist nichts anderes, als eine Feuchtigkeit die sich an einen Ort gesetzet hat, und kan keinen Ausgang gewinnen, und zuletzt wird ein Schwamm daraus.

Solchen unterstehen sich einige herauszuschneiden, und zu einem Geschwär zu bringen, aber dieses ist vergebens; hingegen nimm nur warmen Roß-Mist und schlage den öffters darüber, es hilfft.

## §. 192. Vor das Sood-brennen.

Nimm Rosen-Zucker des ältesten 2½. Loth, präparirte oder wohlgestossene Krebs Augen ein halb Loth, mit ein wenig Rosen-Safft zu einer Lattwerge gemacht, darvon zuweilen einer Muscaten Nuß groß zu nehmen.

## §. 193. Für den kalten Brand.

Nimm Sauertaig, Kupfferschlag, Alaun und Honig, jedes gleich schwer, den Kupfferschlag wohl gestossen und gebeutelt, mische es wohl untereinander, und etlichmahl aufgelegt; Probatum.

## §. 194. Schweis vor den kalten Brand.

Nimm des besten Theriacs, Schwefel und Salpeter jedes 2. Loth, Schertel-Wurtz 3. Loth, destillirten Brandtewein 2. Löfel voll. Mische dieses wohl untereinander, und gib davon dem Patienten über den zweyten Tag 2. Löffel voll davon zum schwitzen ein.

## §. 195. Warmband vor den kalten Brand und böse hitzige Blattern zu gebrauchen.

Nimm Wallwurtz, Eibischwurtz, fœnum græ-

græcum, Camillen-Blumen, weiß Lilien-Blumen, Bohnen-Mehl, Salbey, Wermuth, jedes 2. Loth. Dieses zusammen in Milch gesotten und warm übergeschlagen, es zieht alle Hitze aus.

## §. 196. Ein anderes Mittel für den kalten Brand innerlich zu gebrauchen.

Nimm der rothen Lattich, die auf den Aeckern wachsen, eine gute Handvoll, einen guten Schuß gemein Schieß-Pulver, eine oder zwey Zwibel, nachdeme man viel machen will, in eine halbe Maas guten Wein gethan, zwey Finger breit einsieden lassen, darnach dem Krancken davon Morgens, Mittags und Abends, jedesmahls ein Viertels Schoppen eingegeben.

## §. 167. So einem Kind die Lefzen von innerlicher Hitze zerschrunden.

Nimm frische Butter, Honig, Eierweiß, und ein wenig gestossenen Tragant, dieses alles untereinander gemischt, zu einem Sälblein gemacht, und damit geschmieret.

Sonsten ist auch gut: Das Pomade Sälblein, obiges aber besser.

Oder:

Quitten-Kern in Rosenwasser geweicht, mit ein wenig Zucker vermischt, eine Feder darein getunckt, und die Lefzen damit öffters bestrichen.

## §. 198. Für Lavement vor das Gliedwasser.

Nimm Tausendgulden-Blumen, 2. Handvoll, in

in anderthalb Maas Wasser gesotten, biß es eine Maas bleibt, damit wasche die Wunden, und darauf mit Johannis-Oehl geschmieret: Nach diesem Lavement brauch Weyrauch, Mastix, Drachenblut, Colophonia, Myrrhen, jedes ein halb Quintlein, Bolus, Terra Sigilata, jedes 1. Quintlein, Terpentin und das Weisse von 4. Eyern, mit Carpi aufgeleget; es stillets bald.

## §. 199. Für geschwollene Gliedmassen, oder wenn der Leib vergifftet ist.

Brenne einen Maulwurff zu Pulver, nimm so viel album græcum, und Gänß-Koth, jedes so viel als des andern, siede es in Wein, trucks durch, gibs dem Krancken zu trincken, Abends und Morgens 4. oder 5 mahl, Probatum.

## §. 200. Für harte Geschwulst der Seiten eines Verwundeten.

Nimm Gummi Amoniaci Bdelii jedes 4. Loth, Terpentin ein viertels Pfund, destillire es, und in das Destillirte gieß Anis-Oehl 1. Loth, roth Schwefel-Oehl auch 1. Loth, mische es wohl und schmiere den Patienten damit.

## §. 201. Für Geschwulst.

Nimm Wull-Blumen-Oehl, 2. Loth, Rosen-Oehl, Seeblumen-Oehl jedes 4. Loth. Dieses in Milch gesotten, und mit Tüchern überschlagen.

## §. 202. Vor geschwollene Beine.

Nimm Spitzen-Salbey, Maus-Oehrlein, Meister-Wurtz, Gundel-Reben, jedes 3.

Pfötchen

Pfötchen voll, Roßmarin 1. Pfötchen voll, Saffran, 1. Quintlein. Dieses in ein klein Säcklein gethan, und in eine Maas guten alten Wein gelegt, davon Morgens nüchtern, und Abends eine Stunde vor dem Essen einen guten halben Schoppen getruncken.

### §. 203. Für das Seitenstechen.

Recipe Philon Roman ℥j. Klappern-Rosen-Saft, 2. Loth, Wehdistel-Wasser 6. Loth. Misch dieses untereinander, und nimms auf einmahl ein.

### §. 204. Für das Ubergeben oder Erbrechen.

Recipe Species Diaturbith. cum Rhabarb. anderthalb Quintlein, auf einmahl in Wein eingenommen.

### §. 205. Blutstillung, da kein Pflaster helffen kan, als am Mund und Nasen.

Nimm des rothen Liquoris Victrioli, der ohne Corrosiv ist, einen Theil, und des Gummi Arabici den dritten Theil so schwer, mische es, streichs auf Baumwolle, und brings auf den verletzten Ort, das Blut zeucht sich zusammen, die Adern schrumpfen ein, und das Blut stillt sich ohne Beissen und Jucken.

### §. 206. Blut-Stillung der Nasen.

Nimm Cyprischen Victriol gepulvert, auf Corpi vor die Nasen gehalten, oder darein gesteckt.

## §. 207. Blut-Stillung der Wunden.

Nimm von dem Blut des verwundeten auf ein leinen Tuch, halts über ein Kohl-Feuer, daß es hart wird, schlags heiß etlichfach übereinander, hernacher thue es auf die Wunden. Es wird Augenblicklich aufhören.

## §. 208. Das Bluten aus der Nasen stillen.

Nimm das Weisse von einem Ey, weissen Bolus so viel du willst, mit Breitwegerich-Wasser und Rosen-Wasser zu einem Sälblein gemacht, leinene Tüchelein darein genetzt, und über die Stirn geschlagen.

## §. 209. Wann einem Kind die Nase sehr blutet, und nicht aufhören will,

So tuncke man alsobald ein Tuch in Eßig, und schlags dem Kind um den Hals, ist gut.

Oder:

Nimm Nachtschatten-Wasser, Rosen-Eßig, jedes 4. Loth, Klapper-Rosenwasser, auch 4. Loth, Species Diatrion Santal. präparirten Blutstein, jedes ein Quintlein, und ein wenig Campher, vermischs, tuncke ein Tuch darein, und schlags auf die Leber der rechten Seiten.

Item

Das grüne Mooß, so auf den Schindel-Tächern wächßt, in ein Eßig getunckt, auf die Scheitel und Genick gelegt.

Sonsten

Sonsten henckt man einen Carniol-Stein an den Rücken, dieses stillet das Geblüth woher es auch kommt.

Die Wolle so an den Cardobenedicten Knöpfen wächset, in die Nasen gestopft, stillet das Bluten.

Oder:

Nehmet Tragant, Drachen-Blut, Gummi, präparirten Blutstein, gebrannte Eyer-Schaalen, Gallus und Cypressen-Aschen, Mumia und weissen Victriol eins so viel als des anderen zu Pulver gemacht, und in die Nasen geblasen.

Item:

Schwein-Koth der noch warm ist, und daran gerochen.

Oder:

Taschenkraut in die Hand genommen, und laß es darinn erwärmen.

Im äusserstem Nothfall, so fast nichts helffen wollte für das Nasen bluten;

So laß ihm auf dem rechten Arm eine Ader öffnen, damit das Geblüt erschröckt, und a parte affecta zurück gezogen wird.

## §. 210. Ein Pulver vor die Pferd in das Futter.

Nimm Entian, Angelica, jedes 6. Loth, Meister-Wurtz 4. Loth, schwartze Nießwurtz, 2. Loth, Lorbeer- und Eberwurtz, jedes 4. Loth, untereinander gestossen, und dem Pferd darvon unter jedes Futter etwas gemischt.

Ein

Ein anderes:

Nimm gestossene Petersilgen-Wurtzel, Haselwurtz, Meister-Wurtz, jedes 8. Loth, Pimpernell-Wurtz, Engelsüß, jedes 2. Loth, Taback-Blätter zwey Handvoll, Wermuth, Sieben-Baum, Tausendgulden-Kraut, jedes anderthalb Handvoll, Feigen 4. Loth, Lorbeer 8. Loth, Roß-Schwefel, fœnum græcum, Sennet-Blätter, jedes 4. Loth, weissen Diptan, Galanga, schwartzen Pfeffer, Ingwer, jedes 2. Loth, Rocken-Mehl ein halb Pfund, Saltz ein Viertels Pfund, Anis-Saamen 2. Loth, Dill-Saamen 4. Loth, Cardobenedicten-Kraut, 2. und eine halbe Handvoll, Eichen-Laub anderthalb Handvoll. Dieses alles groblecht zerstossen, und allezeit dem Pferd ein wenig davon unter sein Futter gemischt; es nimmt zu, und wird dauerhafft zu allen seinen Arbeiten.

## §. 211. Freß-Pulver vor die Pferd.

Nimm Sieben-Baum, Saltz, jedes 1. Loth, fœnum græcum, grauen Schwefel, jedes 2. Loth, Hohlwurtz, Entian, jedes anderthalb Loth, zu einem gröblechten Pulver gestossen und gebraucht, wie obgemeldt.

## §. 212. Ein Pferd dermassen zu stärcken, daß es ohne Futter 2. oder 3. Tage 20. bis 30. Meilen lauffen kan, worbey es aber trincken muß.

Nehmet Meister-Wurtzel, Behr-Wurtzel, jedes 2. Loth, Eber-Wurtzel 3. Loth, stosset es zu einem subtilen Pulver, menget es mit einer

Handvoll Haber-Mehl, feuchtet es an mit Brandtewein, thut darzu einen Gran Zibeth, wie auch den Safft aus einem Knoblauchs-Haupt, mischet es zu einem Teig, und backet auf einem Ziegel-Stein 3. Kuchen davon, wenn nun das Pferd lauffen soll, so nehmet einen von diesen Kuchen, stosset ihn gar klein, und giesset Brandtewein darauf, vermachets in ein Schwämmlein, und leget es dem Pferd in das hohle Gebiß oder Mund-Stück, so wird es muthig. Gebet ihm auch in dem letzten Futter vor der Reise, etwas zerschnittene Meister- und Eber-Wurtzel. Item: Gepulverte Hirsch-Wurtzel, davon 2. Hände voll unter das Futter gethan, machet, daß ein Pferd allezeit frisch und gesund bleibet, wenn man es schon das gantze Jahr, alle Tage, reitet.

## §. 213. Ein mager Pferd in 8. Tagen fett zu machen.

Nehmet guten alten Wein zwey Pfund, den Safft von Saurampfer 1. Pfund, Baum-Oehl 1. Pfund, thut alles zusammen, und lasset es warm werden: Hernach lasset es das Pferd, wann es aufgezäumet, einschlucken; nach diesem bedecket es wohl, und führet es eine Stunde lang umher, bringet es wieder in den Stall, fahret damit 14. Tage nach einander fort, so wird es zusehends fett werden.

Oder:

Nehmet Coriander, Zittwer, und Mispel von einem Birm-Baum, pulverisiret alles, und gebets dem Pferd zu fressen, so wirds in acht Tagen fett.

## §. 214. Vor die Würm der Pferd.

Nimm Sieben-Baum, Lupinorum, Entian, Tausendgulden-Kraut, Rheinfahrn, jedes 1. Loth, Coloquinten 3. Quintlein. Misch es zu einem groblechten Pulver, und gibs dem Pferd auf zwey bis dreymahl.

## §. 215. Vor den Husten der Pferd.

Nimm Wullkraut, stosse es zu Pulver, und gibs dem Pferd mit Wasser einzutrincken.

## §. 216. Wann ein Pferd getruckt ist.

Nehmet Persicariam oder Flöh-Kraut, eine Handvoll, zerquetschet es zwischen zweyen Steinen, und leget es dem Pferd auf den Schaden, daß es warm wird, darnach nehmet es ab, und vergrabet es unter eine Tach-Trauffe, oder in den Mist, oder werffet es samt den Steinen an einen verborgenen sumpfigen Ort, nur daß es bald verfaule, und waschet dem Pferd alle Tage den Schaden mit frischem Brunnen-Wasser aus; sobald obiges anfänget zu faulen, so heilet der Schade, ohne alles zu thun, es seye so hart gedrücket, als es wolle, wenn auch schon wild Fleisch darinnen gewachsen wäre, und es täglich geritten würde.

## §. 217. Wenn ein Pferd vernagelt ist.

Brechet ihm das Eisen ab, und suchet das Eyter, und wenn ihr es gefunden, so nehmet Wein-Eßig, waschet es damit fein sauber aus, darnach nehmet Eyter-Nesseln, Saltz und Speck, hacket es fein klein durch einander, legt es auf den Schaden, und hefftet das Eisen wieder an. Wenn ihm aber das Leben heraus tritt, so nehmet Roß-Schwefel, Kupfer-Wasser, und Alaun, brennet davon einer welschen Nuß groß zu Pulver, thuts in ein klein Töpfen, und machet es mit Brandtewein zu einem Küchlein, solches aufgeleget, treibets zurück und heilet.

## §. 218. Vor die Krätz der Pferd.

Nim̃ gestossen Kletten-Wurtzel, Roß-Schwefel, jedes 6. Loth, Saltz und Römischen Vitriol, jedes 4. Loth, Grünspahn 2. Loth, alt Schmeer anderthalb Pfund, Lohr-Oehl ein halb Pfund, Quecksilber 4. Loth. NB. Das Quecksilber muß zuerst mit dem Lohr-Oehl getödtet werden, alsdenn die übrige Sachen, so alle gestossen seyn müssen, samt dem Schmeer darein gethan, und zu einer Salben gemacht.

## §. 219. Wann die Roß verzaubert worden.

Das ist zu erkennen, wann ihnen die Zähne vornen wacklen.

Nimm Hammerschlag 3. Löffel voll, Ziegel-Mehl 3. Löffel voll, und einen Schoppen guten Brandtewein, rührs unter einander, und gieß ihm ein, laß es 3. Stund ungegessen drauf stehen, wohl zugedeckt, so wird solchem mit GOttes Hülffe geholffen.

## §. 220. Angesicht schön zart und sauber zu machen.

Nimm eine Ochsen-Galle, so in dem Bläßlein in der Wärme getrucknet, und die Tinctur mit einem Brandtewein daraus extrahiret, und

sich

sich des Abends unter dem Angesicht damit bestrichen, und es des Nachts sitzen lassen, darnach des Morgens mit Bohnen-Blůth-Wasser abgewaschen, solches ŏffters wiederholet, so gibts ein schŏn und zartes Angesicht.

## §. 221. Zucker-Brod zu backen, welches gut zum Trunck ist.

Nehmet 5. Eyer, schlaget sie in eine Schůssel, růhret sie eine gute Viertel Stunde wohl um, alsdenn thut ein Pfund Zucker drunter, schlaget es ferner wohl, weiter thut darzu ein Loth gestossenen Zimmet, ein halb Loth gestossene Någelein, drey Pfund weiß Mehl, růhret es nochmahls wohl unter einander, und zuletzt růhret darunter die åusserste gelbe Schaalen von zweyen Citronen, oder einer Pomerantzen, welche noch frisch ist; solche Schaalen aber muß man zuvor auf dem Reib-Eisen abreiben. Wenn solches geschehen, so klecket diesen Teig fein formlich auf Pappier, und backets in einer Torten-Pfanne, bis es gar ist.

## §. 222. Nůrnberger Lebkuchen zu machen.

Nimm geschåumten Honig zwey Maaß, Zucker 4. Pfund, Ingber 12. Loth, Zimmet ein Viertel Pfund, Någelchen 1. Loth, Muscaten-Nůß 2. Loth, Muscaten-Blumen, Cubeben, Cardomomien, jedes drittehalb Quintlein, Paradieß-Kŏrner anderthalb Loth, von dem allerschŏnsten Mehl, so viel man will; der Zucker und der Honig werden zusammen gekocht, bis zu ihrer rechten Dicke, alsdann die Gewůrtze darunter gethan, zuletzt auch das Mehl, hernach die Formen getruckt, und gebacken.

## §. 223. Sehr gute Haupt-Zeltlein zu machen.

Recipe Magisterium Eboris dritthalb Quintlein, Corallen, Perlenmutter, jedes ein halb Quintlein, Spec. de Gemmis, Confectio Alkermes jedes 2. drittel Quintlein, Römischen Flöh-Saamen, Roßmarin-Blüth, Majoran, jedes 10. Gran, Ambræ gris. 1. Gran, Zucker in Rosen-Wasser zerlassen, 10. Loth, zuletzt thue darzu Zimmet-Oehl 6. Tropfen, Citronen-Oehl 4. Tropfen. Mische dieses, und mache nach der Kunst Morsellen daraus.

## §. 224. Haupt- und Magen-Morsellen zu machen.

Nimm Muscaten-Nuß, Weyrauch, jedes anderthalb Quintlein, auserlesen Mastix, Süßholtz, Bethonien, Spec. Diambræ, jedes 10. Gran, präparirten Coriander, schwartzen Kümmel, jedes ein drittel Quintlein, Rosen-Zucker, der sehr alt, 3. Quintlein, Roßmarin ein halb Loth, Zucker in Rosen-Wasser zerlassen, ein Viertel Pfund, mache nach der Kunst Morsellen daraus.

## §. 225. Holländischen Zwiback zu backen.

Nimm Eyerweiß von 6. Eyern, dasselbe wohl geschlagen, bis es schönen weissen Schaum giebet, alsdenn von einer Citronen die äusserste Schaale, nur das Gelbe auf einem Reib-Eisen abge-

abgerieben, den Safft auch ein wenig daraus gedrucket, so viel man will. Nehmet nun das Eyerweiß in einen Mörsel, samt der Schaalen, und Safft darunter, stosset schönen weissen und klaren Zucker, so viel als genug ist, bis es eine Massam giebet, daß man es kan auswälgern, (in dem Auswälgern brauchet man Zucker und Mehl,) darnach mit der blechernen Formen ausgeschnitten, und bald gebacken; sonsten, wenn es lieget, und hart wird, ziehet es sich nicht auf. Es wird ein Pappier in die Torten-Pfanne geleget, und mit starckem Feuer geschwinde ausgebacken; wenn es sich aufgezogen, und etwas gelb wird, so ist es genug gebacken; es wird oben und unten gleiches Feuer gehalten, und kan hernach um und um verguldet werden. NB. Diese Formen werden von weiß verzinnten Blech gemachet, etwan eines quer Fingers hoch, ziemlich scharf, damit sie den Teig oder Masse durchschneiden. Wenn nun der Teig aufgetrieben, die Form darauf, und mit der Hand durchgedrücket wird, so habt ihr die Figur: Dann bleibet sie, wie vorgemeldet.

## §. 226. Genuesische Biscuiten zu machen.

Man nimmt ein Pfund des schönsten Mehls, 8. Loth Zucker, Coriander und Anis, so viel, als genug ist, thut darzu 4. Eyer, und warm Wasser, nach Proportion, machet davon einen Teig, und schiebet ihn in den Ofen zu backen: Wenn es meist gebacken ist, schneidet mans in 5. oder 6. runde Stückgen, und thut sie nochmahls in den Ofen, um ferner gar zu backen.

Man kan auch wohl Citronen und ander Gewürtz darunter thun.

## §. 227. Macronen zu backen.

Man nimmt 1. Pfund süsse Mandeln, stösset sie sehr wohl in einem marmorn Mörsel mit etwas Rosen, thut darzu 1. Pfund Zucker, stosset es damit wieder, und machet einen runden Teig davon, der in eine Schüssel gehet, setzet es damit in einen warmen Back-Ofen, und lässet es ein klein wenig backen; hernach schneidet mans in kleine Stückgen, setzet sie wieder in den Ofen, daß sie halb gar werden: Endlich nimmt man sie wieder heraus, legets auf ein weiß Pappier, und läßt sie vollends gar backen.

## §. 228. Semmel-Kuchen zu backen.

Man nimmt vor einen Groschen Semmeln, zerreibet sie, thut darzu ein Pfund von dem allerschönsten Mehl, ein Viertel Pfund Rosinen, so viel Corinthen, 12. Eyer, ein Schöpplein Rohm, ein halb Viertel zerschnittenen Citronat, geriebene Citronen-Schaalen, Muscaten-Blumen, Saltz, und schläget dieses so lange durch einander, bis es fast zum Schaume wird, nimmt eine Pfanne, machet braune Butter darinn, gießt das angerührte darzu, und laßt es darinnen backen: Wenns gar ist, so reibet man viel Zucker darüber.

## §. 229. Waffel-Kuchen zu backen.

Man nimmt 2. Löffel voll Hefen, lässet solche die Nacht durch im Wasser stehen, thuts zu einem Pfund Mehl, 6. Eyer, 3. klein gestossene Zwiback, 3. Viertel Pfund abgeklärte

Butter, einen Schoppen Rohm, Oranien-Wasser, einen Löffel voll Zucker, Cardamomen und Muscaten-Nüsse, nach Belieben, rühret dieses mit einander in einem steinernen Topfe, lasset es in einem warmen Ort etliche Stunden stehen, daß es wohl aufgehet: Dann thut man es in ein Waffel-Eisen, bestreichet das Eisen zuvor mit Butter, drucket es zu, und hälts über das Feuer, daß der Kuchen an allen Seiten gar wird.

## §. 230. Spieß-Kuchen zu backen.

Nimmt man ein Pfund fein Mehl, thut darzu einen Schoppen Milch, und so viel Rohm, gestossene Muscaten-Blumen, Cardamomen, Rosen-Wasser, Zimmet-Wasser, ein halb Pfund geschmoltzene Butter, 18. Eyer, 4. Löffel voll Zucker, rühret es wohl durch einander, bis der Löffel drinnen stehen bleibet; denn machet man einen höltzernen Spieß, Arms dicke, beschmieret ihn mit Speck, daß er gantz fett wird, bewindet ihn mit einem Faden, der auch damit beschmieret ist, (man kan auch wohl den Faden weg lassen,) thut den Spieß zu einem Kohl-Feuer, daß er heiß wird, begiesset ihn mit dem angerührten Teig rings herum, wendets geschwind um, begiesset ihn wieder mit dem Teige, bis er all ist, und alsdenn mit Butter: Wenn etwas davon herunter in die dabey stehende Pfanne fället, wird es wieder daran gethan, und damit begossen: Beschneidet es auch hin und wieder ein wenig mit der Scheere, und wenns gar ist, bestreuet es mit Zucker.

## §. 231. Gebackene Kräpeln mach also:

Nimm ein wenig Milch, Rohm und Rosen-Wasser, 5. Eyer-Dotter, rühret solches ab in geschmoltzener Butter, wenn sie kalt ist, knetets zusammen durch, vermengets hernach mit Zucker, geschälten Aepfeln, klein geschnittene Succade, zerschnittenen Mandeln, Corinthen, rollet den Teig dünne, leget die Aepfel drauf, formiret hernach mit einem Roll-Eisen einen halben Mond, so groß man will, legts in abgeklärte Butter, und machets gar.

## §. 232. Mandel-Gebackens zu machen.

Man nimmt ein Pfund Mandeln, thut darzu 3. Viertel Pfund Zucker, Rosen-Wasser, Cardamomen, 3. Eyer-Dotter, (die Mandeln müssen klein zerstossen seyn,) alsdenn wirds mit obigem zusammen durchgerühret; darauf schneidet man Oblaten, in Gestalt einer Rauten, schmieret jetzt beschriebenen Teig dünne darauf, legt wieder eine Raute oben drüber, und druckets zusammen, machet einen Teig, wie ein Strudlen-Teig, fasset damit die Kanten (Ränder) umher ein, legts in abgeklärte Butter, und lassets gar backen, daß es allgemählig aufgehet.

## §. 233. Marcipan zu machen.

Man nimmt ein halb Pfund geriebene Mandeln, 1. Viertel Pfund Zucker, eine gantz geriebene Muscaten-Nuß, Zimmet- und Rosen-Wasser, und machet einen Teig daraus; soll er aber dicke seyn, so streichet man ihn einen Messer-Rücken dick auf Oblaten, und gewälgert, oder auf eine andere Form.

## §. 234. Morsellen auf sonderlich Art zu machen.

Nehmet ein Viertel Pfund abgezogene Mandeln, etwas gröblich mit Rosen-Wasser gestossen, (doch auch nicht zuviel, sonst fliessen sie zu sehr, wenn viel Wasser dabey) nehmet ein Viertel Pfund klein gestossenen Zucker, Specerey nach Belieben, als Nägelein, Zimmet, Muscaten-Blumen, Pfeffer, Cardamömlein, Ingber, von jedem ohngefehr ein halb Quintlein, oder so viel man will: Deßgleichen auch eingemachte Sachen, gröblich zerschnitten, als Ingber, Citronat, Pomerantzen-Schaalen, jedes so viel, als des andern, nach Belieben: Die Mandeln, Zucker und Specerey unter einander gemischt, alsdenn auf die Oblaten geleget, ohngefehr eines Daumens hoch, und zwey Finger breit; hernach backet sie in einer Torten-Pfanne. Wenn die Mandeln an der Seiten der Morsellen, oder oben her etwas gelb werden, so sind sie fertig.

## §. 235. Cervelat-Würste zu machen.

Man nimmt sechs Pfund des besten mageren Schweinen-Fleisches, ein Pfund guten Speck, 8. Loth Saltz, 2. Loth Pfeffer, mischet und hacket es wohl durch einander, thut darzu weissen Wein und Blut, ein Loth gestossene Nägelchen und Can-Oehl, thut darunter etliche länglichte Stück Speck, welche mit obigem Gewürtz bestreuet sind, füllet das Gehackte in die Därme, und kochet es.

## §. 236. Bolonesische Würste oder Saucises wohl zu machen.

Man nimmt Schweinen-Fleisch, fett und mager, hacket es sehr wohl, thut zu 25. Pfund Fleisch 1. Pfund Saltz, 8. Loth gantzen Pfeffer, 1. Schoppen Wein, 1. Pfund Schweinen-Blut, dieses muß man einer Viertel Stunden lang wohl durch einander kneten, und es in die Därme einfüllen; damit sie nicht brechen, kan man sie mit einer Serviette bewinden. Wenn dieses geschehen, bindet man die Würstgen ab mit einem Bindfaden, so lang man will, hänget sie in den Rauch, und laßt sie trocknen, schneidet sie, wo sie zusammen hängen, von einander. Man kan sie in einen irrdenen glasurten Topf thun, sie bleiben lange gut.

## §. 237. Chocolate zu machen.

Nehmet 1. Pfund Cacao, röstet sie, damit die äusserste Schaale wegkommt, stosset sie in einem warmen Mörsel gantz klein, hernach thut darzu ein halb Pfund feinen Zucker, 2. Stücke von der Vanillien, und 2. Loth gestossenen Zimmet, machet daraus eine Massa, in Rollen oder Täfelein. Wenn man die Chocolate kochen will, so nimmt man gemeiniglich auf zwo Personen 1. Viertel Pfund Chocolate gerieben, und in Wasser gethan, viel oder wenig, nachdem mans dick oder dünne haben will, so ists fertig. Man muß aber erst das Wasser wohl und lange kochen, und eine halbe Stunde sieden lassen, 3. Eyer darzu schlagen, nachgehends sie wieder auf-

aufkochen lassen, nicht zu lang und nicht zu kurtz, daß es weder zu dicke noch zu dünne werde, wer die Chocolate mit Wein oder Milch kochen will, mags auch thun. Die Chocolate getruncken oder gegessen, nützet dem kalten Magen, dienet der Brust, ist wider den Husten, vertreibet den Schwindel, resolviret den zähen Schleim, stärcket den Lebens-Balsam, und reitzet zum Beyschlaff.

## §. 238. Citronen einzumachen.

Nehmet Citronen anderthalb Pfund, zertheilet sie in vier Theil von einander, nehmet das Fleisch heraus, und kochet sie weich in reinem Wasser. Nehmet 2. Pfund wohlgeläuterten Zucker, machet einen Syrup davon, und lasset sie darinnen eine Viertel Stunde gar gelinde sieden; alsdenn ziehet sie heraus, lasset euren Syrup sieden, bis er dicke werde, und leget die Citronen hinein, so könnet ihr sie das gantze Jahr durch bewahren.

## §. 239. Welsche Nüsse einzumachen.

Die Nüsse sollen abgebrochen werden in der Wochen, wenn St. Johannis-Tag einfället, da sie als ein ziemlich Tauben-Ey sind, auch ehe sie inwendig hart werden, und Schaalen gewinnen: Denn sollen sie mit einem harten spitzigen Holtz durchlöchert, und Creutz-weiß durchstochen werden. Etliche schälen sie zuvor, so aber unnöthig; alsdenn leget sie in frisch Wasser, 9. oder 10. Tage lang, man muß aber diß Wasser alle Tage ein oder zweymahl abgiessen, und wieder frisches drauf thun, so lange, bis die Nüsse ihren herben und scharfen Geschmack verlieren, und ihnen die Bitterkeit vergangen ist; darnach in einen kleinen Kessel oder Pfannen gethan, und gemächlich im Wasser sieden lassen, bis sie gelind und mürbe genug werden, jedoch ist dabey in Acht zu nehmen, daß sie nicht zu lange sieden, oder gar zu einem Muß werden, weil sonsten Mühe und Kosten verlohren wären; so sie aber recht und weich genug gesotten sind, soll man sie aus dem Wasser heben, auf ein Sieb legen, und wohl trocknen lassen, denn bestecket man sie mit klein geschnittenem Zimmet, Nägelein, auch eingemachten Pomerantzen-Schaalen, machet einen Syrup darzu von Honig oder Zucker, lässet ihn zu einer rechten Dicke sieden. Wenn man diesen abhebet vom Feuer, so werden die besteckten Nüsse darein geleget, man lässets erkalten, und beschwerets mit einem zinnernen Plättlein, damit die Nüsse nicht empor schwimmen können. So denn der Syrup etwas Feuchtigkeit an sich gezogen, so lasset ihn sänfftiglich über einem gelinden Kohl-Feuer nochmahls einsieden, bis er dick genug worden. Etliche bestecken die Nüsse nicht, vermischen aber gut Gewürtz, als Zimmet, Nägelein, Jngber, Muscaten-Nüsse, Galgant, Cardamömlein, Cubeben, alles klein gestossen, unter den warmen Syrup: Man mag auch Pomerantzen- oder Citronen-Schaalen, deßgleichen auch Citronat klein darunter stossen, und in einem steinernen Gefässe verwahren. Diese eingemachte Nüsse stärcken und erwärmen den

Magen, und sind auch sonsten eine sehr gesunde Hauß-Artzney.

## §. 240. Ein gut Anis- oder Magen-Wasser.

Nehmet 2. oder 3. Maaß Brandtewein, beitzet darinnen 3. Tage lang 1. Pfund reinen Anis, alsdenn destilliret den Brandtewein davon ab, wenn das geschehen, so thut in diesen Brandtewein die gantz dünne abgeschnittene Schaalen von 10. oder 12. der besten Pomerantzen, Muscaten-Nüsse 2. Loth, Nägelein ein halb Loth, alles gröblich zerstossen: Darzu thut auch ein Pfund Zucker-Candel, laßt dieses alles in dem Brandtewein 3. Tage weichen, alsdenn wieder, wie zuvor, abgezogen, wenn es nicht süß genug, kan man ihm nach diesem letzten Brande noch so viel Zucker, als man will, zusetzen.

## §. 241. Ros Solis zu machen.

Nehmet eine Maaß guten Brandtewein, Huth Zucker anderthalb Pfund, Brunnen-Wasser anderthalb Schoppen, lasset den Zucker im Wasser kochen, bis er einem Syrup gleich werde, doch daß er nicht allzu sehr gekochet sey: Darnach nehmet gestossenen Zimmet ein Loth, thut den in euren Syrup, wenn er gekochet ist, seihets durch ein Tüchlein in den Brandtewein, rüttelts durch einander, und laßts stehen.

## §. 242. Ungarisch Wasser, samt dessen Würckung.

Nehmet 4. mahl destillirtes Aqua Vitæ 30. Untzen, Roßmarin-Blüthen 20. Untzen, thut alles in ein wohl-vermachtes Gefäß 50. Stun-

Stunden lang: Hernach destilliret es durch einen Helm in Balneo Mariæ, und nehmet davon des Morgens einmahl in der Wochen ein Quintlein mit einer andern Feuchtigkeit oder Geträncke, oder auch wohl mit Speise, und waschet alle Morgen das Gesichte damit, und reibet die gebrechlichen Gliedmassen mit demselben.

Diese Artzney erneuert die Kräffte, vertreibet die Gicht, wie auch die Flecken der Haut, schärffet den Verstand, stärcket die Lebens-Geister und das Gesichte; sie ist auch fürtrefflich gut für den Magen und die Brust, wenn mans darüber streichet.

NB. Dieses Wasser wird aber in keinem Umstand warm gebraucht, sondern jederzeit kalt.

## §. 243. Ein treffliches Aqua vitæ zur Brust.

Nehmet Pomerantzen-Schaalen ein halb Loth, Beymünthen, oder Krause-Müntzen eine halbe Handvoll, Römische Camillen-Blumen eine Handvoll, Holder-Blüthen 3. Loth, Anis, Fenchel- und Kümmel-Saamen, jedes anderthalb Quintlein, auserlesene Zimmet-Rinde 3. Quintlein, Muscaten-Nüsse anderthalb Quintlein. Dieses alles gröblich zerstossen und zerschnitten, in genugsamen guten Wein, und etwas Brandteweins eingeweichet, hernach aber destilliret, und zum Gebrauch bewahret.

## §. 244. Ein guter abkühlender Julep, so für die Lunge und Leber trefflich gut ist, und besonders im Sommer wohl zu trincken.

Nehmet Violen-Syrup 4. Loth, giesset ihn in ein halb Maaß frisch Brunnen-Wasser, menget es wohl unter einander: Alsdenn nehmet Spiritum Vitrioli, thut davon etliche Tropffen hinein, wie auch den Safft von einer frischen Citronen, giesset alles wohl unter einander, und trincket davon nach Belieben.

## §. 245. Daß kein Wurm unter das Korn auf dem Boden komme.

Nehme Balsam-Kraut, und thue solches an unterschiedliche Ort in einen Haufen Korn, es kommt kein Wurm dazu.

## §. 246. Daß die Hüner viel Eyer legen.

Man muß Nesseln oder deren Saamen hacken, unter Weitzen-Kleien mengen, und denen Hünern zu fressen geben. Oder, um die Zeit, wenn die Hüner anfangen zu legen, soll man ihnen Haber rösten oder kochen, und warm zu fressen geben. Hanf-Körner sollen hierzu auch gut seyn; aber von Bohnen, Gersten, Korn und Brod, werden sie allzufett, und zum Legen untüchtig.

## §. 247. Daß die Katzen keine Hüner oder anderes Geflügel angreiffen.

Nimm ein Zweiglein von wilder Rauten, und stecke es jungen und alten Hünern oder

Tauben unter die Flügel, sie sind sicher vor dem Angriff der Katzen.

## §. 248. Einen Teich mit Aalen zu besetzen, ohne daß die geringsten darinnen gewesen, oder hinein gesetzet worden.

Schneidet einen Sommer-Zweig von einer Hasel-Staude, gehet auf eine Wiese, stechet einen länglichten Rasen, so lang als der Zweig ist, aus, leget den Rasen umgekehret, daß das Graß unten zu liegen kommet, und die Erde oben, machet mit dem kleinen Finger eine längliche Strieme, leget die Sommer-Sprosse darein, und oben auf leget wieder so einen Rasen von nemlicher Länge, lassets also 3. Tage liegen: Alsdenn nehmet den Obersten ab, so werdet ihr finden, daß die Sommer-Sprossen voller kleiner blaulichter Würmergen seyn: Decket den Rasen wieder zu, bindet solchen mit Bindfaden zusammen, und werffet ihn in einen Teich, so werdet ihr eine grosse Menge Aalen bekommen.

## §. 249. Krebse zu zeugen.

Nehmet die Asche von verbrannten Krebsen, feuchtet sie in einem irrdenen Geschirr, mit ein wenig Wasser an, lasset sie stehen, so bekommet man in 20. Tagen viel kleine lebendige Würmlein: Wenn man nun selbige mit Rinds-Blut besprützet, so werden nach und nach lauter Krebse daraus.

## §. 250. Vor das Vieh-Sterben ein sicheres Mittel.

Nimmt Schwämme von Linden-Bäumen, thut sie dem Vieh unter den Tranck, laßt

es

es davon sauffen, so stirbt euch keine Kuh, oder ander Vieh.

Und wenn ein Vieh kranck wird, so nehmet ein Stücklein von solchem Linden-Schwamm, machet es zu Pulver, und gebet es dem krancken Vieh in Wasser zu trincken, es hilfft, und bringt es wieder zurechte.

## §. 251. Vor das Schwein-Sterben.

Nimm Engelsüß-Wurtz, pulverisire die, und gibs den Schweinen unter ihrem Gefräß, es purgiret und bewahret sie vor dem gemeinen Sterben; und

So man einer jeden 9. Krebse aus einem fliessenden Wasser zu fressen gibt, wird keine niemahlen kranck.

## §. 252. Daß eine Kuh nicht nach ihrem Kalb blärre, wenn man dasselbe sticht.

Gib der Kuh ein Härlein aus dem Schwantz ihres Kalbes unter einem Schnittlein Brod zu fressen, wann man das Kalb von ihr wegführen will, sie wird sich nicht hören lassen.

## §. 253. Einen Ochsen in vier Wochen so fett zu machen, daß man ihn vor Fett kaum essen kan.

Nehmet Wicken-Körner und gelbe Rüben, klein geschnitten, mit Heckerling wohl vermischet, und dem Ochsen so wohl Tages, als Nachts zu essen gegeben, und jedesmahl drauf trincken lassen, so nimmt er geschwinde zu. Solches kan man auch an Hämmeln und Kälbern practiciren.

## §. 254. Fische mit den Händen zu fangen.

Nimm Campher, Bibergeil, Reiger-Schmaltz, das Hirn von einem Kalb, dieses alles wohl unter einander zu einer Salben gemacht, und die Hände damit geschmiert.

## §. 255. Weinstein-Oehl in 24. Stunden zu machen.

Nimm Salpeter, rohen Weinstein, jedes gleichviel, mische es wohl unter einander, thue es in einen Topf, nimm eine glüende Kohle, wirf dieselbe in den Topf hinein, damit sich der Salpeter anzünde, alsdenn so calcioniret es sich, in einer Stunde hernach, so nimm das Sal Tartari, thue es in eine Rinds-Blasen, hänge sie in 10. Maaß Wasser, lasse es im Keller einen Tag und Nacht stehen, alsdenn filtrire es durch ein Pappier, so hast du das Weinstein-Oehl in 24. Stunden bereitet.

## §. 256. Einen Wasser-Kütt zu machen.

Nimm Hammerschlag, Scheerhaar, Rinds-Blut, ungelöschten Kalch, Silberglätt, jedes gleichviel, wohl unter einander gemischt, und gebraucht.

## §. 257. Einen Feuer-Kütt zu machen.

Nimm gebrannten Leimen, oder Back-Ofen-Leimen, Pech, gestossenen Schwefel, gestossen Glaß, und Hafner Erde, jedes gleichviel; das Pech zerlassen, und die andere Sachen darunter gemischt, so ist es fertig.

## §. 258. Gold aus der Feder zu schreiben.

Nimm Honig und Saltz, jedes nach Belieben, oder nachdem du viel oder wenig machen willst, thue darzu ein oder mehr Blättlein Gold, mit ein wenig Eyerweiß, thue es in eine Muschel, streichs auf, bis du nichts unreines darinnen findest, temperirs mit Gummi-Wasser, und schreib darnach mit.

## §. 259. Crystall weich zu machen.

Nimm Bocks-Blut, Gersten-Wasser, jedes gleichviel, siede die Crystallen darinnen, so werden sie gantz weich, daß du sie schneiden kanst.

## §. 260. Pulver allerhand Meßing und Kupfer ex tempore schön weiß zu machen.

Nimm Sal Armoniac. ein halb Loth, gemein Saltz ein halb Quintlein, weissen Weinstein ein halb Loth, Silber-Blättlein geschlagene Nro. 8. Dieses unter einander gemischt und gestossen, darnach das Kupfer oder Meßing damit gerieben.

## §. 261. Einen Goldgrund auf Glaß zu machen.

Nimm Menning, Bleyweiß, so gewaschen, jedes 1. Loth, Silberglätt, Ockergelb, jedes ein halb Loth, mit Fürniß und Lein-Oehl, jedes gleichviel, so viel hierzu vonnöthen, daß es seine rechte Dicke hat: Wann es nun ein wenig ertrucknet, muß man Gold-Blätter darüber legen, und wenn es gantz trucken, mit Baumwolle abputzen, wie sichs gebührt.

## §. 262. Glas zu verguldẽn.

Nimm Salmiac, diesen laß in Regen-Wasser zergehen, und filtrire ihn gantz sauber durch; etliche aber destilliren es per Balneum Mariæ, mit diesem Wasser bestreiche das Glaß mit einer Feder von einer Tauben, das Glaß muß ein wenig warm seyn, wann es nun mit gemeldtem Wasser bestrichen, und es halb wieder trucken ist, so nimm geschlagen fein Gold, und leg es mit einer saubern Baumwolle fein sauber auf, wenn du nun alles Gold, was du darauf haben willst, aufgetragen hast, so nimm eine Nähnadel in ein Hötzlein gemacht, und staffire das Glaß nach Art der Kunst. Diese Verguldung bleibt beständig, so lange das Glaß hält, und laßt sich weder kalt noch warm durchaus nicht abwaschen.

## §. 263. Glaß allerhand schöne Farben zu geben.

### Erstlich mache nachfolgenden Fürniß.

Nimm Mastix 1. Loth, Sandaracha 2. Loth, gar klein und sauber gestossen, Spick-Oehl anderthalb Loth, aus diesen 3. Stücken mache einen dicken saubern Fürniß. Mit diesem Fürniß präparire die Farben; als da sind Sanguis Draconis, Curcumæ, Saffran, Indigo, destillirt Spahngrün, Kugel-Lacc, und andere mehr. Wann nun die Farben eine jede absonderlich fein zugericht, sollen sie alle auf einem gelinden Feuer stehen, und nach der Kunst auf die Glaß gemahlet werden: Hernacher nimm geschlagen Silber, so 3. mahl so dick als sonst, und lege es über die Farben, laß sie trucknen, so sind sie gut bereitet.

## §. 264. Vorlag zu verlutiren.

Nimm rein gepulvert Glaß, lebendigen Kalch, und rein gestossenen Weinstein, jedes gleich viel, mit dem schönsten Stärck-Mehl und Eyerweiß angemacht, auf ein Tüchlein gestrichen, und um die Fugen gelegt, laß es trucken werden, so hält es so lange, als ein Stück daran ist.

## §. 265. Terpentin-Oehl und Colophonium zu machen.

Nimm Terpentin 1. Pfund, Lap. Silicis 6. Loth, Sal Alkali 1. Loth, Brunnen-Wasser 8. Loth, destillirs in dem Sand; das erste reine davon ist Terpentin-Oehl, das trübe aber, so zurück bleibt, ist Colophonium.

## §. 266. Corrosiv-Stein zu machen.

Nimm Buchen-Aschen, Weyden-Aschen, jedes 2. Pfund, lebendigen Kalch 8. Pfund, gemeine Laugen oder Regen-Wasser zwölff Maaß, und das auf obige Stück gegossen, und eine Lauge daraus gemacht, zu dieser Lauge nimm 8. Pfund Weyden-Aschen 6. Loth, Salpeter 4. Loth, weissen Vitriol und Opium Thebaicum, jedes 2. Loth. Dieses wird mit einander in einem glasurten Hafen gekocht, und stets umgerühret, bis eingesotten, und zu einem Stein wird, diesen zu Stücklein gemacht, und vor der Lufft wohl verwahret, und zum Gebrauch aufbehalten.

## §. 267. Wildprett an einen gewissen Ort zu bringen, daß es daselbst lang Stand halte, und man es nach Belieben schiessen könne.

Schiesset 5. oder 6. Wochen nach der Brunst ein trächtiges Stück Wild; wenn man es auswürcket, muß man nehmen pudenda cum Matrice, das Bündlein samt dem Hirsch-Kalb, und allem, wie es empfangen worden, wie auch das Miltz, alles wohl zusammen gehacket, wie einen Brey, und in einem Mörsel zerstossen, in einer zinnern Büchse wohl verwahret. Man kan es an einem kühlen Ort, wenn man will, ein gantzes Jahr gut behalten. Wenn man es nun gebrauchen will, soll man nehmen guten starcken Wein, Härings-Lacke, Campher-Oehl, und aus der zinnernen Büchse, in ein Töpfflein thun, die Materie durch einander rühren, daß es starck rieche: Davon kan man in die Hirschlecken, auch in die Wälder an die alten Stöcke, und an die Wege giessen, wo das Wild pfleget hin und wieder zu lauffen, so sammlen sich die Hirsche Hauffen-weise zu lecken, und bringet immer ein Stück Wildprett das andere mit sich.

### Ein anderes:

Nehmet Campher, Hirsch-Wurtzel, Liebstöckel-Wurtzel, Bircken-Wurtzel, Bircken-Aschen, einen ungebrauchten gebrannten Ziegel, die Affter-Bürden von einem tragenden Wild, machet alles wohl dürre, zerstosset es klein, mischet es wohl mit Erbsen-Mehl, und formiret Küchlein daraus: Diese leget an einen solchen Ort,

Ort, allwo das Wild seinen Gang hat, so bald es nun eines dieser Küchlein geniesset, so gehet es nicht leichtlich mehr von der Stelle, und ob es gleich weglieffe, würde es doch bald wieder kommen, und anderes mit sich bringen. Wenn auch ein Jäger in der Brunst ein Wild fänget, ihr die Matricen ausschneidet, und die Schuhe damit bestreichet, so folget ihm der Hirsch, so bald ers riechet, bis ins Netze nach.

## §. 268. Mit jedem Gewehr dreymahl weiter zu schiessen, als ordinair.

Nehmet ein Pfund Pulver, zertheilet solches auf einem Brett, besprengets mit 6. Loth Campher-Spiritu, und lasset die Helffte trucken werden, darauf streuet auf 3. Loth, des klein gemachten Pfeffers 3. Loth, mischet das Pulver unter einander, damit sich beyde Materien mit dem Pulver wohl meliren, machet es wieder breit auf einem Tisch, und lasset es an der Sonne aufs beste trucknen, auf daß es zum Schiessen tauglich, und trucken genug sey. Von solchem Pulver nimmt man, wie gebräuchlich ist, und ladet das Gewehr, so wird man zum Exempel mit einer Pistohl auf 200. Schritte die gerade Linie erlangen können.

## §. 269. Daß eine Büchse oder grob Geschütz nicht zerspringet.

Wenn eine Büchse lang oder kurtz geladen, daß man Sorge hat, es möchte zerspringen, so lasse man 3. Weitzen-Körnlein auf die Kugel fallen, und stopfe Pappier darauf.

## §. 270. Daß man 15. bis 20. Schüsse nach einander aus einem Rohr thun kan.

Erstlich wird das Rohr just geladen mit Pulver und einer Kugel, darnach wieder Pulver darauf gethan, ferner ein Stück Filtz mit einem Loch, und eine Kugel, weiter mit Pulver, so zerstossen, angefüllet, und mit Baum-Oehl angefeuchtet, und so fort, bis das Rohr voll ist: Das muß dann vornen mit Lunden angestecket werden.

## §. 271. Daß des Feindes Stücke zerspringen.

Wenn man eine Stück-Kugel findet, die erst verschossen worden, und noch warm ist, soll sogleich eine Weibs-Persohn, die eben ihr Menstruum hat, ihr Wasser darauf lassen, so wird bey nächstem Schuß, so aus diesem Stück gethan wird, dasselbe zerspringen.

## §. 272. Kugeln zu giessen, so die Festigkeit eröffnen, und alle Waffen durchdringen.

Diß geschiehet, wenn man im Giessen, in jede Kugel ein Weitzen-Korn thut.

## §. 273. Die Motten aus den Kleidern zu bringen.

Man darf nur alle Viertel Jahr die Kleider mit Bilsem-Kraut-Saamen räuchern. Violen-Wurtzel und Wermuth bey die Kleider geleget, thut eben dasselbe.

## §. 274. Flecken aus den Kleidern zu bringen.

Nehmet Spanische Kreide, schabet dieselbe auf die Flecken, reibet das Tuch oder Zeug doppelt zusammen genommen, und kehret es mit einer Kehr-Bürsten aus: Dieses wiederholet etliche mahl.

Oder:

Stosset eine gute und neue Tabacks-Pfeiffe klein, feuchtet etwas davon mit Wasser an, daß es zum Teige wird, solches schmieret auf die Flecken, lasset es trucken werden, und kehrets aus. NB. Wenn es aber Flecken vom Urin sind, so nehmet kalt Wasser in den Mund, lasset es darauf fallen, und waschet die Flecken damit, darnach kratzet es mit einem Mund-Bürstgen, und lasset es trucken werden: Solches kan zum dritten mahl wiederholet werden.

Item:

Eine glüende Kohle in einen Löffel gethan, und auf den Fett-Flecken gehalten, oder, ein Lösch-Blatt untergeleget, und mit einem heissen Bügel-Eisen ausgebügelt. Dieses nimmt alle Fett-Flecken weg.

## §. 275. Eine gute Wasch-Seiffe zu sieden.

Nehmet einen Stein oder Laib Talch, 3. Scheffel Asche, einen und einen halben Scheffel ungelöschten Kalch, die Asche wird auf einen Boden, der mit Steinen gepflastert ist, geleget; in der Mitten der Asche wird ein Loch gemachet, und

und der Kalch dahinein geleget, und mit Wasser besprenget, bis er durch und durch feuchte ist. Nachgehends wird der Kalch mit der Asche zugescharret, und immer zugekehret, damit der Rauch nicht heraus gehe, welcher also 2. Stunden liegen muß: Hierauf wird der Kalch mit der Asche durchgemenget, und stets mit Wasser besprenget, und so offt mit einer Schauffel unter einander gemenget, bis es so feuchte wird, daß, wenn man es mit der Hand zusammen drücket, an einander klebet. Alsdenn wird es in ein darzu bereitetes Faß gethan, und Wasser darauf gegossen, daß es darüber gehet, welches man 24. Stunden stehen lassen, darnach abzapfen, und in einen Kessel giessen muß: Denn kan man es mit einem Ey probiren, ob die Lauge starck genug sey, welches daher abzunehmen ist, wenn das Ey oben schwimmet. Diese Lauge bleibet stehen, bis auf den folgenden Tag; indessen aber giesset man wieder Wasser auf die Asche, jedoch nicht so viel, als das vorige mahl, und lasset es wiederum 24. Stunden stehen: Alsdenn zapfet man es ab. Von der ersten und starcken Lauge thut man 2. Jmi in den Kessel, und den Talch darzu, lässets überm Feuer anderthalb Stunden kochen, ehe man mehr Lauge zugiesset: Darnach giesset man immer von der stärckesten Lauge zu, bis selbige alle ist; alsdenn nimmt man von der andern Lauge, und lässet es 9. Stunden lang völlig kochen; so dann saltzet man es also: Man thut erstlich eine Metze oder Simri Saltz hinein, denn lässet mans immer kochen,

kochen, bis anderthalb oder zwey Stund vorbey sind, alsdenn thut man noch eine halbe Metze oder halb Simri Saltz hinein, und låsset es weiter kochen, so, daß es zusammen 12. bis 13. Stunden gekochet hat. Das Feuer muß letztlich immer gelinder seyn, denn ist sie gar. Darnach giesset mans aus in einen grossen Zuber, låssets kalt werden, und schneidet die Seiffe aus. NB. So lange die Seiffe kochet, muß man sie immer umrůhren; sonst lauffet es aus, und man bekommt keine Seiffe, sondern stecket den Schornstein an. Wenn man das Uberlauffen nicht verwehren kan, so giesset man ein wenig kalte Lauge darzu.

## §. 276. Lichter zu machen, die zehn bis zwőlff Stunden lang brennen.

Nehmet Schaaf-Talch 25. Pfund, thut es in einen Kessel, darinnen 3. Maaß Wasser seynd, man muß den Talch Stůckweise, als einer Nuß groß, hinein legen: Wenn es anfångt zu sieden, so wirfft man darein Salpeter 2. Loth, Salmiac 1. Loth, lasset es wieder starck sieden, denn schůttet wiederum auf einmahl darzu zwey Maaß Wasser, und schůttet nach und nach so viel Wasser darein, daß dessen so viel sey, als des Talchs, lasset es starck sieden, schaumet es ab, und lassets hernach erkalten, schůttet das Wasser weg, und die Unreinigkeit, so im Boden des Inschlitts sich erzeuget, und angesetzet haben mőchte: Alsdenn lasset das Inschlitt wiederum zergehen, aber nicht sieden, nur daß es im Lichtgiessen schmeltze, und laulicht sey, pråpariret den Modell,

und

und giesset die Lichter, so werden sie schöne seyn. Dieser Licht-Kertzen eine, wenn besonders der Tacht recht darzu bereitet ist, brennet aufs wenigste 10. bis 12. Stunden.

## §. 277. Liechter zu ziehen, die fein hell und langsam brennen, und nicht ablauffen.

Wenn man in das geschmoltzene oder zerlassene Talch oder Unschlitt ein wenig abgeriebenen Grünspahn und Bleyweiß thut, und die Tächte zuvor mit Wachs und Inschlitt unter einander zerlassen, bestreichet, so brennen sie recht hell und langsam, lauffen auch gar nicht ab.

## §. 278. Ein Gewölbe zu machen, darinnen der Salpeter wächset, und Zapfen-weise herunter hänget, daß man alle Monath viele Centner abnehmen kan.

Den Kalch zu der Mauer, womit das Gewölbe gemachet werden soll, bereitet also: Nehmet ungelöschten Kalch, den löschet mit Regen-Wasser, so mit einem Nord-Wind fället, drey Theil Kalch, ein Theil Schaaf-Urin, und drey Theil Schaaf-Mist, alles wohl durch einander geschlagen, und mit gemeinem Saltz wohl besprenget, wohl durchgeschlagen, und das Gewölbe 2. Steine dick gemauret und zugeschlossen, vier Ellen hoch, so lang es dir gefället, über dem Gewölbe einen Garten gemachet, von guter Salpeter-Erde, den besäet man mit gutem Saamen pro forma, womit man will, und so der Mond im Zunehmen ist, so bespre̊nget den Garten mit gesammletem Regen-Wasser, so mit einem Nordwind gefallen, mit Salpeter, Laugen oder Schaaf-

Schaaf-Urin vermischet, dasselbe alle 14. Tage gethan, so wächset der Salpeter häuffig.

## §. 279. Einen Boden, es sey gleich ein Acker, Wiese, Garten oder Weinberg auf ewig zu düngen.

Nehmet geschmoltzen Saltz auf einen Morgen 15. Pfund, dieses schlaget mit einem höltzernen Schlägel in Stücken, so groß, als Hasel-Nüsse, streuet dasselbe im Frühling oder Herbst, auf den Acker, Wiese oder Garten, daß die Stücklein ziemlich weit von einander fallen: Ist es ein Acker, so eget oder pflüget ihn um, und säet gleich darauf den Saamen, und eget es zu; ists ein Garten oder Wiesen, so scharret mans mit einer Hacke oder Rechen hinunter; im Weinberg wird es hinunter gehacket, und mit Erde bedecket.

## §. 280. Daß die Korn-Saat viel Früchte bringe.

Wer nicht Mittel hat, seinen Acker zu düngen, der nehme Korn, so viel er säen will, weiche es Tag und Nacht in dicke Mist-Pfützen, hernach lasset es trucknen, daß es zum Säen bequem sey, darauf säet es aus, so werdet ihr einen solchen Trieb verspühren, als wenn der Acker wohl gedungen wäre. Einige verständige Ackers-Leute sammlen in einer Gruben viel Pferde-Mist zusammen, und giessen öffters Wasser darauf: Wenn nun solches etliche Wochen hindurch recht durchgefaulet hat, nehmen sie dieses Wasser, so von dem Saltze des Mistes gleichsam imprägniret ist, heraus, lassen es in einem kupfernen

Gefäß ein wenig kochen, thun etwas Salpeter hinein, nehmen es hernach vom Feuer, und wenn es noch laulicht warm, werffen sie das Korn, so sie säen wollen, hinein, und lassen es also drey Tage stehen, damit es brav aufquellen, und der Saame sich öffnen und keimen könne. Darauf nehmen sie es aus dem Wasser, lassen es etwas trocken werden, und säen es sodann. Gleichwie man aber auf einen Morgen den dritten Theil weniger Einsaat, als sonsten gebrauchet, also nimmt man den dritten Theil weniger Einsaat, dagegen aber so viel Häckerling darzu, und vermenget solchen mit diesem präparirten Korn wohl.

## §. 281. Die Frucht auf dem Boden gut zu erhalten, daß dieselbe nicht würmig oder lebendig werde.

Nehmet 10. Pfund Vitriol, thut ihn in ein Geschirr, schüttet heiß Brunnen-Wasser darüber, ohngefehr 10. bis 12. Maaß, rühret es um, bis der Vitriol zergehet, nehmet alsdenn einen Pinsel, tuncket ihn in diß Vitriol-Wasser, und überfahret damit den Frucht-Boden oder Kasten, wenn er noch leer ist, unten und oben, auch auf den Seiten allenthalben herum, die Wände so wohl als die Böden, und wenn es trucken worden, so thut es noch einmahl: Alsdenn kan man das Korn aufschütten, so wird in 10. Jahren kein Wurm Schaden thun, auch wird keine Spinne ein Gewebe anhängen, oder sonst einig Ungeziefer sich daselbst einfinden.

## §. 282. Pfrof-Reiser auf die Stämme der Bäume zu setzen.

Das Pfroffen geschiehet durch Spaltung des Kerns oder Hertzens, und das lässet sich thun so wohl auf grosse, als kleine Bäume oder Stämme, da aber eines zum wenigsten Daumens-dick seyn muß; NB. Die gar dicken Stämme dienen nicht wohl darzu, weil sie die Pfropf-Reiser klemmen und ersticken. Das Pfropf-Reißgen wird von beyden Seiten gleich beschnitten, daß es fast dreyeckigt wird: Ist der Stamm klein, so muß man dem Reißgen über 3. Augen nicht lassen. Ist er aber etwas dicker, so können wohl 5. Augen bleiben. Wenn dieses geschehen, so verbindet mans mit gespaltenen frischen Weiden-Zweigen, die sich gerne biegen lassen, hierauf beschmieret mans oben und unten mit Baum-Wachs oder Salbe, und bindet ein leinen Tuch darüber.

NB. Die Pfropf-Reiser werden im Februario und Martio, gegen dem neuen oder vollen Mond abgebrochen, nur, daß sie noch nicht ausgeschlagen seyen. Man kan sie unter einen Baum, da die Sonne nicht hinkommet, so lange, biß man sie brauchet, vergraben, oder auch wohl in trucknem Sand, oder im frischem Ton. Diese Reiser müssen von einem gesunden und fruchtbaren Baume gebrochen oder abgeschnitten werden, und zwar, bey hellem Wetter, von hohen Aesten, die gegen Morgen oder Mittag stehen, wenn der Mond im Zeichen des Stiers, Jungfrau oder Steinbocks ist.

Im Abschneiden muß die Rinde nicht verseh=ret, und im pfropfen eines Gliedes lang einge=setzet werden.

## §. 283. Wie man oculiret.

Hierbey soll man das gute und stille Wetter observiren, wie auch, daß das Reiß, so man abbrechen will, nicht schon ans Ende ge=schossen, und ob an solchem Baum die Augen reif und völlig genug seyn, deßgleichen, ob der Stamm, in welchen man das Auge einsetzen will, annoch fein safftig, gut und gesund sey.

Wenn alles wohl befunden wird, so nimmt man, gemeiniglich im abnehmenden Mond, gegen Abend, wenns kühle, still und hell ist von einem Baum ein Reißgen, löset von selbigem mit einem Feder=Messer oder anderm Instru=ment, ein Auge fein subtil ab, oben länglicht und unten breit, doch nicht mehr so lang, son=dern in die quere Hand abgeschnitten, densel=ben setze man, nachdem der Stamm oder Ast wie ein lateinisch T. ohngefehr, nicht gar zu tief eingeschnitten, daß es dem Auge nachge=hends den Safft mittheilen könne: Wenn die=ses geschehen, löset man subtil die Rinde von beyden Seiten ab, nach Gelegenheit, wie es vonnöthen ist. Und wenn das Auge, so auf die Quer=Linie eingesetzet, ruhet, wird von beyden Seiten die Rinde mit einem reinen Flachs oder subtilen Bast verbunden, und so=wohl oben als unten mit Baum=Wachs, wegen des Regens beschmieret, über dem von dem

Schild=

Schildlein oder Blatt derselbe Theil abgeschnitten, damit selbiges die Kräffte dem Auge communicire, und wenn das Auge bekleibet, abfalle, welches denn ein gutes Zeichen ist, daß es künfftigen Frühling wohl ausschlagen und wachsen werde. Worauf man denn den Stamm oder Ast von oben biß nicht weit vom Auge abschneidet, damit noch etwas grünes über dem eingesetzten Auge im Stamm bleibe. Solte aber im Junio, gegen Pfingsten oder St. Viti, das Auge etwas grösser ausgewachsen seyn, so schneidet man das übrige vom Stamm biß an das Auge subtil weg, beschmieret es mit, so verwächset das Abgeschnittene in kurtzer Zeit, daß man nicht mercket, wo das Auge eingesetzet ist.

## §. 284. Von Nelcken oder Negelein.

Diese werden gemeiniglich im Früh-Jahr, auch wohl im Herbst im vollen Mond versetzet. Ablegen kan man sie folgender gestalt: Man nimmt ein jähriges Schößlein, welches 2. oder 3. Knoten hat, und schneidet es mit einem Feder-Messer von einem Glied biß zum andern in die Helffte, oder biß in das Marck hinein, und darnach bieget man dasselbe gegen die Erde, und zwar setzet man das oberste Theil etwas tieffer in die Erde, und stecket darüber ein Häckgen, welches es halten muß, damit das gespaltene nicht in die Höhe steigen kan, und bewurtzlet. Das Ausschößlein, welches gegen den Herbst oder Frühling hervor kommt, kan man vom Stock abschneiden, und an einen andern Ort, oder in Topf setzen, so bekommt man schönere und grössere Nelcken, als der alte Stock getragen hat. Wenn auch von denen neuen Ausschößlingen wieder andere neue kommen, und abgeleget werden, so sind sie immer besser, als die alten gewesen; wenn ich aber haben will, daß die Nelcken einen besondern Geruch bekommen sollen, so stecke ich ein Stücklein von Würtz-Nelcken, Zimmet, oder sonst etwas wohlriechendes in das eingeschnittene, gegen das junge Stücke, und setze dasselbe in die Erde subtil hinein, sie nehmen den Geruch an, gleich als wenn es von dergleichen wäre. Will man späthe Nägelein haben? so muß man nicht alle Knospen auf einmahl tragen lassen, sondern die ersten an einem Schößlein abschneiden, so kommen junge herfür, und tragen späthe: Solches geschiehet auch, wenn man den Stock im Majo oder Junio versetzet. Will man sehr grosse Nelcken haben, so muß man eine Lage Bohnen-Mehl, die Nelcken darein pflantzen, und also mit der Art, Schichte zu machen, fortfahren.

## §. 285. Wie die Rosen zu tractiren seyn.

Will man halb weiß und halb rothe Rosen ziehen, so breche man Reiser von rothen und weissen Rosen-Stöcken ab, ziehe die Aeugelein davon ab, spalte sie, und setze sie alsdann wieder zusammen. Verfähret man damit recht, so wird das zusammen gestossene Aeugelein zu seiner

seiner Zeit Rosen tragen, die auf einer Seiten roth, auf der andern Seiten weiß seyn.

Wer fünfferley Rosen auf einem Stocke wachsend machen will, der bohre um die Zeit, wenn die Rosen-Stöcke anfangen Knospen zu gewinnen, mit einer Ahlen unter sich im Stamm, gleich unter dem Knöpflein, biß an den Kern, und sencke vermittelst einer Feder gesottene Presilien zum Loch hinein; in einen andern Stamm thue grüne Farbe, in einen andern blaue auf gleiche Art, und verstreiche das gebohrte Löchlein, wobey aber zu mercken, daß man sich keiner Farbe, die aus Metall gemacht ist, bediene. Späte Rosen zu ziehen pfropfet man ein Aeugelein von einem Rosen-Stock in die Rinde eines Aepfel-Baums, so wird selbiges mit diesem fremden Stamm sich dermassen vereinbahren und zusammen wachsen, daß Rosen blühen werden, um diese Zeit, wann der Aepfel-Baum zeitige Früchte träget, und riechen diese Rosen sehr angenehm, und sind schön anzusehen. Sonsten bricht man auch die ersten Schößlinge ab, so gehet ehe andere wieder wachsen, eine geraume Zeit hinweg. Jngleichem wenn die Rosen erst im Winter blühen sollen, so muß man den Stock, wenn er beginnet Knospen zu bekommen, ausheben, und an einen andern Ort versetzen: Denn weil er auf diese Art erst wieder bekleiben muß, so bricht die Rose späth herfür.

## §. 286. Eine recht gute Dinte zu machen.

Nehmet vor einen halben Kreutzer Gall-Aepfel,

Gummi auch soviel, Kupfer-Wasser gleichviel. Dieses stosset gröblicht, giesset einen Schoppen Bier darüber, und lasset es 3. quer-Finger breit einkochen. Oder, nehmet 3. viertel Pfund Gall-Aepfel, ein halb Pfund Kupfer-Wasser, ein viertel Pfund Gummi Arabicum. Dieses stosset gröblich, thut es in einen braun gebrannten erdenen Krug, und giesset zuerst einen halben Schoppen guten Wein-Eßig darauf, und lasset es eine Nacht also zusammen stehen; der Krug aber muß mit vierfachem weissen Papier oben feste verbunden, und auf eine warme Stätte gesetzet werden: Den anderen Morgen giesset eine Maaß braun Bier darzu, welches eine Nacht zuvor gestanden hat, damit sich die Hefen gesetzet haben, und ferner etwann 4. Schoppen sauber Regenwasser, welches zuvor auch etliche Tage muß gestanden haben. Und denn rühret es des Tages 2. mahl, 8. Tage lang, mit einem Holtz wohl um, bindet es allemahl wieder feste zu, und lasset es so lange auf der warmen Stätte also stehen; nach diesem kan man diese Dinte an einem bequemen Ort, in der Stuben oder Kammer verwahren, und je älter sie wird, je besser und schwärtzer ist sie.

## §. 287. Eine Sympatetische Tinte zu machen.

Das gantze Geheimnuß der Sympatetischen Dinten bestehet in dem Gebrauch zweyer unterschiedlicher Wasser; welche wann jedes besonders, und alleine, hell und klar; wann

man

man sie aber zusammen geußt, dicke und fast braunfärbig werden. Diese werden also gemachet. Man lässet einen Schoppen destillirten Wein-Eßig, in welchen man ohngefehr eine Untze Silberglätt gethan, eine halbe Viertel-Stund aufsieden; und dieses ist das erste. Das andere wird aus einem Stück lebendigen Kalchs und ein wenig Operment gemachet, darauf geußt man rein Wasser, so viel man meynet, daß es genug ist, und lässet es 24. Stund darauf stehen. Man brauchet darzu irrdene wohl glasurte neue reine Töpfe; Diese beyde Liquores filtriret man jedes besonders, so daß sie gantz hell und durchsichtig werden, deren Gebrauch in folgendem bestehet; Man schreibt mit dem ersten Wasser was man nicht will, daß es jederman sehen soll, und die Schrifft, wann sie trocken, verschwindet im Augenblick. Der aber, dem der Brieff bekannt, fähret über die Schrifft mit einem in obigem Wasser angenetzten Schwamm, da wird man die Schrifft wieder zu sehen bekommen, in einer rothlichten ins Schwartze fallenden Farbe. Wann solch Wasser erst neulich gemachet, und man das Gefässe, darinnen man den ungelöschten Kalch genetzet, wohl verwahret, ist nicht nöthig, daß der feuchte Schwamm die Schrifft berühre, sondern es ist schon genug, daß man ein wenig hoch darüber weg streiche. Man hat zum öfftern das Kalch-Wasser von dieser Würckung verspüret, daß, wann man den mit dem ersten Wasser geschriebenen Brief auf den Tisch geleget, dann mit einer Hand ein Pappier darüber gedecket, und mit dem andern Wasser über solch Blatt fähret, und es allein darmit anfeuchtet, so wird sich demnach die Schrifft davon schwartz färben.

## §. 288. Frische Dinte auf Pappier auszulöschen.

Nimm Pimsen-Stein, gantzen Schweffel, Salpeter und Alaun, jedes gleichviel zu Pulver gemacht, und reibet die Schrifft darmit, so gehet sie weg.

## §. 289. Roth Siegel-Lack zu machen.

Nehmet gekörnet Gummi-Lacc 1. Loth, Calfonium 1. Quintlein, Venedischen Terpentin 1. Quintlein, Zinober 2. Quintlein, stosset es, und mischet es wohl unter einander, lasset es in einem irrdenen Tiegel zergehen; nehmet es alsdann wieder heraus, giesset Baum-Oehl in die Hände, und auf einen Tisch oder Brett, giesset auch Baum-Ohl oder Mandel-Oehl in die Forme, und giessets hernach drein, so ist es fertig.

## §. 290. Einen schönen Gold-Firnüß, womit man ein Ding so schön vergulden kan, als wäre es mit Gold im Feuer vergult worden.

Man nimmt der feinesten Gummi-Laccæ in granis 8. Loth, schönen Gummi Sandaraca 2. Loth, Sanguis Draconis 1. und ein halb Loth, Colop-

Colophonii 1. und ein halb Loth, stosset alles zu kleinem Pulver, thut es in eine gantze Maaß hoch rectificirten Spiritum vini, der so starck ist, daß er auch das Büchsen-Pulver im Entzünden mit anzündet, setze es in einen warmen Sand über ein Kohl-Feuerlein, lasse es 2. Stund kochen (in einem Balneo M. ist es besser) oder so lange, biß es so viel möglich zergangen ist, so es nun ausgekochet, nimm es vom Feuer, laß erkalten, so ist er bereitet, biß auf das durchzwingen, und wañ man mit solchen silberne oder versilberte und verzinnte Sachen 3. oder 4. mahl überstreichet, so siehet es auf das schönste verguldet aus. Will man aber solchen Firniß an der Farb noch höher haben, so thut ungefehr 2. Gran schön gemahlen Gurgummå, 2. Gran der besten Aloe-patic, und 1. Gran des feinesten Drachenbluts darzu, lasset es mit aufkochen, hernach wann der Fürniß kalt ist, so seihet man solchen durch ein Tuch, in ein anderes Glaß, so ist er bereitet.

Wann man nun diesen Fürniß gebrauchen will, stellet man das Glaß, worinnen der Fürniß, in ein Becken mit Wasser, so auf einer Kohlen-Glut stehen solle, damit der Fürniß auch fein laulicht und flüßig wird, so kan man desto besser mit solchem hernach im Mahlen oder überstreichen fortkommen, läßt sich viel besser ausziehen, auch ist es gut, so man dasjenige, so verguldet werden solle, auch erwarmen läßt, dann also kann man mit verguldet, was man nur selber will, es hält über alle massen,

sen, auch in der schärffsten Laugen. NB. Mit Spiritu Vini aber läßt er sich wieder wegwaschen.

## §. 291. Einen fürtrflich schönen weissen Fürniß zu machen.

Nehmet Mastix 2. Quintlein, Gummi Sandaraca, Silberglätt, jedes 3. Loth, Lein-Oehl 6. Loth, weissen Vitriol, gelben Agtstein, jedes 1. Loth, Terpentin, Terpentin-Oehl, jedes 4. Loth, Venedisch-Glaß, 1. Loth, kochet es, und lasset es durch ein Tuch in ein sauber Glas lauffen, so ist er fertig.

## §. 292. Einen schönen Glantz-Fürniß, so dem Chinesischen gleich kommt, zu machen.

Nimm zu einer Maas des allerstärckesten und besten Brandtenweins, des schönsten Sandaraca 8. Loth, Colophonii 4. Loth, des besten Gummi Laccæ in granis, 8. Loth, thue alles in ein sauber darzu gehöriges Glas, verbind es auf das beste, und lasse es 24. Stunden weichen, alsdenn in einen Kessel mit Wasser, oder in einem Balneo Mariæ 3. oder 4. Stunden kochen, damit sich die Gummata wohl auflösen, dann giesse solchen also heiß durch ein rein sauberes Tuch, und lasse es in einem vest verbundenen Glaß erkalten.

NB. Was man für mit Spiritu Vini extrahirte Farben darein geußt, also färbt sich, und theilet solche auch hernach im Gebrauch und Anstrich mit. Der Spiritus Vini muß aber biß auf ein Oehl abgezogen seyn.

## §. 293. Will man aus vorgemeltem Fürniß einen schönen Gold- und Metallen-Fürniß bereiten, so mache es also:

Man nimmt zu einem viertel Pfund hoch rectificirten Spiritus Vini, des feinesten zart pulvirisirten Drachen-Blutes 5. Loth, der schönsten rothen Alkannæ-Wurtzel, 3. Loth, laß es 3. oder 4. Stunden zum längsten, in der Wärme solviren und extrahiren, seihet es hernach durch eine schöne Leinwand, damit es fein sauber wird, dann thue von solchem Fürniß q. s. in obigen schönen Lacc-Fürniß.

Ferner nimm zu einem viertel Pfund rectificirten Spiritus Vini, Aloes succotrini 3. Loth, Gurgumä 3. Loth, mache beydes zu feinem Pulver, und lasse es in dem Spiritu Vini extrahiren so viel es kan, wie obgemeldet, dann filtrire es durch ein neu rein Tuch, und thue hernach davon in den mit dem rothen Spiritus Vini vermischten Lacc-Fürnis, so viel biß er die Gold-Farbe gefüllet, und vermache solchen wohl.

## §. 294. Guten Lacc-Fürniß zu machen.

Nimm des besten Spiritus Vini rectificatissimi 1. Pfund, sehr fein gestossenen Lacc 9. Loth, laß es in der Sonnen, oder in einer gelinden Wärme wohl verbunden, solviren, schüttle es offt untereinander, endlich durch ein dick leinenes Tuch gezwungen, was davon zurück bleibet, ist untüchtig.

§. 295.

## §. 295. Noch ein anderer schöner Lacc-Fürniß.

Nimm Spiritus Vini rectificatiss. 1. Pfund, des schönsten Gummi Laccæ 10. Loth, Sandaraca 4. Loth, pulverisire beyde Gummata klein, dann lasse es wie obgemeldet in dem Spiritu Vini zergehen und solviren, zwinge es endlich durch ein Tuch, oder dicke Leinwand, lasse es etliche Tage also stehen, so ist das Lautere oben auf, das scheide von einander.

## §. 296. Einen schönen schwartzen Fürniß zuzubereiten.

Nehmet Mastix 1. Quintlein, Gummi Lacca anderthalb Quintlein, gelben Agtstein, Silberglätt, jedes 3. Quintlein, Juden-Pech anderthalb Quintlein, Schiff-Pech, ein halb Quintlein, Lein-Oehl ein halb Pfund, ein wenig Terpentin, und siedet nach der Kunst einen Fürniß daraus.

## §. 297. Rothen Fürniß zu machen.

Nehmet einen halben Schoppen Spiritus Vini, dritthalb Untzen zu Pulver gemachten Drachenbluts, anderthalb Untzen rohte Ochsenzungen-Wurtzel, lasset es 4. oder 5. Stunden zum längsten, in der Wärme des Feuers stehen, hernach seiget es durch ein leinen Tüchlein, und thut darzu einen halben Schoppen klaren oder einfachen Fürniß, so wird er schön roth seyn.

## §. 298. Den klaren Fürniß zu machen.

Nehmet ein halb Pfund Spiritus Vini, 3.

Untzen Gummi Lacca, und 1. Untze Sandaraca zu einem feinen Pulver gemachet, und lasset es beym Feuer zergehen, hernach durch ein leinen Tüchelein getrücket: Hierauf lasset es 3. oder 4. Tage stehen, und denn giesset das helle, so oben stehet, aus, in ein rein Gefäß.

## §. 299. Ein schöner Gold-Fürniß.

Nimm 2. Loth Gummi Laccæ, so klar und sauber, 2. Loth schönen gelben Agtstein, 1. viertel Untze Sandaraca, 2. Loth Aloepatica, lasse solche mit Spick-Oehl in einem Digerir-Kolben, so der Kunst nach wohl vermacht bey einem kleinen Feuer stehen, und sieden, und wenn es siedet, so thue einen Löffel voll Lein-Oehl darein, hernach so es halb erkaltet, so lasse es durch einen zarten Leinwand gehen, und wieder ruhen, und trage solches mit einem Pinsel auf, alsdenn überfahre es noch zwey oder dreymahl mit weissem klarem Fürniß von Spiritu Vini und Terpentin darauf.

### Noch ein anderes:

Nimm eine Maas Spiritus Vini rectificatissimi, schönen Gummi-Lacc 16. Loth, Gummi Gutra anderthalb Loth, Aloepatica, 1. Loth, schönen Sandaraca 4. Loth, Cyprianischen Terpentin 3. Loth, damit verfahre wie es recht, so bekommst du einen schönen Gold-Fürniß, der gerne und bald trocknet.

## §. 300. Fürtrefflichen Glantz-Fürniß zu präpariren.

Nimm Gummi Capall soviel du willst, stosse solchen

solchen klein, und giesse 3. Quer Finger hoch Spick-Oehl darauf, und stelle es etliche Tage in gelinde Wärme, so solviret sich der Gummi Capall. und giebt einen überaus schönen Glantz-Fürniß, man kan solchen auch, anstatt des Spick-Oehls mit rectificirtem Spiritu Vini machen, es gehören aber sonderliche Handgriffe darzu, dann der Gummi Capall, solviret sich gar ungerne in denselben.

## §. 301. Einen recht schönen weissen Glantz-Fürniß zu machen, den man zu allerhand Arbeiten gebrauchen kan.

Nimm Sandaraca 4. Loth, schönen Agtstein 2. Loth, des allerstärckesten Rheinischen Brandtenweins eine halbe Maas, der Sandarac muß sehr rein und gewaschen seyn, in einem Eßig oder scharfer Laugen, daß er schön weiß wird, nach diesem soll man ihn trocknen lassen, alsdenn zu subtilem Pulver stossen, klar durchsieben, und solchen in den halben Theil des Brandtenweins gethan, in ein besonderes Glas, alsdenn wohl verbunden, muß selbiger offt und wohl umgerüttelt werden, eine halbe Stunde lang continuirlich, damit er sich nicht an den Boden anlege, dann mag er stehen 2. oder 3. Tage, auch länger, dann filtriret werden, daß das Dicke zurück bleibet, und der Glantz-Fürniß durch das Pappier lauffe, nach diesem solle es eben auch so mit dem weissen Agtstein gethan werden, in ein besonders Glaß, so dieses alles geschehen, soll in die beyde besondere Gläser allwo der Brantenwein zusammen gegossen worden, ein halb Loth Cyprianischer Terpentin, auch 2. Loth Terpentin-Oehl darzu gethan, solches einen Tag stehen gelassen, damit er sich untereinander incorporire, alsdenn ist der Fůrniß fertig.

## §. 302. Bilder-Leim, oder Grund zum laquiren.

Nimm eine Handvoll Pergament-Abschnitte, die man von den Buchbindern haben kan, und thut eine Maas Wasser in einen neuen Topf, auch obige Pergament-Spåhne darzu. Dieses kochet man ohngefehr eine Stunde beym Feuer, seiget es hernach durch ein doppeltes Tuch; Mit diesem Wasser wird das Holtz, oder die Bilder, so man lacquiren will, erst ůberstrichen, und gleichsam der Grund damit geleget.

## §. 303. Wie man allerhand Holtz-Werck lacquiren kan.

Wann man weich oder Tannen-Holtz lacquiren will, so muß dasselbe erstlich allezeit mit dem vorgemeldten Bilder Leim oder Grund ůberstrichen werden, und dieses muß man auch bey festem Holtz observiren. Nur ist bey dem weichen Holtz vornehmlich dieses zu bemercken, daß man sich von einem Mahler etliche Loth Bleyweiß auf dem Farbe-Stein aufs kleineste reiben låsset, welches mit blossem Wasser geschehen kan: Solches vermischet nachmahls wieder mit mehr erwehntem Leim oder Grunde, doch, daß es nicht zu dünne, sondern etwas dicklicht bleibe, und überstreichet das Holtzwerck damit 2. oder dreymahl. Man muß aber damit ja nicht zu starck an die Hitze kommen, weilen es nicht so beständig ist, als wenn es allgemach trocken wird. Wenn es nun in etlichen Stunden hart worden, so reibet man selbiges mit dem sogenannten Schachtel-Halm, welcher etwas feucht gemacht werden muß, und zwar mit laulichtem Wasser; An denen Oertern, wo es ungleich, muß es sauber und glatt gemachet, und letztlich wohl abgewischet werden, damit keine Feuchtigkeit mehr daran zu finden sey.

Vorgedachten Schachtel-Halm, welches eine sonderliche Art von Rohr ist, kan man um geringen Preiß von denen Drechslern oder Schreinern bekommen.

Darauf lacquiret nun mit Farben, wie folget: Zum Exempel, wenn mans roth haben will, thut man in ein sauber Schüsselgen oder Näpgen aufs kleineste geriebenen Zinober, giesset den vorgemeldten Lacq darzu, so viel als man vor gut befindet, und daß es nicht zu dünne wird, damit bestreichet eure Arbeit 2. biß 3mahl. Wenn es fest und trucken worden, so überstreichet solches wieder ein paar mahl mit purem Lacq, und wenn es trocken, lässet man nach Belieben mit allerhand Wasser-Farbe, welche doch starck mit Gummi angemachet werden muß, darauf mahlen.

Mit

Mit dem Gold und Silber ist nichts weiters zu observiren, als daß man die Figuren, welche man mit Gold haben will, auf einen Gold-Grund legen muß, und dann mit Wasser Farben auszeichnet. Wenn nun das Gemahlte alles wohl trocken worden, so hat man sich sehr wohl in Acht zu nehmen, daß man behutsam, mit vorgedachtem Lacq das gemachte überstreiche, daß nichts abgehe, und lässet es das erste mahl wohl trucken werden. Alsdenn überstreichet die Arbeit noch 3. bis 6. mahl mit dem puren Lacq, und setzet es etliche Tage in gelinde Wärme, dazu kein Staub kommet, so bekommt es kleine Ritzgen, worauf man, wie vorgezeiget worden, mit der Polirung verfahren muß, und so weiter mit allen Farben. Man kan auch vorbeschriebene Fürnisse gebrauchen.

## §. 304. Florentiner Lacq zu präpariren.

Nehmet 3. Schoppen Wasser, welches durch keine bleyerne Röhre geleitet worden, thut es in einen glasurten Topf, setzet ihn auf ein Kohl-Feuer, und wenn es sieden will, so werffet eine halbe oder viertel Untze von Cachau-Körner wohl gepulvert darein, lasset es also ungefehr 3. Viertel Stunden sieden, so, daß ohngefehr 3. Viertels Theil vom Wasser eingesotten. Ferners seihet man durch ein anderes glasurtes Geschirr, und lässet es abermahls heiß werden, daß es anfänget zu sieden: Alsdenn thut eine Untze Cochenille und eine viertel Untze Rocort darein, ein jedes absonderlich gepulvert, und lasset es abermahl halb einsieden, bis es schön roth wird, und einen schwartzen Schaum bekommet: Denn durch das Sieden bekommt es die rechte Farbe, hebets hernach vom Feuer, thut eine halbe Untze gepulverten gemeinen, oder Römischen Alaun, der röthlicht, und besser ist, darein. Eine halbe viertel Stunde darnach schüttet es durch ein Tuch, in eine glasurte Schüssel oder Schaale, darnach lasset es 14. Tage ruhen, so werdet ihr sehen, daß es eine schöne helle Haut bekommt, die nimmt man mit einem Schwamm hinweg, damit die untere Materie an der Lufft bleibe. Wenn denn das darob schwimmende Wasser evaporiret, so lasset die überbleibende Materie wohl trocknen, reibet es auf einem harten und glatten Stein, und schlagets durch ein gar zartes Sieblein.

NB. Man kan die Dosin von obiger Materie nach Belieben nehmen, nachdem man die Farbe zu haben verlanget, weniger oder mehr; will man es wohl roth haben, so nimmt man desto mehr Rocort: will man es Carmesin haben, so nimmt man mehr Cochenille, doch muß jedes besonders gepulvert werden, und das Cachau erstlich alleine gesotten werden.

## §. 305. Ultramarin zu machen.

Nehmet ein Pfund Lasur-Stein, und calciniret ihn in einem Schmeltz-Tiegel, bedecket ihn mit Oehl, und wenn es genugsam calciniret ist, so werffet ihn in Wein-Eßig, daß er zerfalle; hernach, wenn er trocken worden, stosset ihn in

einem

einem kupfern oder meßingenen Mörsel, und reibet ihn auf einer Meer-Muschel, mit Nuß- oder Spick-Oehl, welches letztere besser ist, und reibet ihn sehr fein, und nicht allzu klar, hernach nehmet gemeldten Lasur-Stein gläntzend zu machen, 1. Pfund Lein-Oehl, 1. Pfund weiß Wachs, 1. Pfund Hartz, 1. Pfund Burgundisch Pech, 1. Pfund Terpentin, ein halb Pfund Colophonien, und thut alle diese Dinge in einen neuen Topf, lasset es bey gelindem Feuer sittiglich schmeltzen, und verhütet, daß es nicht koche, rühret es jederzeit um mit einem Stock, bis es wohl mit einander vereiniget sey, hernach thut die Massa eures Steins hinein, und ziehet mit einem höltzernen Spattel die Materie heraus, und leget sie auf ein höltzern Brett oder steinerne Tafel, und kehret sie von einer Seiten zur andern: Hernach sollet ihr ein klein Gefäß haben, darinnen laulicht Wasser ist, welches über eure Massa lauffen soll, und die Lasur-Farbe oder Ultra Marin heraus gehen machen wird, welches in einer irrdenen Schaale, so auf der Tafel stehen soll, empfangen werden muß: Hernach giesset das Wasser allsachte ab, oder filtriret es durch, nach eurem Gutdüncken, und wiederholet das offt mit dem laulichten Wasser, so werdet ihr das allervollkommenste Ultramarin haben.

## §. 306. Den besten Lasur zu machen.

Nehmet 2. Loth Silber mit Aquafort calciniret, 3. Quintlein Salpeter oder Salmiac und Eßig, so viel dessen genug ist, mischet es unter einander, und lasset es stehen, bis die Materie niedersincket. Wenn denn der Eßig oben schwimmet, so nehmet ihn allmählig weg, thut die Materie, die auf dem Boden blieben, in ein gläsernes Kölblein, vermachet es wohl, und lasset es 25. Tage im Pferd-Mist vergraben stehen, so wird es sehr schön seyn.

Oder:

Nehmet Blech von feinem Silber, so groß als ein halber Thaler, und so dünn als ein Papier, thut sie zu einem Pfund scharffen Eßig, und 4. Loth Sal armoniac. klein pulverisiret, in einen neuen verglasurten Topf, machet denselben mit einem gewüchßten leinen Tuch oben wohl zu, und setzet es gegen 21. Tage unter warmen Pferde-Mist, so findet ihr die allerschönste Himmel-Blaue Farbe an den Blechen hangen, dieselbe schabet herab, lasset sie trucknen, und brauchet sie.

Ingleichem:

Nehmet Salmiac einen Theil, Grünspahn 2. Theile, stosset beyde Stücke zu Pulver, vermischets mit ein wenig Bleyweiß, hernach also mit einander mit dem Oehl von Weistein, und setzet es in einem wohl verstopften und verklebten Glaß, mit dem Brod in einen Back-Ofen, denn sobald das Brod gebacken ist, so ist auch diese Farbe bereitet und fertig.

Ein anderes:

Nehmet gebrannt Kupfer und Weinhefen, jedes 4. Loth, ungeschmeltzt oder lebendigen

Schwefel

Schwefel 2. Loth, stosset es zu Pulver, vermischet es mit Eßig oder Urin, thut es in ein wohl verstopfet Geschirr, und lasset es 15. Tage also stehen, so wird es, wie es seyn soll.

## §. 307. Perlein zu machen, die so schön, als die natürlichen aussehen.

Nimm Stampf-Perlein der allerschönsten und grössesten, stosse sie, und laß sie in Alaun-Wasser auflösen, welches das gantze Geheimnuß ist, hernach knete sie, und wasche die Massa fein sänfftiglich mit destillirtem Wasser, und knete sie wieder mit Bohnen-Blüth-Wasser, hernach lasse sie digeriren in Roß-Mist 15. Tage lang, wann sie nun in Gestalt eines Teiges sind, so mache in einer silbernen Forme Perlein davon, und durchbohre sie mit einer Schweins-Borsten, hänge sie in einen wohlvermachten Kolben, damit sie die Lufft nicht verändere, hernach lasse sie auf folgende Art backen.

Wickle ein jedes besonder in ein Silber-Blatt, mit diesem lege sie in einen Teig von Rocken-Mehl gemacht, und lasse sie in einem Back-Ofen wie Brod backen, wann sie nicht Glantz genug haben, so mache ein Wasser von Tuli-Kraut, (Färber-Röthe genannt,) 6. Untzen zu Pulver gemachten Perlein, 1. Untze Salpeter, 2. Untzen Alaun und Silberglätt, wann nun die Perlein aus dem Ofen kommen, und haben ihre rechte Farbe nicht, so mache dieselbe ein wenig warm, uud lösche sie in diesem gemachten Wasser wieder ab, lasse sie wieder trocknen, und thue es zum fůnften mahl also. Dieses aber habe nicht selbst probirt.

Eine andere Gattung:

Machet Perlein-Mutter zu dem allerfeinesten Pulver, seihet es durch ein Sieb, thut darzu Gersten-Mehl, mischet es mit Mayen-Thau wohl unter einander, und machet einen Teig daraus: Aus demselben formiret Perlen, machet Lőcher darein mit Schweins-Borsten, und lasset sie an den Borsten wohl trucken werden.

Oder:

Nehmet Schnecken-Håuslein, die bey dem Wasser liegen, und recht rein sind, machet eine Lauge, siedet sie darinnen, bis das schwartze herab gehet, hernach stosset sie zu Pulver, und siebet sie durch; ferners, nehmet Thau, welcher des Morgens frühe auf dem Feld fället; zu welchem Ende man des Nachts ein Tůchlein auf das Feld legen, und dieses des Morgens auswinden kan. Mit diesem Thau vermischet Crystall- und Schnecken-Pulver, nehmet Eyer-Klar darzu, machet es als einen Teig, aus diesem formiret Perlein, so groß ihr wollet, machet mit einer Schweins-Borsten Lőcher dadurch, darnach lasset sie an der Sonnen trocknen, alsdenn siedet solche in starckem Wein, daß sie einen starcken Wall damit thun, darauf trocknet sie wieder an der Sonnen, hernach lasset sie in einem verglasurten Hafen mit Baum-Oehl sieden, doch, daß es nicht übergehe: wenn sie ein wenig darinn gesotten, so seihet das Oehl davon ab, leget die Perlein in ein lauteres heisses Wasser, waschet sie darinn rein und sauber, ziehet die säubersten heraus, lasset sie wieder an der Sonnen trocknen; alsdenn nehmet einen neuen glasurten Topf, thut Quecksilber darein, und schüttet die Perlein mit klarem Thau darauf, so hänget sich das Quecksilber daran, reibet sie hernach mit Weitzen-Kleyen und Saltz, wischet sie trucken ab, so sind sie denen natürlichen Perlein gleich.

## §. 308. Unreine Perlein gantz schön und weiß zu machen.

Nimm Tauben-Koth, feuchte denselben an mit Alaun-Wasser, daß er wird wie ein Muß, das thue in ein Glaß, daß es den vierten Theil voll werde; darnach lege die gelbe oder abgeschossene Perlein darein, daß sie wohl bedecket sind, und setze es auf eine warme Stelle hinter den Ofen, lasse es in einer solchen Wärme vier Wochen stehen; hernach nimm die Perlein heraus, und wirf dieselben in ein frisches und kaltes Alaun-Wasser, truckne sie hernach wieder rein ab, so werden sie schön und schneeweiß ausfallen. Auf diese Weise können sie zum dritten mahl mit frischer Materie tractiret werden.

### Ein anderes.

## Unreine, fleckigte, gelbe und veraltete Perlein auf das schönste weiß, rein und sauber zu machen.

Sammlet im Mayen vor der Sonnen Aufgang des Thaues, so auf dem Lattich gefunden wird, so viel man nöthig hat; in solchen leget man die Perlein auf 24. Stunden lang, reibet sie dann wohl ab, so werden sie schön hell und rein; diese Kunst ist dahero vor andern probabel, weil alle Perlein vom blossen Thau generiret werden.

## Noch ein anders:

## Die Perlein schön weiß zu machen.

Lege dieselbe von Morgens bis auf den Abend, oder 12. Stunden lang in guten Wein-Eßig, hernach nimm Bleyweiß, thue es in rein und lauter Wasser, und die Perlein aus dem Eßig auch in dieses Wasser, lasse es 2. Stunden stehen, alsdenn reibe das Bleyweiß in einem frischem Wasser so lang, als die Perlein gestanden sind, hernacher reibe die Perlein in diesem geriebenen Bleyweiß-Wasser, und zuletzt aus einem klaren Wasser, so werden sie fein weiß.

## §. 309. Einen Rubin zu machen.

Nehmet 8. Loth Alcali, 6. Loth pulverisirten Chrystall, 2. Loth geschlagen Kupfer oder Kupfer-Schlag, 6. Gran Gold-Blätter, mischet alles unter einander, lassets in einem Goldschmieds-Tiegel bey einem Reverberir-Feuer fliessen, darauf lasset das Feuer allgemählig abgehen, und wenn der Tiegel kalt, so nehmet es heraus, und lassets poliren.

Oder:

Nehme gestossenes Auripigment. thue es in einem runden Geschirr zum Feuer, so findest du in dem Hals des Geschirrs die Rubinlein.

## §. 310. Einen Saphir zu machen.

Nehmet 10. Loth gepülvertes Glas, und halb so viel präparirte Zaffera, 5. Loth Salpeter, wie auch so viel oder etwas mehr Pott-Asche, thut es in einen Tiegel, und lasset es 26. Stunden fliessen.

## §. 311. Einen Schmaragd zu machen.

Nehmet Weinstein-Saltz, Soda-Saltz, jedes 2. Loth, Crystall, Bleyweiß, jedes 4. Loth, braun calcinirtes Kupfer 8. Gran, nehmt man aber 16. Gran, so wird es desto schöner, lasset alles zusammen 24. Stunden mit einander fliessen, hernach erkalten, so ist es fertig.

### Ein schöner Schmaragd-Fluß.

Nimm gefeilt Zinn 9. Loth, solvire es in Aquafort, 2. Loth Vitriol und 3. Loth Salpeter, den Calcem süsse ab mit Brunnen-Wasser, darzu nimm 18. Loth Antimonii, zu 9. mahlen calcinirt, bis er nicht mehr rauche, schmeltze die beyde Calces zusammen, so bekommst du einen Chrysolit oder Schmaragd.

### Auf eine andere Art.

Nehme Crystallines Glas, Kiesel-Steine, und ein wenig Berg-Zinnober; andere setzen hinzu gebrannt Ertz oder Kupfer, zu zartem oder klarem Mehl pulverisirt, nebst halb so viel Croci Martis, lasset es 8. Stunden mit einander fliessen, und das Geschirr von sich selbst erkalten, alsdenn poliret den Stein, so wird ein schöner Schmaragd daraus.

### Noch anderst.

Nehmet Crystallen ein halbes Loth, Bley-Menning anderthalb Loth, Grünspahn 1. Quintlein, gebt ihme wenig Feuer, oder setzet es mitten in den Ofen gegen das Ofen-Loch.

## §. 312. Einen unreinen Rubin rein zu machen.

Nimm weisse Kiesel-Steine, thue deren so viel, als du willst, in einen glasurten Topf, verlutire denselben wohl, setze ihn in ein starckes Feuer, laß alles wohl glüen, lösche sie in einem starcken Wein-Eßig ab, das thue so offt, bis alles von einander fällt; den Eßig koche ein, thue die Massa in einen Tiegel, schmeltze es zu einem Stein, diesen stosse zu reinem Pulver. Von solchem Pulver nimm 1. Loth, klein geriebenen Zinnober 2. Loth, thue es vermischet in einen Glaß-Kolben, übergiesse es mit nachfolgendem Mercurial Wasser, daß es wie ein Bley werde, in denselbigen lege den Rubin, setze es 12. Tage lang in gelinde Wärme, alsdann nimm ihn heraus, reinige ihn mit Wasser, so wird er gut seyn.

## §. 313. Einen schönen Amethist zu machen.

Machet Flinten-Steine zu feinem Pulver, beutle dieselbe durch ein Tuch, dessen nehmet 3. Quintlein, fixum nitrum 1. Quintltin, Borras 3. Quintlein, Tincturam Veneris und Martis 54. Gran, Magnesia 5. Gran, diese beyde Tincturen mischet erst wohl mit einander, alsdenn vermenget sie mit dem andern Stück,

fol-

folgends thut den Fluß von Nitro und Borras, auch wohl vermischet darzu, setzet es in einen Schmeltz-Tiegel in den Wind-Ofen, gebt Anfangs gelinde Feuer, bis es glüet, und also hält mans eine Viertel Stunde, alsdenn gibt man ihm 2. oder 3. Stunden starck Feuer, endlich giesset man es aus in die Form, und lässet es allgemach kalt werden, damit es nicht reisse, oder von einander springe.

Das *Nitrum fixum* zu obigem zu machen.

Nehmet ein Stück grün Eichen-Holtz, 2. Finger dick, leget es auf eine eiserne Platte, thut mitten auf das Holtz ein klein Häufflein Salpeter, zündet es an, und dieses thut so offt, bis das Holtz durchgebrannt ist, und der Salpeter auf das Eisen laufet: Es wird im Anfang blau, hernach grünlicht. Es will warm und trocken gehalten werden, daß es nicht schmeltze. Man kan auf diese Weise machen so viel, als man will.

## §. 314. Einen Opal von raren Farben zu machen.

Nehmet einen blauen Fluß, leget den in einen Schmeltz-Tiegel, bedecket ihn oben, unten und neben herum mit Eisen-Feile, gib ihme nur eine solche Hitze, daß es nicht schmeltzen könne, so werden die Vapores verri es zu einem raren Opal von allerley Farben machen.

## §. 315. Einen Saphir zum Diamanten zu machen.

Wenn der Saphir wohl gläntzend, aber doch ziemlich blaß ist, so wird er mit Gold zusamsammen gefüget, und bey lindem Feuer so lange gelassen, bis das Gold schmeltzet: Wenn er 3. oder 4. Stunden in der Hitze gestanden, nimmt man ihn heraus, daß er allgemach abkühlet, so findet man einen Diamant, und die blaue Farbe verlieret sich, darum die bleichesten Saphir die besten hierzu sind: Er blincket sehr wegen Härte des Saphirs. Andere kochen den Saphir nicht in Golde, sondern begraben ihn allein in Kreide, und legen ihn ins Feuer, es gehet eben sowohl an, es muß aber per gradus beydes erhitzet und abgekühlet werden; bleibet ein Flecken daran, so ist er gewiß vorhero darinn gewesen.

Ein anderes:

Nimm oder lege den Saphir in ein abgefeilt Eisen, lasse es bey starckem Feuer glüend werden, bis er die vollkommene Diamanten-Farbe bekommet.

## §. 316. Weiß Kupfer zu machen, so den Strich als 10. Löthig Silber hält.

Man lässet in einem Tiegel 8. Loth klein zerschnitten Kupfer fliessen, und wirfft darauf nachgesetztes Pulver, welches also präpariret wird: Man thut in einen kleinen Tiegel 2. Loth Arsenicum album, 4. Loth gemein Saltz, 4. Loth Salpeter, 2. Loth Pott-Aschen, und mischet es im Tiegel unter einander, solchen setzet man ins Feuer unter einen Schornstein, und lassets darinnen so lange stehen, bis es fast keinen Dampf mehr von sich giebet; vor welchem Dampf man sich aber hüten, und nur von fernen stehen muß. Von diesem Pulver träget man 2. Loth auf die vorgeschmoltzene 8. Loth Kupfer; darauf wirfft man 4. Loth des allersubtilest-geschlagenen Messings, wieder umgerühret, und wenn beydes im Fluß stehet, wirfft man 4. Loth fein Silber darauf, und lässets wohl mit einander fliessen. Indessen wird es mit einem glüenden Eisen wohl unter einander gerühret und ausgegossen. Aus diesem Metall kan allerhand gegossene und geschlagene Arbeit verfertiget werden.

Ein anderes:

Nimm 12. Loth Kupfer, 4. Loth Lahn- oder Meßing-Gold, 2. Loth purgirten Arsenicum, 4. Loth weissen Weinstein, 4. Loth Venedisch Glaß 1. Loth gemein Saltz, 1. Quintlein runder halb Wurtz, 1. Quintlein Catapuciæ, lasse es 2. Stunden im Feuer stehen, es wird so schön als 10. Löthig Silber.

Noch ein anderes:

Nimm weissen Arsenicum und pulverisirte Venedische Seiffen, jedes 1. Pfund, reibe es in einem Mörsel, (noch besser auf einem Stein) wohl unter einander, thue es in einen beschlagenen Kolben samt seinem Helm, lasse die Feuchtigkeit davon gehen, und so es sich anfängt zu sublimiren, verstopfe den Schnabel mit einem Luto, oder destillire die Seiffen fein darvon, und sublimire hernach das Arsenicum, welches dunckel-grau seyn wird, darnach nimm einen Theil Silber, und den dritten Theil Kupfer, schmeltze es mit einander, und wirff ein wenig

von

von dem sublimirten Pulver darauf, und rühre es mit einem Höltzlein um, giesse es aus, lasse daraus machen, was du willst, und siede es in dem nachfolgendem:

Nimm Schwefel und Vitriol, jedes ein Pfund, Saltz und Weinstein, jedes anderthalb Pfund, so wird es röthlicht; darnach siede es allein mit dem Weinstein, so wird es schön und weiß.

## §. 317. Ein Aurum Sophisticum, so dem Cronen-Golde gleich, zu präpariren, woraus man allerhand Arbeit verfertigen kan.

Nehmet 12. Loth destillirten Grünspahn, vier Loth Gurcumæ, 4. Loth Tutia Alexandrina, 2. Loth Borrax, 4. Loth Pottasche; diese 5. Species werden aufs kleineste zu Mehl gemachet, und unter einander gemischet: Darauf giesset man 4. bis 5. Loth Lein-Oehl, und mischet es nachmahls unter einander, daß es alles wohl feucht werde: Darauf hat man einen Tiegel im Wind-Ofen stehen, so über und über glüet, und träget die obige Materie in einem Löffel successive ein; wenn alles eingetragen, und die Massa im Feuer 3. Stunden lang gestanden, nimmt man den Tiegel heraus, lässet solchen erkalten, und schläget selbigen entzwey, so wird man die Massa finden, wie der Titul zeiget. Nur dieses ist dabey zu observiren, daß, wenn noch einige kleine Gold-Körnergen sich zeigen, man die gantze Materie zusammen nehme, und mit 2. Loth Pott-

Asche, auch 2. Loth gemeinem Saltz vermische, nochmahls in einen Tiegel setzet, und fliessen lässet, so wird sich alles auf dem Tiegel in einem Stück zusammen finden, wenn selbiger heraus genommen, von sich selber kalt, und entzwey geschmissen worden ist.

## §. 318. Mercurium zu purgiren.

Nehmet starcken Eßig, der 3. mahl destilliret ist, und ein Pfund guten Salpeter, destilliret daraus per Alembicum, ein Wasser, daß er gar starck mit seinen Spiritibus herüber komme, solches nehmet, und giesset über ein Pfund rohen Mercurii, daß es wohl darüber gehe, setzet es 18. Tage lang in eine gelinde Wärme, so findet ihr einen schwartzen Schaum auf dem Eßig, den giesset ab, und einen frischen darauf, lasset ihn 3. Tage daran stehen, so gibt er eine Röthe, alsdenn ist er trefflich gereiniget.

## §. 319. Mercurium zu figiren.

Nehmet anderthalb Loth Grünspahn, und ein Loth rohen Mercurium, impostiret ihn in den Grünspahn, und sublimiret ihn in einem irrdenen verglasurten Geschirr so lange auf, bis der Mercurius alle bey dem Grünspahn bleibe, so ist er fix. Nun nehmet die gantze Substanz, reibet sie gar klein, thut sie in einen guten Scheide-Krug, lasset es in einer guten Kohlen-Glut per latus destilliren, und treibet es starck; was nicht fix ist, das steiget vom Grünspahn auf. Nehmet den Grünspahn allesamt, und reduciret ihn mit folgendem Fluß zu einem lauteren Kupfer, das setzet mit gemeinem Bley auf einen Topf, lasset es abgehen, so bleibet des besten Silbers, so gültig ist, 3. Quintlein, von einem Loth Mercurii. Der Fluß ist dieser: Nehmet Urin, siedet ihn zu einem Stein, und lasset den Spiritum davon verriechen, diesen nehmet, und dreymahl so viel rohen Weinstein darzu.

## §. 320. Den sogenannten coagulirten und Goldgelben Mercurium zu machen, so sich dem schönsten Gold gleich träget, und grosser Tugenden gerühmet wird.

Nimmt eine neue Pfannen und ein eisernes Schäuffelein, giesset darein 2. Maaß des stärckesten und besten Wein-Eßigs, 2. Pfund gemeinen Grünspahn, ein halb Pfund guten Vitriol, 8. Loth Saltz, läßt es mit einander sieden und kochen, bis der Vitriol und Saltz zergangen ist, dann schüttet man darein 2. Pfund Mercurii vivi, läßt solchen mit stetigem Umrühren und Kochen, so lange, bis er sich mit dem Schäufflein, wie ein Teiglein heben lässet, dann giesset man die Brühe darvon, wäscht mit warmem Wasser solchen so lang aus, bis er gantz schön weiß wird, dann drucket man solchen durch ein Leder, was zurücke bleibet, streichet man auf einem höltzernen Teller aus, setzet es in die Lufft, so wird er so hart wie ein Glaß, dann nimmt man auf ein halb Pfund dessen, 8. Loth Tutiæ Alexandrinæ crudæ, und 8. Loth gemahlen Gurgumæ, reibet und vermischet beydes wohl unter einander, und macht also in einem neuen reinen Tiegel, mit solchem Pulver, und bemeldtem erhärteten Mercurio eine Lage um die andere, lutirt einen andern Tiegel darauf, laßt es ertrocknen, und setzt den Tiegel 2. Stunden in ein Cementir-Feuer, rucket das Feuer zuletzt eine Stunde an den Tiegel, dann läßt man solchen erkalten, so findet man nach Eröffnung desselben hernach solchen Mercurium, wie das schönste Cronen-Gold, daraus man dann allerhand schöne Geschmeide, wie aus dem fürnehmsten Gold kan machen und bereiten lassen, die dem Menschen sehr gesund zu tragen sind.

## Auf eine andere Art.

Nimm Grünspahn ein Theil, gemein Koch-Saltz 2. Theil, Ungarischen Vitriol 3. Theil, geuß darauf halb Wein-Eßig, und halb Lösch-Wasser, (von einem Schmied oder Schlosser,) lasse es Tag und Nacht darauf stehen, rühre es offt um, dann nimm eine neue eiserne Pfanne, mit einem starcken Boden, dann es frißt gerne durch, thue darein so schwer Mercurii vivi, so viel, als der obigen 3. Stücke, und giesse die obigen Materien darein, setze es auf ein gelindes Kohl-Feuerlein, daß der Eßig mit dem Wasser anfange zu sieden, rühre den Mercurium, so unten am Boden ligt, mit einem höltzernen Spattel wohl um, siehe auch zu, daß dir der Strudel von dem Sieden nicht entgegen gehe, so das Wasser einsiedet, so giesse mehr daran, hast du endlich keine solche Brühe mehr, wie oben, so nimm nur gemeines oder Lösch-Wasser;

dieses Kochen und Umrühren muß etliche Stunden geschehen, dann schaue, ob du solchen Mercurium mit der Schaufel heben kanst, und daß er aussiehet wie ein Teiglein, hernach gieß das Wasser ab, so gantz braun aussiehet, fein sachte, daß nichts von dem Mercurio mitlauffe, geuß etliche mahl Wasser über den Mercurium, bis du den Vitriol und Grünspahn abgeschwemmet hast, dann nimm den Mercurium, thue ihn in ein Leder, oder starcken dicken Barchent, und drücke denjenigen, so sich noch nicht coagulirt, darvon, was im Leder bleibet, nimm und formire kleine Kügelein daraus, laß in einem kühlen Keller oder Lufft erharten, und verfahre damit allerdings wie in vorhergehendem, so wirst du auch eine schöne, dem Rheinischen Golde gleiche Materie überkommen.

## §. 321. Eine gute Figirung des gemeinen Mercurii zu Golde.

Nehmet Eisen-Blech, und ziehet die Quintam Essentiam daraus mit gutem scharffen Eßig, der mit Weinstein-Saltz abgezogen, ziehet es ab, bis zur Oehligkeit, darnach nehmet gleichviel Weinstein-Oehl, und giesset es zu der Quinta Essentia: Von diesen beyden Oehlen nehmet 1. Loth, und thut es in ein Glaß, lassets zum Pulver eincoaguliren, das thut, bis ihr kein Oehl mehr habt, so hat sich die Quinta Essentia mit dem Weinstein-Oehl figiret, und ist das Pulver gantz fix worden. Darnach nehmet einen Ducaten, und viermahl so schwer ge-

gemeinen Mercurium, machet davon ein Amalgama, und giesset es in ein Loth guten gelben Schwefel, reibet es alles zu Pulver, und imbiret es 6. bis 7. mahl mit gutem Aquafort, daß sich der Mercurius wohl solvire und öffne: Darnach lasset wiederum ein Quintlein Schwefel zergehen, und rühret das Pulver also darein, daß es feine Küchlein werden: Diese nehmet und stratificiret sie mit dem obigen fixen Pulver, vermachet den Tiegel wohl, und hebet an zu cementiren, 3. Stunden gelinde, 3. etwas stärcker, und 3. Stund gar starck, so ist der Mercurius fix: Dieses alles nehmet und lasset es mit gleichviel Bley-Glas und gemeinem Saltz fliessen, darnach treibet es ab, so findet ihr ein Loth Gold.

## §. 322. Eine Tinctur, so alle Metallen vollkommen machet, auch schwere Kranckheiten heilet, und den Menschen bey langem Leben erhält.

Nehmet Schweffel aus denjenigen Bergen, darinnen Gold wächset, reibet ihn klein, und ziehet ihn, damit er gar rein werde, trucknet solchen aufs beste, thut ihn in eine Cucurbitam, giesset darauf folgendes Wasser, daß es ziemlich drüber gehe, vermachet das Glaß wohl, und setzet es zu putrificiren in Roß-Mist auf einen Monath lang: Darnach so destilliret das Wasser davon, bis auf die Olitæt, giesset ein frisches darauf, lassets in Balneo Mariæ stehen, bis 8. Tage und so viel Nächte um sind, darnach

nach ziehet die Wässerigkeit davon bis zur Oehligkeit; alsdenn setzet das Glas mit der Materie in ein Kohl-Feuer per latus, in ein Fürleg: Destillirets erstlich gemach, darnach stärcker, so wird ein Blut-rothes Oehl herüber steigen: Haltet das Feuer mit steter Hitze, bis alles herüber gekommen ist, denn nehmet das Oehl, rectificiret solches durch frische Gläser, wie ein verständiger Laborant wohl zu thun weiß. Nun nehmet 16. Loth lauffenden purgirten Mercurium, diesen thut in ein gut Cucurbit-Glas, giesset das gemachte Oehl darauf, daß es ziemlich drüber gehe; solches oben wohl vermacht, setzet in lind gefegte warme Aschen, lasset es eincoaguliren, bis es ein harter Stein wird, darnach nehmet die Materie alle aus dem Glase, reibets klein auf einem Marmor, und thut es wieder in ein frisch Glas, giesset abermahls des obgedachten Oehls drauf, daß es ziemlich drüber gehe, lassets sich wieder zu einem Stein coaguliren, so ist es alles fix und durchdringend, wie ein wahre Tinctur seyn solle.

## Zubereitung des obgemeldten Wassers.

Nehmet sehr starcken Wein-Eßig, schlaget ihn vor ein Fürlege-Glas, und treibet aus einem irrdenen Kruge die Spiritus darein, auf ein halb Pfund Eßig, Salpeter, calcinirten Weinstein, jedes ein Pfund mit einem halben Pfund Bolus Armeni: so ist dieses Wasser bereitet. Von dieser Tinctur nehmet einen Theil, lasset 100. Theil fein Gold fliessen, so wirds lauter Tinctur, davon nehmet einen Theil, lasset 1000. Theile

ge-

gereinigten Berg-Mercurium fliessen, und traget es drauf, lasset es auf 3. Viertel Stunden gehen, alsdenn giesset es aus, so habt ihr das beste Gold. Also lasset auch 1000. Theil fein Silber fliessen, das wird das beste Gold auf 24. Grad. Auf diese Art kan man auch mit andern Metallen verfahren.

NB. Durch dieses Arcanum wird die Wassersucht, Podagra, hinfallende Sucht, und andere grosse Kranckheiten curiret; auch bey hart Gebährerinnin thut solches unbeschreibliche Würckung.

## §. 323. Wie man den Leich der Fische auf eine besondere Art auffangen, und damit andere Teiche anfüllen könne.

Nimm die Wurtzel von einer Weiden die am Wasser gestanden, und sehr fahselicht seye, wasche davon die Erde rein ab, und binde dieselbe um Georgii in einen Teich an einem Pfahl, so werden die Fische sofort daran streichen, und ihren Saamen in Form der Krebs-Eyer, (nur daß sie nicht so roth seynd,) daran hängen lassen; hierauf aber solle man alle Tage gute Acht haben, dann wo der Sonnen-Hitze selbige begreiffet, so werden innerhalb 14. Tagen lebendige Fische daraus, und gehen darvon ab; weßwegen dann, sobald du siehest, daß sie daran gestrichen, den Pfahl mit der daran gebundenen Weiden ausheben, und den Saamen in einen andern Teich bringen sollest, so werden, wann du ermeldten

Pfahl so tief hinein schlägest, daß die daran gebundene Weiden-Wurtzel, woran der Saamen ist, etwas eine quere Hand tief unter das Wasser komme, in 14. Tagen eine ziemliche Menge Fische in selbigem Teich, wo du die Weiden-Wurtzel hingebracht hast, sich sehen lassen.

## §. 324. Alle Fische in einem Wasser an einem Ort zusammen zu bringen.

Koche Gersten in Wasser, bis sie aufkeimet, darzu thue Süßholtz, ein wenig Mumien und Honig, stosse alles in einem Mörsel, daß es so hart werde, wie ein Teig, diesen thue in eine Büchsen, und vermache sie wohl. Wann ihr nun an einem Ort fischen wollet, so nehmet darvon einer welschen Nuß groß, und lasset es in einem neuen irrdenen Topf kochen, mit zwey Handvoll neuer Gersten, und ein wenig Süßholtz, und lasset es so lange stehen, bis daß fast kein Wasser überbleibe, dann werffet es an das Ort, da ihr wollet, daß die Fische hinkommen sollen, ins Wasser, so werden sie sich alle dorthin versammlen.

## §. 325. Forellen in grosser Menge zu fangen.

Nimm die Naturalia eines Katters, lasse sie an der Lufft wohl trocknen, nachdem pulverisire sie gar wohl, und mische das Pulver unter Campher- Spick- und Storax-Oehl, mit etlich Gran Bisam, Zibeth und grauen Ambra; man kan auch darzu nehmen Anis- und Fenchel-Oehl, und mache aus dieser Mixtur einen Balsam. Stelle dir eine blecherne Büchse mit frischem Baum-Mooß zur Hand, in dieselbige thue Regen-Würmer, drey Tage und Nacht, daß sie wohl gereiniget werden. Wann nun dieses geschehen ist, so schmiere an das Moos ein wenig Balsam, so gehet der Geruch durch das Moos, und die Würmer nehmen es an. Von diesen Regen-Würmern nimm, thue sie an den Angel, und schmiere sie ein wenig mit diesem Balsam, so werden die Forellen Hauffen-weise an den Angel kommen.

## §. 326. Aale in grosser Menge zu ziehen.

Nimm eine Haut von einem Aal, zerhacke sie in kleine Stücklein, und wirf dieselbe in einen schlommig- und sümpfichten Weyher, so wirst du in einem Monath eine gantze Aal-Brut davon bekommen.

### Dieselbe leicht zu fangen.

Nimm Scolopendria marina oder Meerstein-Wurtzel eine Untze, oder so viel du willst, darunter mische Meer-Zwibeln, und wirffs ins Wasser, so kanst du dieselbe leicht fangen.

## §. 327. Wie die Karpfen am füglichsten zu versetzen.

Nimm von Leich-Karpfen 3. Rogner und 9. Milchner, an Georgi-Tag, und setze die in denjenigen Teich oder Wasser, wo du sie haben willst.

Die Leich-Karpfen an sich selbst aber sollen geschmeidig, von guter Gattung, und 5. oder 6. jährig seyn, ungefehr von 2. oder 3. Pfunden; dann wenn sie gar zu groß und fett in einem nahrhafften Teiche- oder zu alt, streichen sie nicht wohl, darum ist nicht so wohl auf die Grösse oder Kleine, als das Alter zu sehen.

Die Leich-Karpfen werden in solcher Zahl eingesetzet, daß allezeit 3. Milchner auf einen Rogner gerechnet werden, wie schon oben angewiesen worden.

Die Teiche aber, worein man Leich-Karpffen setzet, sind am allerbesten, wann sie sandig- und harten Boden auch starcke Sonne haben, da nicht viel Fluthen und keine Enten hinein fallen können. Es dürffen dieselbe auch nicht durch und durch eine Tieffe haben, sondern dörffen an einem Ort ziemlich flach seyn; damit aber auch keine Frösche sich darein setzen und dem Saamen Schaden thun, so kan im Martio der Froschleich ausgefischet werden.

## §. 328. Wann einer auf der Gräntze neben seinem Nachbarn Gehöltze oder Waldung hat, und das Wildprett gern auf sein Territorium gewöhnen möchte;

Derselbe gebe Achtung, wenn das Wild junget, daß er dazu komme, und das Häutlein, darinnen das Kalb gelegen, bekomme; wann er es nicht überkommen kan, so schiesse er ein Stück Wild, das trächtig ist, und nehme das Kalb mit dem Häutlein, stoß es mit den

Bei-

Beinen und allem zu einem Muße, und giesse das Wasser, das du im Wild, in der Blasen findest, darüber; thue viel Saltz, ein wenig Häckerling auch alten Back-Ofen-Leimen darauf, und was mehr zu einer Lacke erfordert wird, hernach mache es fein dick auf breite alte Stämme. Arbeite die obbemeldten Stücke gar wohl durch einander, und mercke, wo das Wildprett seinen Gang hat, da lege es hin, bis zu dem Ort, da sichs gerne niederleget, und seine Waide nimmt, da mache es in eine Revier herum. Behalte auch von dem Häutlein und obgemeldter Materie etwas übrig, das dörre wohl, und pulverisire es, nimm das Pulver, und lege es an einem Wind-stillen Ort, auf die Stämme oder Stumpen, daß das Wildprett darzu kan, es nimmts gar gerne, und wenn es einmahl dabey gewesen und genommen hat, so bleibet es nicht davon, sondern suchet solches Tag und Nacht; wann es nun 3. 4. bis 5. Tage, oder so lange es dir gefället, seinen Gang darzu genommen, so gehe an deines Nachbarn Holtz und an die Gräntzen, streiche es an die Bäume, an solchen Orten, wo es der Regen nicht abwaschen kan, und siehe in deines Nachbarn Holtze aus, wo das Wild gerne seine Weyde nimmt, und wo es gerne seinen Stand hat, oder etwan zur Träncke und Ruhe sich niederleget; so nimm folgendes zu einem Anstriche:

## Wie man die Gänge bereiten solle, daß das Wild nicht aus der Revier weiche.

Nimm Liebstöckel, Hirsch-Wurtzel, Bircken-

und häselne Schößlinge, jedes gleichviel, siede dieses in Wasser, und besprenge die Gegend, wo du obiges hingestreuet, damit. Es weichet kein Wild, das in selbige Gegend einmahl gekommen, mehr von dannen, sondern bleibet beständig da.

## Wie oder wann man die Sultzen schlagen soll.

Nimm einen Klumpen Saltz so groß, je nachdem du viel oder wenig Sultzen machen willst, 8. Loth Campher und Wend-Korn zerrieben und getödtet, 12. gute Hände voll Liebstöckel-Kraut und Wurtzel, 3. Pfund fœnum græcum, auch das Kraut, so mans haben kan, dieses alles zusammen gestossen, und gehacket, alsdenn mit Brandtewein und Knaben-Harn zusammen in ein Fäßlein gethan, feste zugedecket, damit der Geruch nicht darvon komme, und gegen 4. Tage darinnen weichen lassen, darnach mit dem gebrannten Leimen unter einander gemischet, in ein höltzern Züberlein eingetretten, und aufs festeste eingeschlagen, auch eine Stunde lang in die Erde gesencket. Die Sultze aufzuschlagen, geschiehet in der Fasten-Zeit am aller bequemsten.

## Eine andere Lacke zu verfertigen.

Nimm Saltz, Menschen-Harn, Härings-Lacken, Eber-Wurtzel, alten Back-Ofen-Leimen, Haber-Mehl und ein Kalb von einem Wilde mit samt dem Häutlein, darinnen es lieget, in einen Sack gethan, und gemeldte Wurtzel darzu in einen Kessel geleget, Menschen-Harn und Härings-

Härings-Lacke daran gegossen, und Saltz daran geworffen und gesotten, dasselbe Wasser an den Leimen gegossen, auch Saltz und Haber-Mehl in den Leimen geworffen, und den Leimen hurtig und wohl durch einander gearbeitet. Die Wurtzel muß klein gestossen oder geschnitten seyn, ehe man sie in den Sack stecket. Darnach mache einen Kasten von eichenen Brettern der 18. Schuh lang, 8. Schuh weit und dritthalb Schuh tief ist, die Rinde muß auswärts an dem Holtze bleiben. Den Kasten schlag voller Leimen, mit obgemeldtem Wasser zugericht, daß der Leimen als ein Back-Ofen hoch über den Kasten hinaus gehet. Ferner nehmet einen Scheffel Rocken-Mehl, und giesset des gemeldten gesottenen Wassers daran, daß ihr einen Teig machen könnet, und backet daraus Brod, stecket davon 8. solcher Brod in jede Lacken, damit sie im Leimen tief stecken. Auch nehmet der gesottenen Lacken, und giessets in alte faule Stumpen; und so ihr der alten faulen Stumpen keine in derselben Gegend nicht habt, so lasset faul Eschen-Holtz hinbringen, grabet es bald in die Erde, und schüttets darauf.

## Fernere Lack-Bereitung.

Nehmet faul Espen-Holtz, Erbis- und Elben-Laub, geschälte Castanien, Hasel-Nüsse und Eckern, dieses alles in Saltz-Wasser zusammen gesotten, und wie einen Teig gemachet, darnach in diejenige Oerter geschmieret, wo man es haben will. So bald es nun das Wild innewird, kommt es in grosser Menge zugeloffen, und bleiben nicht aus selbiger Gegend.

§. 329.

## §. 329. Wildprett aus dem Gehöltze zu einem Feuer zu bringen, daß man dasselbe mit Händen fangen kan.

Nimm ein Pfund Pilsen-Saamen, ein Pfund Mohn, einen Vierling Rad. Succesquin. schneide sie klein. Dieses mische zusammen, und lasse ein Oehl daraus pressen; darnach Mohn und Kümmel gleichviel, thue es unter das Oehl, daß es dicke wird, und mache Kugeln daraus, so groß als eine Manns-Faust, laß sie allgemach wohl abtrücknen von der Sonnen, oder in einer andern subtilen Wärme. Wann du nun fertig, so mache ein Feuer bey einer Acker-Länge von dem Holtz, daß der Rauch von dem Winde in das Holtz getrieben werde. Wirf diese Kugeln in das Feuer, und stehe dich so, daß dir der Dampf nicht ins Gesicht gehe; so kommen die Thiere aus dem Gehöltze zum Feuer geloffen, daß du dieselbe so gar mit Händen fangen kanst.

## §. 330. Daß ein Hirsch zwey bis drey Schüsse stehen muß.

Sammle 8. Tage lang von einem alten Weibe den Harn, je kräncker das Weib, je besser der Urin, gehe zu dem Walde, da du meynest, daß die Hirschen innen sind, und mache zur Rechten und Lincken eine länglichte Gruben, doch nicht zu tief, daß sich ein Hirsch darein stellen mag, und siehe zu, daß sie vornen tiefer sey, als hinten. Alsdenn betrachte den Wind, wie er in den Wald gehet, in selbige Grube mache diese Sultze: Nimm des alten Weibes Urin, thue darein

darein 9. Schüsseln Saltz, 3. Schüsseln voll gestossene Erbsen, und 3. Schüsseln voll gebrandten Leimen, rühre alles durch einander, und thue es in die Gruben, daß der Wind den Geruch davon in den Wald führet, stelle dich in eine Hecken, oder an einen anderen verborgenen Ort, daß dich das Wild nicht sehen könne, so hält dir dasselbe auf 3. Schüsse, und kanst du davon nach Belieben erlegen.

## §. 331. Daß ein Hirsch zu dir ins Holtz komme, und andere Hirsche mit sich bringen muß.

Nimm Bibergeil, und destillire es unter sich, so wirds ein Oehl, streich im Walde in einen Baum, da du glaubest, daß Hirschen darinnen sind, darzu nimm ein Holtz, und streich das Oehl daran, zünde es an mit Büchsen-Pulver, und lege den Brand auf den Baum auf einen Ast, in die Höhe, da das Wildprett hinkommen soll, und mache eine Sultze also: Nimm Urin von einer Frauen, und behalt ihn 14. Tagen, daß er fast stinckt, darzu nimm Saltz und gestossene Erbsen. Dieses mische unter einander, daß es ein Muß werde, und bestreich damit den Baum in der Höhe, doch daß es der Hirsch erreichen und darvon lecken kan, so kommt er nicht darvon, und wenn er schon davon gejaget wird, so kommt er doch wieder; wann er zu andern Hirschen kommt, und sie schmecken, was er gelecket hat, folgen sie ihm alle nach. Willst du nun, daß sie dabey bleiben, damit du einen schiessen mögest,

so

so zünde das Oehl vor an, so stinckt es so starck, daß der Hirsch dem Geschmack nachgehet, und lange stehen bleibt; so daß du denselben nach Belieben erlegen mögest.

## §. 332. Mittel das Wildprett zu vertreiben.

Siehe zu, daß du eine Wölffin bekommst, davon nimm beede Augen und das Gehirne aus dem Kopf, auch des Marcks aus denen Beinen, so viel du dessen bekommen kanst, in solcher Zeit, da sie läuffig sind, ist es am besten. Kanst du dieses nicht bekommen, so nimm von einer läufigen Hündin obgemeldte Stücke, darzu thue pulverisirten Teuffels-Dreck, rühre dieses wohl zusammen, hernach nimm das Wasser aus der Blase der Wölffin oder Hündin, giesse es darüber, laß es 3. bis 4. Tage auf einem Ofen oder in der Sonnen darinnen weichen und destilliren; darnach nimm es mit dem Topf, und streich es an die Orte, wo sich das Wild am stärckstem aufhält, so weichet es bald, und bleibt dir keins mehr in der gantzen Gegend.

## §. 333. Wilde Schweine gar leicht zum Schuß zu bringen.

Nimm Buch-Eckern und Eicheln, oder Hasel-Nüsse, lege dieselbe einer halben Hand hoch auf die Erden, 2. oder 3. Schritte von einander, decke solches mit einem Wisch Erbis-Stroh eines Huths groß zu, damit es die Vögel nicht auffressen. Hast du nicht Buch- oder Eichel-Eckern, so backe kleine Küchlein von allerley

Mehl,

Mehl, so groß als Eicheln, mache die mit Honig süsse, lege es an der Mast statt; auch magst du allerley Getreyd und Korn nehmen. Da du findest, daß es die Mäuse unter dem Erbis-Stroh vertragen, so haue kleine höltzerne Tröge aus, setze einen von dem andern 3. Schritt weit, streue obgedachtes darein, und decke sie mit Erbis-Stroh zu.

## §. 334. Einen Fuchs oder Dachs mit Hunden aus seinem Bau zu bringen, daß derselbe nicht wieder hinein gehe.

Nehme ein Hündlein, beschmieré es mit Schwefel oder Wachholder-Oehl, darnach lasse es in den Fuchs- oder Dachs-Bau lauffen, so weichen die Füchse oder Dächse daraus, und kehren nicht wieder um in ihre Löcher.

## §. 335. Wie man in dem Sitzen erkennen könne, welcher Hase ein Männlein oder Weiblein seye.

Wann du einen sitzen siehest, so gib wohl Achtung, ob die Ohren neben dem Kopf auf die Erde hangen, ist es also! so ists ein Weiblein, hält er aber die Ohren dem Halse gleich in die Höhe, so ists ein Männlein.

## §. 336. Wie man zu jeder Jahrs-Zeit Hasen suchen, und bald finden möge.

Im Märtzen sollen dieselbe um die Brache, in Herbst-Zeit aber auf den Heyden und Bergen, so es des Nachts gereifft hat, um die Sümpfe und in den Gründen, und so es geregnet hat, um die Stein-Gruben gesucht werden.

## §. 337. Hasen gar artlich und in Menge in Gärten zu fangen.

Man mache den Zaun um den Garten gantz dichte zu, lasse aber 4. bis 5. Fall-Thürlein an den Zaun, doch nicht nahe zusammen machen, diese zeuch des Abends auf, darnach ungefehr um Mitternacht, laß die Löcher alle in der Stille wieder zufallen, damit die darinn befindliche Hasen nicht, nachdeme sie sich satt gefressen, ausreissen mögen. So kanst du dieselbe hernach fangen, wie dirs beliebt.

# Von Bienen, und wie mit denselben umzugehen.

Wer damit glücklich umgehen will, der muß sich keusch aufführen, und immer etwas wohlriechendes bey sich haben. Es erfordern dieselbe zwar grossen Fleiß, doch können sie mit geringen Kosten erhalten werden, und bringen sie in die Haußhaltung grossen Nutzen; indem sie uns die zwey kostbare und dem menschlichen Leben sehr nothwendige Stücke, nehmlich Honig und Wachs geben.

Diese nun können in einem Blumen-Garten, ob schon sonst keine Thiere darein gehören, gar wohl gedultet werden; diejenige Gärten aber, darinnen die Bienen gehalten werden, müssen nicht allzu hohe Bäume haben, damit, wann sie schwärmen oder lassen, sie nicht allzu böß abzunehmen sind; in solche nun gehören gemeiniglich Kirschen- Quitten- Pfersich- Mandel-

Bäume ꝛc. Wenn ein klein fliessend Wasser durch einen solchen Garten kan geführet werden, so ist es denen Bienen sehr nützlich, und können ihrer Arbeit desto fleißiger obliegen.

In Bienen-Gärten solle kein langes Gras gedultet, sondern dasselbe fleißig abgeschnitten werden, damit, wenn die Bienen wohl beladen, oder vom Regen-Wetter schwer heimkommen, und ins Gras fallen, selbige von Fröschen oder anderm Ungeziefer nicht gefressen werden. In solchen Gärten soll man besonders viel Mohn zeugen, dann dieses ist eine vortreffliche Nutzung in dem Eintragen.

### Wie lange die Bienen leben können.

Aus der Erfahrung kan ich beweisen, daß eine Biene in die zehen Jahre leben kan.

### Wenn die Bienen nicht viel fliegen, was es bedeute.

Wenn viel Bienen in einem Korbe sind, und doch wenig fliegen, so ist zu mercken, daß sie entweder keinen König haben, oder daß derselbe kranck ist, alsdenn arbeiten sie nichts.

### Wie die jungen Bienen müssen versorget werden.

Wenn die Bienen Junge ausgebrütet haben, tragen sie denenselben Essen zu, bis sie selbsten ausfliegen können; wenn nun die Junge ihre Nahrung selber einzutragen gelernet, so treiben sie die Alten aus; dieses Ausstossen aber kan man dabey erkennen: Einen Tag zuvor ist ein groß Getöse und Gesause in dem Korb, und hänget sich ein grosser Klumpen innen zum Mund-

Loch heraus, damit sie anzeigen, daß sie auch eine andere und eigene Stelle vor sich begehren, dahero muß man vom frühen Morgen an, bis Nachmittags nach 2. Uhr fleißig hüten.

### Wie der Bienen-König zu erkennen sey.

Der Bienen-König ist vor andern gar leicht zu erkennen; er ist etwas länger und grösser, als die gemeinen Bienen, hat gerade und hohe Füsse, kleinere Flügel, ist schön von Farbe, glatt, nicht haaricht, und hat keinen Stachel.

### Die Bienen zeugen einen jungen König.

Wenn der König reich von Bienen ist, so zeuget er und die Bienen in Zeit von 9. Tagen einen Sohn oder neuen König, welchen er aber nicht lange bey sich behält, sondern gibt ihm einen Theil der Bienen zu; ehe er ihn aber von sich lässet, fliehen etliche Bienen aus, und suchen dem jungen Könige eine Wohnung, da ist sich dann wohl fürzusehen, daß man leere Körbe hierzu bereit hält.

### Wie der Bienen-König gezeuget werden könne.

Man nimmt einen König, den die Bienen im Schwärmen übrig haben, leget ihn in Honig, zerhacket ihn klein, und schmieret ihn auf die Brut. Noch andere nehmen den König, schneiden ihm hinten ein wenig hinweg, daß ihn die Bienen aussaugen, und stecken ihn mit einem Höltzlein an den Korb, davon machen die Bienen einen andern König.

## Besondere Art der Bienen, wenn ihr König stirbet.

Wenn der Bienen-König stirbet, so fliegen sie nicht heraus, sondern versammlen sich alle um ihn herum, und stellen sich gantz kläglich, so, daß sie auch nicht eher von ihm weichen, es sey denn, daß man ihn heraus nehme; wo dieses nicht geschiehet, so sterben und verderben sie, da sie doch sonst offt könnten erhalten werden.

## Wie man die bösen Bienen zahm machen, auch die bösen Könige tödten, und die Bienen unter einen andern bringen soll.

Die bösen zornigen Bienen, so die Menschen sehr stechen, wann sie ihren Körben zu nahe kommen, muß man durch öffteres Besuchen zahm machen, daß sie einen gewohnt werden, damit man hernach ohne Stechen ihr Werck besehen kan, zu welchem Ende dann sehr nutzlich ist, wenn man still und gemach zu ihnen kommt, und keinen üblen Geruch an sich habe. Wilt du einen bösen König, der sich in seinem Amte ungemäß verhalten hat, tödten? so mußt du die Bienen starck beräuchern, daß sie halb todt sind, und dann den gantzen Korb ausbrechen, daß es auf ein sauber Tuch herab fällt, welches nach der Sonnen-Untergang geschehen soll. Wann nun der König gefunden und getödtet ist, so soll man die Bienen in einen ledigen Korb versammlen, und darnach auf einen dünnen Schwamm stossen.

## Welches die besten Bienen sind.

Diejenige, so am meisten stechen, sich wehren und brausen, die werden vor die beste gehalten.

## Wie man die Bienen an sich bringen solle.

Wer Bienen haben will, der bringe sie nicht an sich mit Practiquen oder Gewalt, auch nicht durch Wucher, sondern ehrlich um Geld oder Geldes Werth, und von solchen Personen, denen sie feil sind, denn man sonst wenig zu gewarten hat, wann man sie nicht durch Gunst und guten Willen bekommt.

## Wie man die Bienen das gantze Jahr durch regieren solle.

Ein Hauß-Vatter muß seine Bienen nicht verabsäumen durch Kälte, Mangel, und andere Zufälle, dadurch sie können umkommen, derowegen so bald der Winter vergangen, soll er im Mertzen und April seine Körbe an einem hellen Tage besichtigen, und erkundigen, ob die Bienen eines oder anderes bedürffen. Wann er nun siehet, daß es gut Wetter beginnet zu werden, und die Bienen ihre Todten austragen, und ihre Wohnung säubern, auch an den hintersten Beinen beladen wieder kommen, so ist es Zeit die Körbe zu räumen, und das hinterstellige Wachs auszuthun bis an die Brüte. Wann nun die Körbe gereiniget, und aller Unrath von Schimmel, Spinnen-Gewebe und dergleichen hinaus geschafft, so setze man sie wieder in ihre Stelle, verstopffe die untersten Eingänge, und setze nach Untergang der Sonnen etwas vor die Körbe, daß die Bienen bey der Nacht-Kälte keinen Schaden

Schaden leiden. Acht oder zehen Tage darnach soll man die Körbe abermahl besichtigen, und von allem Unrath säubern. Sobald dann die Wasser-Weiden und andere Bäume ausgeblühet, so bringet die Körbe ins Feld, da ungefehr wilde Kohl-Blumen stehen, und besiehe weiter, ob sie etwas sammlen, oder nicht. Findet man einige Körbe, da die Bienen kein Wachs an den hintersten Hüfften tragen, und in ihrer Arbeit träge sind, so ist es ein Zeichen der Ungerechtigkeit; die muß man denn unter Königliche Bothmäßigkeit und Gehorsam bringen. Wann nun die obgedachten Kohl-Blumen ausgeblühet, so besichtiget mans aufs neue, ob das Werck zugenommen: Merckt man es, daß sie im Gipfel des Korbes grosse Honig-Weben beginnen zuzurichten, so ists ein Zeichen, daß sie sich zum Schwärmen rüsten, und darauf bringet man sie in ihren Garten an ihre Stelle, und erwartet die Schwärme, welche sie gemeiniglich, wann schön Wetter ist, des Morgens um 8. Uhr anfangen, und währet dasselbe bis Nachmittag um 2. Uhr, solche Schwärme geschehen im May und Junio bis in Julium; wann man dann einige Schwärme bekommt, und darauf ein böses Wetter folget, so soll man in den 2. oder 3. Tagen etwas Honig in den Korb thun, daß sie nicht verhungern. Und weil nun die Körbe abgeschwärmet sind, so räumet man das Wachs aus allen Körben, zu sehen, ob sie gerecht sind. Darnach im Julio, wann Hanf und Klee blühet, so bringet man die Körbe dahin, da solches wächßt, weil sie daraus guten Honig sammlen. Bekommt man aber noch etliche Schwärme nach, die bringet man auch dahin, daß sie einen guten Uberfluß erwerben. Was dann beym Klee wohl zugenommen und fett worden, das soll man wieder nach Hause bringen und abthun, oder einen Theil Honig ausnehmen; und so die Brut-Bienen von den kleinen getödtet werden, so ists Zeit, daß man die kleinen Stöcke nehme. Die Brut-Bienen solle man vorbemeldter massen tödten, wann die ersten Schwärme geschwärmet haben. Im September aber, wann die Bienen-Körbe verstellt werden solten, soll man zusehen, was überflüßig ist oder nicht. Die wohlbesetzten solle man schneiden, und die schwachen soll man mit Honigseim stärcken. Im October soll man sie wieder an ihren Ort setzen, da sie den Winter über bleiben sollen, und sie vor Kälte und Nässe bewahren. Im November, December, Januario und Februario muß man sie nicht viel besehen, wer es aber begehrt zu thun, der thue es an einem warmen und hellen Tag, auf daß sie nicht erkalten, denn durch Kälte werden sie erlähmet und geschwächet.

## Wie man die Bienen gegen den Winter versorgen, und sie das gantze Jahr durch für andern Feinden erhalten solle.

Gleichwie ein Hauß-Vatter seine gantze Haußhaltung, als Gesinde und Viehe gegen den Winter mit aller Nothdurfft versorget; also

also soll auch ein Biener-Halter seine Bienen das gantze Jahr durch mit Fleiß warten, und allen ihren Schaden, Zufällen und Kranckheiten vorzukommen, suchen und ihnen helffen. Soll derowegen erstlich gegen den Winter die Körbe, die er zu erhalten gedencket, an einen solchen Ort setzen, da sie gegen Mittag stehen können, und die obersten Eingänge mit Leimen und Sand verkleiben, daß nur ein Löchlein überbleibet, da eine Biene kan durchgehen. Die untern Eingänge kan man mit einem Püschel Heu verstopfen, daß die Bienen in Mangel der Lufft nicht ersticken; darnach soll er auch die Körbe unten am Fuß, wo sie auf dem Brett stehen, mit besagtem Leimen und Sand verschmieren, daß sie dadurch für Mäusen und Winden gesichert seyn. Wenn nun die Körbe also versorget, und neben einander stehen, soll er dieselbe vor der Kälte wohl verwahren, und den gantzen Winter über stehen lassen. Sobald aber der Winter vorüber, und ein schöner warmer Tag vorhanden, soll er Lufft machen, daß die Bienen heraus kommen, und sich ihres Unflaths erledigen können, und wann der Tag vorüber, so sollen sie wieder wie vorher bedeckt werden, daß ihnen die kalten Winde, Regen, Schnee und dergleichen Zufälle nicht schaden.

Die Bienen aber haben auch ihre Hauß-Feinde, nehmlich eine Art von Motten, die man den Wolff nennet, welche erstlich klein aussehen, wie kleine Raupen, die das Honig bespinnen, und verwandlen sich hernach in Zweyfalter; solche zu vertreiben, nimmt man einen eisernen Drath, etwa 2. Spannen lang, macht ihn an einem Ende platt, scharpf und krumm, am andern Ende macht mans spitzig, wie eine Pfrieme, und beugt es auch krumm, damit kan man die Würme allenthalben ausziehen und tödten, und dieses muß alle Tage einmahl geschehen. Im Fall aber die Würmer im Honig-Bau sässen, so muß mans rund herum ausschneiden, daß sichs nicht vermehre.

Nach denen Bienen aber muß man im Martio sehen, wenn ein heller und stiller Tag ist.

## Wie der Bienen-Stand zu halten seye.

Die Bienen sind zart und sauber, und muß ihr Stand auch reinlich gehalten werden. Die Körbe muß man fleißig reinigen, und ehe sie gemacht werden, muß man sie mit Melissen, Fenchel, Laub von süssen Aepfel-Bäumen, auch mit süssem Milch-Raume, ingleichem mit Honig fleißig ausreiben.

## Von denen Bienen-Körben, wie dieselben sollen gemacht werden.

Ein Bienen-Korb soll ordinaire gemacht werden von Rocken-Stroh, mit gespaltenen Weiden-Ruthen zusammen geheftet, von unten muß er oben etwas spitzig zugehen, und der Gipfel ein wenig platt seyn. Oben ist der Korb, wie gesagt, etwas platt, auf daß man ihn in Reinigung und Besichtigen desto bequemer kan umkehren, und mit der Oeffnung aufwärts setzen, und zugleich, daß sie den Gipfel im Korbe desto eher können ausfüllen, und ihre Arbeit unterwärts wårts fördern, endlich auch daß das Honig und Wachs füglicher könne ausgenommen werden. Seine Höhe soll seyn 5. viertel Ellen hoch, oder lang, und 3. viertel Ellen weit; die Spangen, so Creutz-weise durch den Korb, da er am dicksten ist, durchgesteckt werden, müssen von Weiden-Holtz seyn. Wann nun die Körbe dergestalt zugerichtet, werden sie für die besten und bequemsten gehalten. Auch solle man der Bienen Behaltnüsse mit Ochsen-Mist und Leimen unter einander gemenget, bestreichen und beschmieren, oder, wie etliche wollen, mit Ochsen-Mist und Kalch, weil es dauerhaffter ist, und also die Bienen vor Kälte, Regen und Wind besser beschützet und erhält. Ich aber halte den Kalch vor schädlich.

## Wo das Ort und Lager der Bienen am tauglichsten seye.

Der Ort, da man die Bienen-Körbe pflantzen will, erfordert eine gute und gesunde Lufft, da viel wohlriechende Kräuter und Bäume seyn, und ein helles fliessend- oder steherdes Wasser, ingleichem einen geraumen und unbesetzten Ort, da ihnen die Flucht ins Feld hinein offen stehet, zu denen Kräutern und Blumen, darum soll man wohl zusehen, daß man sie nicht an unsaubere Moräste, Cloacken, stinckende-Wasser, unflätige Rinnen und dergleichen, hinsetze. Wann dann ein bequemer Ort ihnen auserſehen, soll man ein Lager machen, so hoch, daß man einen Korb bequemlich umkehren und besichtigen, auch wann ihr Königreich groß und mächtig wird, einen

Untersatz unter die Körbe setzen kan. Die Breite des Lagers solle seyn dritthalb Schuh, darüber soll ein Dach gemacht werden, entweder von Dach-Ziegeln oder Rohr, daß sie nicht beregnet werden; darnach soll man auch das Lager hinten mit Brettern oder Rohr vermachen, und die Bienen dadurch für Kälte, Ost- und Nord-Winden, die ihnen sehr schädlich, schützen, derowegen müssen die Bienen-Körbe mit ihren Ausgängen gegen den Mittag oder Süden, Süd-Osten oder Süd-Westen gerichtet werden. Die Bretter, darauf die Körbe stehen, sollen 3. oder 4. Schuh hoch von der Erden liegen, auf daß, wenn ein Schlag-Regen fällt, die Körbe von dem aufspringenden Tröpfeln nicht verunreiniget werden. Wer auch darüber noch mehr Raum oder Platz hat, der kans also machen, daß man auch hinter denen Körben gehen und sie besichtigen kan, so werden die Bienen in Besichtigung derselben von ihrem Flug nicht verhindert. Wenn nun das Lager solchergestalt aufgerichtet, so solle man die Bienen-Körbe 2. Daumen breit von einander setzen, auf daß man sie in der Besichtigung desto besser handhaben, und auch reinigen kan, daß sie einander nicht anrühren, wodurch sonsten den nebenstehenden Bienen-Körben Schade und ihrem Wercke Verhinderung zugefüget wird.

## Was für Körbe mit Bienen man kauffen solle, daraus Nutzen und Vortheil zu erhalten.

Wenn man etliche Stöcke kauffen will, solle es

es im Frühling geschehen, und soll man sie besichtigen, ob sie viel Bienen halten; ob das Wachs-Gewürcke in guter Ordnung stehe, und mit Bienen besetzet ist, auch ob der Korb am untersten Loche voll, schwer und wichtig sey; solcher Körbe soll man zum wenigsten sechse aussuchen, angesehen, daß ein Korb, es seye denn, daß man ihn zur Lust und Betrachtung hält, wenig einträgt, und fast eben so viel Mühe und Aufsicht erfordert, als 12. Körbe; und diese 6. Körbe würden sich, nach Beschaffenheit guter Jahre und fleißiger Wartung, genugsam fortbringen. Uber alles aber soll man darauf sehen, ob die Bienen in demselbigen Korbe gut, wacker, hurtig und fleißig seyn: Die aus folgenden Zeichen zu erkennen, wenn die Bienen nahe am Flug-Loche sitzen, stets ausgehen und beladen wieder kommen, mit gelber oder anderfärbiger Materie, die sie an den hintersten Beinen tragen. Im Fall aber ein böß Wetter wäre, und sie nicht ausflögen, so kan man sie mit der Hand aufheben, oder wägen, und auch besichtigen, oder aber zum obersten Eingange starck blasen, und am Sausen und Geräusche hören, wo die meisten Bienen innen sind. Solches Blasen kan des Abends geschehen, wann sie alle im Stocke seynd. Wann nun die Bienen im Mertz oder April verkauffet sind, so soll man sie an einen solchen Ort bringen, da viel Pflantz-Bäume, als Aepfel-Birn-Kirschen und dergleichen auch viel wohlriechende angenehme Blumen, und sonst liebliche Gewächse stehen, oder aber, so man sie erst im May-Monath

nath kauffte, so kan man sie lagern ohngefehr, da Aecker mit Kohl-Saat, oder andern blühenden Gewächsen besäet sind, dieweil sie alsdenn viel Honig und andere Nothdurfft zur Brüte junger Bienen eintragen; wann man nun siehet, daß die Körbe beginnen voll zu werden, und die Zeit nähert, daß sie schwärmen wollen, welches gemeiniglich im May, um Pfingsten, und im Junio um Johannis-Tag geschiehet, so soll man die Zeit fleißig in Acht nehmen, wann man Nutzen von den Bienen haben mill; auch muß man wissen, daß die frühzeitigen Schwärme, dabey wenig Honig fällt, für die besten gehalten werden; fällt aber viel Honig, für die mittelsten.

### Wo die Bienen-Stöcke am bequemesten hinzusetzen.

Man setzet dieselbe am besten in die Gärten gegen die Morgen- und Mittags-Sonne, da sie recht frische Lufft haben, auch zugleich ihre gute Weyde, als Thimian, Jsop, Quendel, Roßmarin, Rosen, und allerhand blühende Blümlein finden. So bey dem Garten viele Kirschen-Bäume stehen, ist es wegen des Wachses nur desto besser, auch ist ein helles Wässerlein ohnumgänglich nöthig.

Ebenfalls muß man mit Fleiß dahin sehen, daß die Bienen also gesetzet werden, daß sie des Sommers im Trocknen stehen, und das Wetter ihnen nicht schaden möge; ingleichem daß sie auch im Winter für Frost und Kälte können bewahret werden; denn man muß sie fleißig zudecken, entweder mit Lumpen, Erbsen-Stroh und mit Heu.

Wie

## Wie die Bienen-Stöcke zu verwahren.

Mäuse, Wieselein, Eydexen und dergleichen sind denen Bienen besonders feind, darum soll die Oeffnung an dem Stock oder Korb enge gemacht werden, damit das Ungezieffer nicht hinein kommen könne.

## Wie man die Bienen von einem Ort zum andern bringen und über Land führen könne.

So öffters zum Nutzen und Vortheil die Bienen-Körbe von einem Ort zum andern sollen verführet werden, so muß vors erste mit Creutzweise Weiden-Stöcklein ihr Gewürcke fest gemacht werden, damit es weder auf eine noch die andere Seite weichen kan; wann das geschehen, so setzt man die Körbe wieder aufrecht, und läßt sie einen Tag vorher still stehen, daß die Bienen ihr verletzt Gewürcke wieder heilen, und das abgelauffene Honig wieder auffsammlen. Darauf werden die Körbe mit Tüchern zugebunden, und die Eingänge dichte vermacht, daß keine Bienen wegfliegen, und legt man sie denn nach der Sonnen Untergang auf den Wagen, auf eine Seiten, damit sie an den bestimmten Ort bey der Nacht geführet werden; ists aber zuweit, daß es nicht möglich in einer Nacht damit an Ort und Stelle zu kommen, soll man sie des andern Tages an einen Ort aufs Feld stellen, gegen Mittag, und das auf eine Reyhe neben einander, ihnen den obersten Eingang eröffnen, daß sie selbigen Tages etwas zu ihrer Nothdurfft einsammlen können, des Nachts führet man sie weiter fort,

an

an denjenigen Ort, dahin man sie haben will, und ziehet dann die eingesteckten Weiden-Stöcklein wieder heraus. Und dieses Verführen geschiehet am allergeschicktesten um die Fastnachts-Zeit.

### Was dabey zu thun, wann man sie aus denen Stöcken nehmen will.

So man denen Bienen Honig geben will, muß wohl Acht gegeben werden, daß nichts vom Honig auswärts beschmieret, oder auf die Erde verlohren werde. Dann so etwas ins Gras fällt, so fallen die starcken Bienen auf das verschmierete oder verschüttete Honig, lernen rauben, und fallen den schwachen mit Gewalt in die Stöcke, und tragen ihnen den Honig hinweg, da man dann selbsten Ursach zu denen Raub-Bienen gegeben.

### Wie klüglich und vorsichtig man alsdenn mit denen Bienen umgehen solle.

Wer aus bösen Stöcken die Bienen in gute setzen will, der muß den bösen oder Raub-Stock von der Stelle thun, und einen guten davor hinsetzen, das Gewürcke samt dem Honig aus dem bösen abschneiden, und es in den neuen setzen, wie es zuvor im bösen gestanden, so fliegen die Bienen darauf. Der alte Bienen-Stock aber muß aus dem Garten weit hinweg getragen werden, sonst ziehen sie wieder hinein.

### Wie die Bienen aus hohlen Bäumen zu bekommen.

Wenn die Bienen in einem hohlen Baume wohnen, so kan man sie im Martio auf folgende Art bekommen und ausnehmen: Man machet ein

ein groß Loch in den Baum, da die Bienen inne wohnen, schneidet den Honig samt den Bienen heraus, und so der König in dem ausgenommenen Honig gefunden wird, soll er in einen Korb gesetzt werden; kan man ihn aber nicht finden, so thut man die Bienen in ein Faß, decket sie zu, träget sie in den Garten, setzet das Gewebe samt dem Honig in eine lange Brut, so der König nicht umkommen ist, so arbeiten sie und bleiben, ist er aber umkommen, so muß man ihnen bald mit Brut helffen, damit sie einen zeugen können.

### Wenn die Bienen Mängel leiden, wie ihnen zu helffen seye.

Wann die Bienen Mangel leiden im Herbst, soll ihnen Honig in Stücken gegeben werden. In der Fasten oder Frühling aber ist Honigseim am besten, so ferne das vierte Theil Wasser darunter, wohl durch einander gemenget und gerühret wird.

### Daß sie nicht für Hunger sterben.

Da muß man sie mit Honig und Wasser, welches wohl durch einander gerühret worden, besprengen, dann werden sie wieder lebendig.

### Wenn die Bienen am fleißigsten zu speisen sind.

Im Abnehmen des Monds im April-Monath, dann da haben sie ihre härteste Zeit.

### Mit was vor Honig man dieselbige füttern solle.

Man soll denen Bienen kein alt Honig geben, das ein Jahr oder länger ungeseimt gestanden; und wenn man denen Bienen geseimet Honig giebt,

giebt, solle man allezeit kleine Rüthlein darauf legen, sonst ertrincken sie darinnen; auch solle das Honig wohl in Acht genommen werden, daß kein Brod darunter komme, sonst finden sich in kurtzer Zeit viel Ameisen, die hernach denen Bienen höchst schädlich sind.

## Was denen Bienen in Ermanglung des Honigs, statt dessen zur Nahrung zu geben.

Wer nicht Honig haben kan, und doch denen Bienen ihre Nahrung verschaffen muß, daß sie nicht verderben, der koche Zwetschgen, Feigen, gebacken Birn, Rosinen, auch Zucker und dergleichen süsse Früchte, ein jedes alleine, verschäume es gantz reine, seihe es durch ein sauberes Tüchlein, und gebe denen Bienen hievon, so kan man sie im Nothfall gar wohl ohne Honig erhalten.

## Was zu beobachten, wann die Bienen anfangen auszuziehen.

Wenn die Bienen anfangen auszuziehen, soll man wohl Acht haben, wenn der König heraus kommt, auf daß man ihn bald an dem Bienen-Korbe ergreiffe; alsdann thut man ihn in ein Häuslein, und siehet mit Fleiß, wo sich die Bienen hinlegen, alsobald bindet man ihn unter die Bienen, so legen sich die andern alle zu ihm. Bisweilen geschiehet es auch, daß der König nicht fliegen kan, wenn er zum erstenmahl auszeucht, sondern fällt in das Gras mit wenig Bienen, da muß besonders Acht gegeben werden, daß man ihn nicht vertrette.

## Merckmahle, ob die Bienen schwärmen werden.

Wer gerne wissen will, ob die Bienen schwärmen werden, der mercke, wenn sie heraus dringen an dem Flug-Loch oder Boden, und lauffen einzele Bienen von denen zwey Orten zusammen. Denn das ist ein gewisses Zeichen, daß sie schwärmen oder lassen werden. Auch ist eine gewisse Anzeigung, wenn die sogenannten Speer-Bienen herum fliegen um die Bäume oder diejenige Oerter, an welchen wohl angerichtete Bruten sind, und beschauen die Wohnungen, da sie einzuziehen vermeynen, alsdann mag man die Bienen, welche nahe sind, mit Fleiß in Acht, und der Schwärmer wahrnehmen.

## Wann sie dann schwärmen, was dabey zu thun.

Da läuten etliche mit kleinen Glöcklein, andere klingelen mit einem Becken oder Sensen, welches ein fein Getöse macht, doch aber es nicht allein allzu laut klingeln lassen, weil sie von dem allzustarcken Thon sich höher in die Lufft schwingen, und alsdann gar leicht verirren. Noch besser aber ist, wann man mit Erde öffters darunter wirfft, so werden sie müd, und hängen sich eher an, gehen auch nicht leicht durch.

Es trägt sich auch bisweilen zu, daß ein Schwarm mehr als einen König hat, und wo sichs also befindet, da gibt es eine grosse Unordnung und Widerwärtigkeit unter ihnen, und wissen die armen Bienen nicht, welchem Theile sie folgen sollen, trennen sich offt in viele Hauffen, und bleiben nirgends. Solchem Unheil nun abzuhelffen, muß man die überflüßige Könige tödten, und nur einen leben lassen, so ziehen sie sich wieder zusammen.

### Wie man sich zu verhalten, wann 2. oder 3. Stöcke zugleich schwärmen oder lassen.

Wann 2. oder 3. Stöcke zugleich auf einmahl schwärmen, so legen sie sich gerne zusammen. Wenn nun dieses geschiehet, so thue sie alle mit einander in ein groß Faß, und decke sie feste zu, lasse sie über Nacht stehen, so wird sich ein jeglicher König mit seinem Hauffen zusammen legen, dann muß man jeden Schwarm sonderlich setzen.

### Wann sich die Bienen auf den Gras-Boden oder Rasen legen.

Die Bienen legen sich öffters im Schwärmen, besonders, wann sie in der Nähe keine Bäume haben, auf den Gras-Boden; findest du sie also, so thue sie in ein Gefäß, trage sie heim, lasse sie über Nacht stehen, auf den andern Morgen, da kan man bey kühler Lufft und vor Aufgang der Sonnen den König am besten suchen, und darf in keiner Sorge stehen, daß sie wegziehen.

### Wie offt man einen Bienen-Stock schwärmen lassen müsse.

Wann ein Bienen-Stock in einem Sommer 2. oder 3. Schwärme lässet, so ists genug; wo er mehr lässet, so sterben gemeiniglich die Alten den Winter darauf. Bey dem ersten Schwarm nun ist gemeiniglich nur ein König,

bey

bey dem andern haben sie 2. oder gar 3. Könige; da brauchet es Aufsehens, daß nicht mehr als einer, oder aufs höchste zwey eingesetzet, und die andern weggeschaffet werden.

## Der König zeuget nebst denen Bienen auch Thränen.

Diese nun sind grösser denn gemeine Bienen, aber gantz ungeschickt, sie tragen auch denen Bienen nichts ein. Nachmittags fliegen sie mit grossem Gesumse aus, gegen den Herbst werden sie von denen Bienen erwürget, oder aus denen Bienen-Körben getrieben. Auch wenn Regen-Wetter kommen will, oder ein Hagel, oder sonst ein ungestümes Wetter, und die Thränen noch jung sind, so tragen die Bienen selbige aus denen Stöcken, vor welchen sie denn gantz weiß wie Maden liegen.

## Wie denen Bienen das Schwärmen zu verwehren.

Etliche brechen die Bruten auf, und verschneiden das Gewürcke, so vergehet ihnen das Schwärmen.

## Die Bienen folgen ihrem Könige.

Wenn die Bienen zum ersten mahle ausziehen, und der König folget, so ziehen sie nicht weg, sondern legen sich zuvor an, und lassen willig mit ihnen und ihrem Könige handlen; will man ihrer denn nicht wahrnehmen, insonderheit, wenn sie weiter wollen, so ist wenig Aufhaltens da.

## Kennzeichen, wenn die Bienen bleiben wollen.

Wenn sie bald anfangen in dem Stock oder

Korb das ungleiche eben zu machen, oder die kleinen Schieferlein wegbeissen und austragen, auch denn, wenn sie bald ausfliegen, bringen gelbes, rothes oder weisses an den Beinen mit. Wenn sie aber gar stille sitzen, und bisweilen eine heraus kreucht, auch bald wieder hinein, so haben sie willens fortzuziehen; etliche ziehen in einer Stunde, die andern auf den andern Tag: So ihnen aber der König nicht folget, so kommen sie wieder.

## Wie man die Schwärme sammlen, und damit verfahren solle.

So man siehet, daß etliche Könige schwärmen wollen, so solle man etwa 2. oder 3. Körbe säubern, und so mit Fenchel- und Wantzen-Kraut oder Honig-Blumen reiben, auf daß die Spinnenweben und anderer Gestanck und Unrath davon komme. Man kan auch oben an den Korb inwendig ein wenig Honig schmieren; wenn nun ein Schwarm vorhanden ist, soll man sogleich die Bienen-Kappe und Handschuhe anthun, und klinglen auf einem meßingenen Becken, oder auf etwas anders; durch dieses Mittel setzen sie sich nieder, da soll man wieder einen reinen Korb in den Arm nehmen, und mit einem Flederwisch oder darzu gemachten Holtz dieselbe in den Korb herab streichen, bis man siehet, daß sie an den Ort nicht mehr fliegen, da sie aufgefasset worden, welches ein Zeichen, daß der König im Korbe ist; solte sich aber durch das Klingeln der Schwarm nicht niedersetzen, so stecke einen Besen ins Wasser, und sprütze damit unter

sie

sie in die Lufft, oder wirf truckene Erde oder Sand unter sie, wie oben gemeldet, so kommt der Schwarm herunter, und hängt sich an, daß du denselben gar leicht fangen kanst. Wann nun der König mit seinem Heer also gefangen, solle man den Korb nicht gleich wieder aufrecht setzen, sondern ihn auf eine Seite und mit dem Boden gegen die Sonne legen, vornen aber mit grünen Zweigen, Blättern oder Gras zudecken, daß sie die Sonne nicht steche.

## Wie man mit ausgeschwärmten Bienen-Körben und Brut-Bienen umgehen soll.

Wenn der erste Schwarm aus dem Korbe geflogen, so soll man den Korb mit der Oeffnung aufwärts setzen, und nach dem Honig-Gewebe sehen, um denen Brut-Bienen, die allda noch nicht ausgeklaubet sind, mit einen scharfen Messer die Köpfe abzuschneiden. Ehe aber solches geschicht, muß man die Bienen, die im Korbe sind, mit brennender Lunte oder Rauch von leinenen Lumpen, in den Gipfel treiben. Wann nun diesen grossen Wespen und den Brut-Bienen die Köpfe abgeschnitten, soll man 7. oder 8. Tage oder noch länger warten, bis er wieder schwärmet. Und das geschicht darum, weil die Brut-Bienen sonsten keinen Nutzen einbringen, als das Brüten.

## Von denen Kranckheiten der Bienen, auch darzu dienlichen Hülffs-Mitteln.

Derer Bienen Kranckheiten und Gebrechen sind vielerley, die meistens in nassen Jahren über sie kommen, deren fürnehmste sind die Pest, der Bauch-Lauf, die Kälte und Mattigkeit. Die Pest erhebt sich unter ihnen aus bösem unflätigem Gestanck, den sie leiden, nehmlich, wenn die Bienen gegen den Winter ins Haus gesetzet werden, da sie naß vom Felde kommen, und die Flug-Löcher ihnen mit Heu verstopfet werden, daß sie also den gantzen Winter über müssen inne bleiben, und auf keine eintzige Weise können auskommen, so verursachet die Feuchtigkeit oder Nässe, die also eingeschlossen, nicht austrocknen kan, und der Schwalm, den die Bienen insgesamt machen, daß ihr Werck verschimmelt, und so dann die Bienen sich nicht können reinigen, also bleibt der Gestanck bey ihnen, lauffen hin und wieder, und suchen ein Löchlein zum Ausgang, und da sie keines finden, erlähmen und erkalten sie endlich, und bleiben auf dem Boden traurig liegen, dieweil sie so viel Krafft nicht haben, zu denen andern wieder hinauf zu kommen; also sterben sie zuletzt; und so nun ihrer viel gestorben, und auf einander liegen, fangen sie an zu stincken, durch welchen Gestanck die andern auch angestecket werden, daß also im Ausgange des Winters ihrer wenige überbleiben. Dieser Kranckheit nun vorzukommen, ist kein besseres Mittel, denn daß man solche Körbe an einem schönen trockenen Tage, in frische Lufft in dem Bienen-Garten setzet, und die Löcher auf ein paar Tage öffnet, auf daß der stinckende Dampf kan ausziehen: Dennoch müssen die Löcher gegen Nacht vor der Kälte wieder verstopfet werden.

Der Bauch-Lauf der Bienen wird verursachet aus Mangel des Bienen-Brods, das erkennet man an ihrem Eingange, und unterstem Wercke, welches, so es beschmeisset und unflätig ist, den Bauch-Lauf anzeiget, durch den sie geschwächet und abgemattet kaum ausfliegen können. Darfür soll man im Herbst, wann man aus etlichen Körben das Honig schneidet, etliche Honigseim bewahren. Wann nun der Winter fast vorbey, und man beginnet zu mercken, daß etliche Bienen den Auslauf haben, soll man ihnen ein Stück Honigseim zum obersten Loche einstecken, und feste machen, so werden sie kommen und picken, und sich daran helffen.

## Ein Mittel für die Bienen, so sie vom Regen und Winde Schaden gelitten.

Wenn der Wind oder Regen die Bienen gleich nieder wirfft, und sie über Nacht liegen bleiben, als wären sie todt, wo sie nur nicht im Wasser liegen, werden sie wieder lebendig von dem Sonnenschein.

## Wie den Bienen die rothe Ruhr zu vertreiben.

Die Bienen bekommen bisweilen eine Kranckheit, die rothe Ruhr genannt, die erkennet man im Frühling, wenn die Kirschen-Blüthe will ausbrechen, so schmeissen sie vornen an das Gestell oder Flug-Thürlein, eine Materie, wie ein geronnen Blut. Wider dieses Unheil nimm eine Muscaten-Nuß, reibe davon den halben Theil, nimm ferner Bibergeil einer Erbsen groß, zwey Löffel voll gut lauter ausgeseiheten Honigseim, einen Löffel voll klar Brunnen-Wasser, mische es wohl durch einander, und gib davon über den andern Tag denen Bienen einen Löffel voll, so werden sie wieder rein und gut. Diese Dosis ist auf einen Korb oder Stock genug.

Auch bekommen dieselbe öffters Würmer, da ihnen aber schwer wieder zu helffen ist, sondern das sicherste Mittel, daß man sie bey Zeiten abnimmt, und hinweg schaffet.

### Wie den Bienen, so sie keine Brut haben, zu helffen.

Wenn die Bienen keine Brut haben, daraus die jungen Bienen werden, so schneide man den Krancken drey Blätter von ihrem Gewebe weg, und gehe zu einem Starcken, schneide ihm 2. Blätter voller Brut, wie kleine Maden, am Gewebe einer Spannen lang und breit hinweg, nimm die Blätter, setze sie den Krancken anstatt der weggenommenen, und fornen ein Stück Honig dazu, mit samt der Brut, und sein herausgeschnitten Gewebe darzu, so werden die Bienen fliegend, liegen auf der Brut, und zeugen junge; die jungen Bienen aber haben aus dem starcken Stocke durch GOttes Ordnung die Eigenschafft mitgebracht, daß sie fliegen, und machen in 14. Tagen einen neuen König.

### Wenn man den Bienen die Bruten säuberen und reinigen soll.

Im Mertzen muß man die Bruten gantz sauber machen, sonst werden bald Geschmeiß und Maden unten in den Körben, die lauffen in das Gewebe. So dann die Bienen nicht starck sind, ver-

verderben sie bald. Die todten Bienen samt dem Abgang, und was die Bienen den Winter haben weggebissen, sollen gantz rein ausgefeget werden, sonst mehren sich die Maden, und die Bienen verderben.

## Von denen Feinden der Bienen, und zwar von denen grossen Hummeln.

Die grosse Hummeln, welche denen Bienen fast gleich, aber viel grösser, als dieselbigen sind, und keinen Stachel haben, sie finden sich im Sommer, wenn es am heissesten ist, unter denen Bienen ein; solche grosse Hummeln rotten manche Leute mit einander aus, sie thun aber nicht zum besten. Denn obgleich die grossen Hummeln nicht eintragen, sondern fressen noch über dieses das Honig, so sind sie doch darzu gut, daß sie den Saamen machen, aus welchem hernachmahls die junge Bienen gezeuget werden. Derowegen ist es gut, daß man etliche von solchen grossen Hummeln leben lasse.

## Wie die Wespen von den Bienen zu vertreiben.

Die Wespen, so der Bienen Feind sind, und den Bienen das Honig aus den Stöcken tragen, kan man am besten also vertilgen; sie wohnen gemeiniglich in der Erden, da machen sie ein Nest, inwendig als ein Menschen-Haupt groß; fornen ist es gantz enge: Solch Loch muß man mercken, und wenn kalt Regen-Wetter ist, so nimmt man sehr heiß Wasser, und gießt das Loch voll; und diß ist die beste Art sie zu stöhren und zu verderben.

### Die Raub-Bienen zu vertreiben.

Wenn man die Flug-Löcher mit Bibergeil reibet, und die Raub-Bienen es riechen oder schmecken, so weichen sie davon, und lassen die Bienen-Stöcke mit frieden. Dieses kan man auch den schwachen Bienen thun, so fallen die starcken nicht auf sie, und lassen sie mit Ruhe ihrer Arbeit warten.

### Gestalt der Raub-Bienen.

Die Raub-Bienen sind einer andern Farbe, etwas schwärtzer, als die andern. Sie haben auch im Frühling, zu welcher Zeit noch wenig Nutzen an Blüthen und Blumen vorhanden ist, viel eingetragenes Honig, dieweil sie es andern genommen haben.

### Wie den Raub-Bienen das Rauben zu verhindern, und die Zeichen, wobey solche zu erkennen, auch wie man die Bienen nach dem Winter speisen solle.

Es begiebet sich manchmahl, daß den Bienen ihr gesammleter Winter-Vorrath von anderen geraubet wird, dahero sie Hungers sterben: Solchem Unfug vorzukommen, muß man wissen, wie die Räuber zu erkennen, und welcherley Zeichen des Raubens sie erweisen. Die Räuder erkennet man an deme, daß sie eine lange Zeit um das Flug-Loch herum schweiffen, ehe sie hinein kriechen dürffen, wohl wissende, daß, wer Honig stehlen will, der Schläge gewärtig seyn muß, bis sie endlich hinein brechen, da denn gleichwohl hart darum gestritten wird. Daß nun solches Rauben abkomme, so soll man fleißig aufmercken, von welchem

Orte

Orte sie herzukommen pflegen, und wohin die Flucht abzielet. Solches gewisser zu erkundigen, soll man die Bienen im Korbe mit feinem Weitzen-Mehl bestäuben: Die nun weiß heraus kommen, und wegfliegen, das sind Raub-Bienen. Darauf soll man die andern von dem Ort, da sie gestanden, wegbringen, und allda 8. bis 10. Tage stehen lassen, bis sie das Rauben vergessen haben. So soll man auch, wie zuvor gelehret, die untersten Löcher der guten Bienen-Körbe zustopffen, und an dem obersten nur so weit offen lassen, daß eben nur eine Biene durchgehen kan, so können sie sich desto besser von innen vor den Räubern bewahren. Wann man auch mercket, daß die Körbe kurtz nach dem Winter leicht werden, und die Bienen Mangel an Vorrath leiden, so solle man sie speisen, und ihnen groben Honig in einem Scherben warm gemacht, oder geschmoltzen, daß es weich und flüßig wird, geben, und dann den Korb umgekehret, und ihnen solches mit ein paar Löffel voll übergegossen, so werden sie es von einander ablecken und verzehren: Das soll man alle 2. Tage thun, und sie darauf mit einem Lumpen zudecken, daß keine heraus fähret, auch die Eingänge mit einem Büschelein Heu zustopfen. Etliche speisen sie auf eine andere Weise, und machen aus einem Holder-Stock eine Pfeiffe, wie ein klein Rinnelein oder Tröglein, das an einem Ende geschlossen ist, füllen diese Pfeiffe mit warmem Honig, und stecken es ihnen durch den obersten Eingang in den Korb.

Wie

## Wie man schneiden, und das Honig sammlen, ingleichem wie man die überflüßigen Bienen tödten kan.

Wann die Körbe voll Honigs sind, so muß der Bienen-Herr die Körbe besichtigen und wägen, und was er ungefehr in die 30. Pfund Gewichtes findet, dasselbe denen Bienen zum Winter-Vorrath lassen, was aber weniger wieget, und keine 24. Pfuud hält, die soll er stärcken, und ihnen zusetzen, und was über 36. Pfund wieget, soll er schneiden folgender Weise: Er soll die Körbe von unten mit brennender Lunten oder Leinwand räuchern, daß die Bienen vom Rauch taumeln, von den Körben das untere zu öberst umkehren, und etliche Stöcke fein gleich ausschneiden, jedoch daß gleichwohl ihnen so viel bleibe, wovon sie sich den Winter über erhalten können. Das ausgenommene Gewürcke thut er in eine Muhlte, und decket es zu; also verfähret er gleicher Weise mit allen Körben, die zu schwer und überwichtig sind. Indessen aber soll ein fleißiger Bienen-Wärter wohl zusehen, daß diese Körbe von fremden Bienen, die durch den Honig-Geruch etwa herzu gelockt, nicht beraubet oder ausgezehret werden, derowegen soll er die unterste Löcher an den Körben wohl zustopfen, und nur die obersten halb offen lassen, daß eben nur eine Biene kan durchgehen, alsdenn werden sie ihr Reich schon selbst für den Räubern bewahren. Die Bienen aber, die man Nutzens halber nicht halten will, können also getödtet werden: Man gräbet eine kleine Grube in die Erde, und machet da ein Feuer an, wenn es nun anfångt zu rauchen, so setzet man die Kõrbe über die Grube, und verstopfet ihre Ausgånge, daß sie vom Rauch sterben und ersticken, wann man darauf die Spannen ausziehet, so stürtzen etliche Bienen-Wårter das Honig zugleich in die Tonne, und stampfen es durch einander, da denn die übrigen umkommen. Die beste Zeit aber zu schneiden, und die Bienen zu tõdten, ist zu Ausgang Augusti oder im Anfang Septembris, wann die Kõrbe voll geladen sind.

### Wie offt man die Bienen beschneiden kan.

Man kan die Bienen in einem Jahre wohl 3. mahl beschneiden, als im Frühling, Sommer und Herbst; offt auch nur 2. mahl, ja bisweilen gar nur einmahl, nachdem sie schwer oder leicht sind.

### Zu welcher Tages-Zeit die Bienen sollen beschnitten werden.

Wenn man Bienen beschneiden will, so muß man die Morgenstunde, da es noch kühle ist, darzu gebrauchen, damit die Bienen nicht davon fliegen.

### Was für Messer man darzu nõthig habe.

Hierzu muß man 2. scharffe Messer haben; das eine muß lang und spitzig seyn, das andere etwas lang, aber nicht spitzig. Mit dem langen und spitzigen Messer muß man die Arbeit beschneiden, oder das Gewebe, wie solches genennet wird; mit dem andern Messer wird der Koth und Wust hinweg geschabet. Beyde Messer muß man unter wåhrendem Beschneiden offt ins Wasser stecken, so klebet das Wachs nicht daran, und denen Bienen, welche etwa stecken bleiben, kan man desto eher und besser helffen.

## Was der in Obacht zu nehmen, so das Honig ausnehmen will.

Der solle zuvor die Bienen mit einem Rauch von Kühe-Koth, (denn dieser tödtet sie nicht,) heraus treiben, sich aber mit Handschuh und einer Bienen-Kappen verwahren; er muß aber das Honig nicht gar nehmen, sondern muß im Frühling und Sommer ihnen den 5ten Theil lassen; im Herbst aber muß er ihnen 2. Theile lassen, und allein den 3ten Theil heraus nehmen, damit ihnen etwas zu verzehren übrig bleiben möge; sonst würde ihme selbst dadurch ein grosser Abbruch geschehen, wenn er alles nehmen wolte.

## Wie man das Honig soll scheiden u. säubern.

Wenn man das Honig aus den Körben mit den Bienen, Honigseim und Brüten, gestampft hat, so nimmt mans, weil es laulicht ist, und schüttet es in einen langen Korb, darunter ein Faß stehet, da das Honig eintrieffen kan; jedoch ohne Pressen und Drücken: Wanns nun aufhört zu trieffen, soll man den Korb ledig machen, und ander Honig einschütten, und das so lange thun, bis man genug hat, dann setzt man die Fässer mit dem gelegten Honig an einen kühlen Ort, daß es erharte. Die überbleibende Materie in dem Korbe thut man zusammen in einen Kessel, setzet ihn übers Feuer, und giesset ein wenig Wasser zu, daß es nicht anbrenne, oder austrockne; deßwegen muß es auch immer umgerühret werden, bis die Materie gantz warm ist, die thut man darnach in dick-gewürckte Säcke, und presset das Honig daraus, welches das grobe oder Leb-Honig genennet wird; solches

bringet

bringet man auch an einen kühlen Ort, daß es dicke werde: Das übergebliebene thut man in einen andern Kessel, Wachs daraus zu machen. Das beste oder Jungfern-Honig aber zu machen, soll man den weissesten und schönsten Honigseim, da keine Brüte an ist, aussuchen, und auf vorermeldte Art das Honig sammlen und bewahren. Wann nun das Honig also gemacht, und man wissen wolte, welches das beste sey, so muß solches durch die Farbe, Geruch, Geschmack und Dickigkeit, oder Schwere erkannt werden. Was die Farbe betrifft, so wird das Weisse für das schönste gepriesen; das ohne Geruch, süsse, wie ein Zucker, und klar anzusehen, wie weisse Butter, die man mit einem Messer schneiden muß; durch den Geruch wird das Honig erkannt, wann es süsse riecht und nicht geil oder säuerlich stincket. Also ists auch vom Geschmacke zu verstehen, das dicke und schwere Honig wird billig für besser gehalten, als das leichte und dünne; woraus das Sprüchwort entstanden: Das Oehl oben, der Wein mitten, und das Honig unten im Faß, werden für die besten gehalten.

### Wie das Honig müsse beschaffen seyn.

Wenn man das Honig mit dem Finger über sich zeucht, so muß es als eine gerade Schnure bey einander bleiben, und nicht von einander gehen; wo es das nicht thut, so ist es eine Anzeigung, daß es entweder zu dicke oder zu dünne, oder, daß sonsten etwas darunter gemischet worden.

### Wie das gute Honig zu erkennen.

Das erkennet man daran, wenn es goldfärbig

big ist, lieblich riechet, nicht zu dünne noch zu dicke ist, wenn es klar, lauter, durchsichtig, süß und wohlgeschmackt ist, und wenn es eine liebliche Schärffe bey sich hat.

### Welches Honig besonders gut seye.

Das Honig, welches über Winter in Stücken gehalten wird, und gefrieret, ist nicht gar nützlich; wenn es aber kan für Frost gehalten werden, ist es besser, als das geseimte Honig, oder welches man aus Stücken hat fliessen lassen.

### Wohin die Honig-Gefässe zu setzen.

Etliche setzen die Gefässe mit Honig auf Aschen, etliche auf Kalch, auch hänget man sie an Nägel empor.

### Wie das Honig zu bewahren sey.

Das Honig soll man mit Fleiß bewahren, und in kein Gefäß thun, darinnen zuvor Mehl oder Saltz, Butter 2c. gewesen sind; sondern man solle dasselbe in lauter neue Töpfe, oder in ein gantz neu Fäßlein thun, damit es keinen üblen Geschmack an sich ziehen könne.

### Zu wissen, welches das beste Honig seye.

Das Honig, welches im Frühling und Sommer gesammlet wird, ist viel besser, als das, welches im Herbst gesammlet wird.

### Unverfälscht Honig zu machen.

Zu rechtem, gutem, reinem und unverfälschtem Honig, muß man besondere Honig-Säcke machen, da laufft das beste Honig ohne Zwang von sich selbst aus. Etliche Leute, sonderlich diejenige, welche es verkauffen wollen, pressen es aus in sonderbaren dazu gemachten Gefässe, denn da gehet der Koth und Wust mit einander fort.

Wie

## Wie das Wachs auszumachen.

Das Wachs muß man folgendergestalt ausmachen: Es wird über dem Feuer geschmeltzet, durch ein Tuch gewunden, und ausgepresset. Wenn man ein Faß mit Wasser darunter stellet, lässet das Wachs darein fallen, nimmt es dann wieder heraus, und schmeltzet es noch einmahl, läßt es also wieder ins Wasser fallen, wird das Wachs gar schön, und je öffter man das thut, je besser wird es durch das Wasser gereiniget.

## Vom Wachs, und weissen Wachs, wie mans machen und reinigen solle.

Das Wachs zu scheiden, solle man die überbliebene Materie, daraus das Honig gezogen, in einen Kessel thun, ein wenig Wasser dazu giessen, daß die obgemeldte Materie oben schwimmet, und es mit einander sieden lassen, wanns nun wohl geschmoltzen ist, so nimmt man einen groben Sack, (den hänget man über einen Zuber, darinnen ein wenig kalt Wasser ist,) fället alsdenn den Sack, bindet ihn feste zu, und drucket zwischen einer Presse das Wachs aus dem Unrath heraus. Wann nun kein Wachs mehr heraus kommt, soll man den Sack ausschütten, und wieder andere Materie drein thun, wie zuzuvor, bis alles ausgepreßt ist; darnach soll man das gesammlete Wachs in einen kleinen Kessel thun, ein wenig rein Wasser darzu giessen, und über einem gelindem Feuer schmeltzen: Wann es nun geschmoltzen ist, so gießt man es in einen Zuber mit warmem Wasser, schäumet es ab, und deckt es mit einem Sacke oder etwas anders dichte zu, und lässet es also langsam erkühlen; wann es kalt geworden ist, soll man das Boden-Wachs daraus nehmen, und von unten alle Unreinigkeiten abthun. Gut Wachs nun erkennet man, wie obgemeldt, wann es schön gelb, wohlriechend, wohlriechend, fett, dicht und rein ist. **Weiß Wachs** aber zu machen, nimmt man so viel rein Wachs, als es nöthig, und schmeltzet es mit Wasser: Wanns geschmoltzen ist, so schöpft man mit einem grossen Löffel, und gießt es über ein Rad, das in einem Zuber voll kalten Wassers steht, und umgedrehet wird, oder man läßt das Wachs durch ein Becken, darinnen 8. oder 10. kleine Löchlein sind, übers Rad lauffen, daß das Wachs sich in kleine dünne Häutlein zertheile, dieselbe solle man versammlen, und sie auf ein nasses Tuch von einander auf eine Tafel werffen, daß das Wachs bleiche, und öffters mit klarem Wasser begiessen, bis es weiß genug ist; darnach schmeltzt mans wieder in solche Stücklein oder Kuchen, wie einem jeden gefällig; wäre es aber noch nicht weiß genug, so wiederholet man die Arbeit, wie schon gemeldet. Andere haben diese Manier das Wachs zu weissen: Man nimmt rein Wachs, schmeltzet es, wie zuvor, im Wasser, darnach drucket man eine höltzerne naßgemachte Scheibe drein, und ziehet es geschwinde wieder heraus, und thuts in kalt Wasser, auf daß das anhängende Wachs in dünne Scheiblein komme, und dieses muß man so lange thun, bis alles Wachs aus dem Kessel geschöpfet; darnach soll man diese dünne Wachs-

Schelf-

Schelflein auf Tafeln legen und bleichen, sie stets umwenden, mit frischem Wasser begiessen, und endlich zu beliebigen Stücken oder Tafeln schmeltzen. Unterdessen muß man in dieser so wohl, als in voriger Weise fleißig verhüten, daß bey windigem Wetter kein Staub, Asche oder Sand auf das Wachs gewehet werde, därum soll man auch bey solchem Wetter das Wachs mit nassen Tüchern, jedoch immerfort wohl genetzt, bedeckt halten.

### Das leere Wachs muß aus denen Stöcken geschnitten werden.

Wenn man in denen Bienen-Stöcken leer Wachs, sonderlich das schwartze, da kein Honig drinnen ist, findet, und man solches im Frühlinge ausbrechen, sonsten wachsen Würmer in demselbigen, die Bienen bauen auch gleich frisches an desselben statt, und werden durch das Ausbrechen zur Arbeit dessenthalben nicht verdrossen.

## Zum Beschluß

### Folgt noch ein kleiner Bericht von Schaafen, da dann 1) gemeldet wird, wie lange ein Schaaf fruchtbar bleibe.

Es kan ein Schaaf in die 8. Jahr fruchtbar, und 10. Jahr lebend bleiben.

### 2) Wie lange sie tragen.

Ein Schaaf trägt 21. Wochen, wann nun die Stiere um Matthäi darunter gelassen werden, so lämmern sie zum Lichtmesse.

### 3) Sichere Proben, ob die Schaafe frisch oder faul sind.

Siehe ihnen in die Augen, haben sie rothe

Aederlein drinnen, so sind sie gesund, sind sie aber bleich, so sind sie kranck. Oder nimm sie oben auf dem Rücken bey der Wolle, halten sie die Haut fest an sich, so sind sie faul.

### 4) Daß man die Schaafe gesund behalten möge.

Nimm Wachholder-Beer, stosse sie klein, und gibs den Schaafen unter dem Saltz, es erhält sie vor vielerley Kranckheiten; darzu kan auch Feld-Kümmel genommen, und pulverisiret gegeben werden.

### 5) Wenn und warum man den Schaafen Erlen-Laub geben soll.

Im Januario muß man ihnen solches Laub geben, denn daran erkennet man, ob das Vieh gesund sey, die nun davon essen, die sind gesund, die aber nicht davon essen wollen, sind an Lungen und Leber angesteckt.

### 6) Wenn Holtz-Laub vor die Schaafe zu dörren.

Nach Bartholomäi muß man das Schaaf-Laub von Erlen- Bircken- und Eichen-Holtz machen, in Püschelein binden, und dörren.

### 7) Wenn denen Schaafen die Weyde schädlich.

Gemeiniglich werden die Schaafe oder Lämmer nach Ostern von der neuen Weyde sich verunreinigen, alsdenn nimm junge Erlene Zweiglein, dörre sie in einem Back-Ofen, stosse sie zu Pulver, siebe sie, und nimm das kleineste Pulver, gib es denen Schaafen mit Saltz zu essen, es hilfft gewiß.

8) Wann

8) Wann sie auf eine gifftige Weyde gekommen sind.

Das erkennet man daran, wann ihnen der Bauch schnell auflauffet, wollen nicht essen, und fallen zuweilen nieder, so soll man ihnen die Ader in der oberen Lippen öffnen, und Theriac mit Menschen-Urin vermischet eingeben. Dahero ist es sehr gut, wann ein Schaaf-Hirt wohl Acht gibt, daß er seine Heerde nicht auf solche Weyde treibt, wo das Kraut Maus-Oehrlein wächset, wovon die Schaafe leicht umkommen; dann so sie davon essen, gerathen sie in eine gewaltige Verstopfung des Leibs.

9) Wie sie vor dem Sterben oder Pest bewahret werden.

Nehmet im Frühjahr Salbey und weissen Andorn, drucket den Safft daraus, und gebet davon den Schaafen 14. Tage nach einander einen guten Trunck ein, so sind sie selbiges Jahr für Sterben und allen Kranckheiten präserviret.

10) Wie ihnen zu helffen, wann sie weich oder faul werden wollen.

Wenn man mercket, daß sie faul werden wollen, so nimmt man gedörrte Knoten von Flachs, lasse sie auf der Mühle durch den Stein lauffen, daß sie wie Kleien werden, und gibs hernach denen Schaafen mit Saltz; es ist ihnen sehr nützlich. Oder

11) Daß die Schaafe nicht faul werden, zu verhindern.

Wenn man dieses besorget; nimm Liebstöckel, Alant-Wurtzel, Wachholder-Beer, Espen-

Laub und Lorbeer, dieses alles unter einander gestossen, davon soll man nach Gelegenheit derer Schaafe, etliche Hände voll unter das Saltz, so ihnen gegeben wird, mengen, und über den andern und dritten Tag, wenn man Abends eintreibet, in die Saltz-Tröge geben. Welches Schaaf nun schon faul ist, das frisset nichts sonderliches, sondern gehet vom Saltz-Troge hinweg, demselben aber muß man von obgemeldten Sachen durch ein Rohr in den Hals schütten, und es halten, daß es mit Gewalt fressen muß; man darf es aber nicht eher trincken lassen, bis auf den Morgen, und des Abends drauf wieder so mit ihm verfahren.

### 12) Einem Schaaf, so plötzlich kranck wird, zu helffen.

Dem gib grünen Wermuth mit Saltz vermischet, zu essen, oder zu lecken, und schneide ihm etwas vom Ohr.

### 13) So man fremde Schaafe auf eine Weide treibet, sie seye nun besser oder schlimmer, als die vorige gewesen ist, damit sie dieselbige annehmen, und ihnen wohl bekomme.

Nimm Ruß aus dem Ofen oder Schornstein, stosse ihn gantz klein, darnach nimm Roggen-Kleien und Saltz, eines so viel als des andern, den Schaafen 3. Tage vor ihrem ersten Austrieb eingegeben, wie man es ihnen beybringen kan, so ist ihnen gewiß die Weide nicht schädlich, und nehmen sie leicht an.

### 14) Ein gesundes Schaaf-Saltz zu machen.

Nimm Wachholder-Beere, knete Mehl darunter, mache ein Brod daraus, backe solches im Back-Ofen hart ab, darnach stosse dieses Wachholder-Brod in einem Mörsel, menge es unter das Saltz. Es ist sehr gesund vor die Schaafe.

### 15) Wie die Fäulung der Schaafe zu vertreiben.

Nimm Lungen- und Natter-Wurtzel, mache sie klein, und gibs den Schaafen mit Saltz ein.

Oder:

Nimm gedörrte Alant-Wurtzel und Wermuth, gepülvert, und wie obiges gegeben.

### 16) Wie den Lammern die Lungen-Würm zu vertreiben.

Nimm Häseln-Laub und Sommer-Lattig, Feld-Kümmel, mach es dürre, reibs klein, und gibs ihnen unter das Saltz.

### 17) Was denen Lungensüchtigen Schaafen zu gebrauchen.

Da nimm grosse Kletten-Wurtzel, schneide die recht klein, und mische es unter ihr Futter, diese heilet sie in etlichen Tagen wieder aus.

### 18) Was vor den Husten der Schaafe gut.

Nimm klein gestossene Mandel-Kern, vermische sie mit Wein, giesse es ihnen in die Nasen-Löcher, so vergehet der Husten.

### 19) Wie die Schaafe vor der Raute zu bewahren.

Gib ihnen gedörrt und geschabte Wegwart-

Wurtzel offt zu essen, oder brenne eine Hand-voll von dieser Wurtzel zu Pulver, und gib es ihnen ein.

Oder:

Gib ihnen offt Wermuth-Blumen und Saltz zu lecken, mit Alant-Wurtzel vermischt.

### 20) Wie einem Schaaf die Fell von den Augen zu vertreiben.

Nimm Benedicten-Wurtzel, Pulver von einem verbrannten Maul-Wurf, streue es den Schaafen in die Augen, darüber sie die Felle haben: Es treibet sie hinweg.

### 21) Wie das Darm-Gicht der Schaafe zu vertreiben.

Gib ihnen gedörrte Zwibeln oder Hasel-Wurtz mit Safft vermenget.

### 22) Was vor das Bluten der Schaafe zu gebrauchen.

Nimm Saamen von der jungen und rothen Ochsen-Zungen, gibs ihnen unter dem Saltz.

### 23) Wie äusserliche Geschwäre an ihnen zu vertreiben.

Mache von Pech und Schweinen-Schmeer eine Salbe, und schiere sie damit. Es kan auch Eßig darzu genommen werden.

### 24) Was rotzigen zu gebrauchen.

Nimm Ochsenzungen-Wurtzel ohne das Kraut, schneide sie klein, dörre sie in dem Back-Ofen, stosse sie zu Pulver, siebs und gibs ihnen unterm Saltz.

25) Wie

25) Wie man die Schaafe mästen solle.

Wann die Schaafe die Stoppeln belauffen haben, werden sie recht fett und gut. Einige mästen sie mit Haber und Brod. Andere mästen sie mit geschrotener Frucht, Haber und Kleien vermischt. Das letzte habe ich probirt und gut gefunden.

26) Wann die Lämmer abzusetzen.

Dieses geschiehet etwan 8. Tage nach Pfingsten, und müssen hernach die Schaafe täglich dreymahl gemolcken werden.

27) Wann die Schaaf-Schur vorzunehmen.

Diese soll im zunehmenden Mond und bey warmem Wetter vorgenommen werden.

28) Wann Schaafe im Frühling die Wolle gehen lassen, ehe man sie schieret.

Dieselbige sind anbrüchig, und sollen gezeichnet, auch bald abgeschaffet werden.

29) Worzu frisch-geschlachteter Schaaf-Häute gut sind.

So sich jemand gehauen, oder sonst eine Wunde hat, der schneide davon ein Stück, und lege es über die Wunde, es heilet zu ohne einiges Pflaster, und bedarf keines Säuberens der Wunden.

# ANTONII MIZALDI MEDICI

## Ein Hundert Nützlich- curieus- und angenehme Kunst-Stücke,

### Welche auf Begehren guter Freunde hier beygedruckt worden.

§. 1.

Weissen Weyrauch, zu zartem Pulver gerieben, und im Winter in Wein, im Sommer aber mit Wasser, als ein Tranck, im zunehmenden Mond, Morgens, Mittags und Abends getruncken, stärcket vortrefflich das Gedächtniß, wie auch das Gehirn und den Magen.

§. 2. Ein Wassersüchtiger, oder auch, wer die Gelbsucht hat, der trincke etliche Tage nach einander seinen eigenen Urin, so wird er merckliche Linderung verspühren.

§. 3. Vor die hefftigen Zahn-Schmertzen soll man eines Menschen Zahn an den Hals hängen; desto eher aber werden die Schmertzen vergehen, wenn man eine durchlöcherte Bohne, worinn eine Lauß gestecket, und mit Wachs die Löcher wieder vermachet sind, darzu thut in ein seiden Läpgen gewickelt und angehänget.

§. 4.

§. 4. Wenn man vor dem vollen Mond, vom ersten Gehecke der Schwalben, die Jungen aus dem Neste nimmt, und zerschneidet, so findet man in dero Magen 2. Steingen, deren das eine von einerley, das andere von unterschiedlichen Farben ist; diese in einem geschmeidigen Kalb- oder Reh-Fell gethan, und am Halse oder Arm getragen, sind gut für die fallende Sucht, oder böse Kranckheit.

§. 5. Diejenigen, so in die Ohnmacht fallen, kommen wieder zu sich selbst, wenn man ihnen den Gold-Finger starck reibet: Dann durch diesen gehet eine erquickende Krafft nach dem Hertzen, als dem Brunn des Lebens: Desto eher erwachet der Ohnmächtige, wenn man ihm auch zugleich die Ohren mit ein wenig Saffran reibet.

§. 6. Unter denen Rosen, Lilien und Knoblauch ist eine geheime Verwandschafft: Dann wann sie nahe zusammen gesäet werden, daß sie einander anschauen oder berühren, so riechen die Rosen und Lilien desto stärcker und vortrefflicher.

§. 7. Corallen werden durch dieses Kunst-Stück nachgemachet: Machet geraspelt Hirsch-Horn zu gantz zartem Pulver, giesset starcke von Eschen-Holtz gemachte Lauge darüber, und lasset es 15. Tage lang stehen: Darnach nehmet es heraus, vermischet es mit Zinnober, der in Wasser zergangen ist, und setzet es an ein gelind Feuer, bis es dicke wird. Wenn es nun die rechte Farbe der Corallen bekommet, so formiret sie nach Belieben, trucknet und poliret sie nach der Kunst.

§. 8.

§. 8. Vor die Flůsse der Augen sind vortrefflich gut die Corallen von Agtstein im Nacken getragen: Dieselbe am Halse getragen, verhindern, daß die Flůsse vom Haupte nicht auf die Brust oder in die Kehle fallen.

§. 9. Auf denen aufgeritzeten Bircken fliesset bey angehendem Frůhling eine grosse Menge Wassers heraus, welches die Krafft hat, daß, wenn man es trincket, der Nieren-Stein zermalmet wird.

§. 10. Gůldene Buchstaben machet man ohne Gold also: Nehmet Auripigmentum und Crystall, jedes 1. Untze, machet es zu Pulver, vermischet es mit Eyerweiß, und růhret es wohl unter einander, so bekommet ihr daraus einen Liquorem zum schreiben und mahlen.

§. 11. Man hat experimentiret, daß das Frauenzimmer, wenn es mit Juden-Leim gerâuchert wird, von der Mutter-Beschwerung alsbald befreyet worden: Weßhalben einige, so dieser Kranckheit unterworffen sind, stets etwas davon in Baumwolle gewickelt am Halse tragen, damit sie durch dessen Geruch den Paroxismum abhalten.

§. 12. Silberne Buchstaben machet man ohne Silber folgendergestalt: Nehmet 1. Untze Englisch Zinn, Queckfilber 2. Untzen, lasset es in einem Tiegel mit einander vermischet fliessen: Darnach reibet es zusammen mit Gummi-Wasser, und schreibet mit solchem Wasser nach Belieben.

§. 13.

§. 13. Die Klauen von denen vordern Füssen der Kühe verbrennet, und zu einem subtilen Pulver gemachet, vermehren denen Ammen die Milch, wenn man sie ihnen in einer Brühe in Wein, oder sonst in einem Liquore eingiebet.

§. 14. Besagte Klauen auf Kohlen geleget, tödten und vertreiben durch deren Rauch die Mäuse.

§. 15. Brandtewein äusserlich gebrauchet, ist gut zu denen erfrohrnen Nerven, Musculen und Gliedern, wie auch für alle schmertzhaffte Zufälle, die von kalten Flüssen entstehen, weil er dieselbe mit seiner erwärmenden Krafft geschwind durchdringet und zertheilet.

§. 16. Wer in seiner lincken Hand hält ein Hunde-Hertz, in dessen Mitte ein Hunds-Zahn gestecket ist, der machet durch seine Gegenwart, daß alle Hunde verstummen, absonderlich, wenn beydes von einem schwartzen Hunde genommen ist.

§. 17. Wenn einem von bösen Leuten die Mannheit genommen ist, daß er seinem Weibe nicht ehelich beywohnen kan, so lasse er sein Wasser durch ihren Trau-Ring, so wird er davon befreyet.

§. 18. Wer den Saamen von Sauerampffer, den ein keuscher Knabe gesammlet, bey sich träget, der kan weder wachend, noch im Schlaffe den Saamen von sich lassen, drum ist er gut für die pollutiones nocturnas zu gebrauchen.

§. 19. Wenn man einen wahren Magnet seinem schlaffenden Ehe-Weibe unwissend unter

das

das Haupt leget, so soll sie, wann sie keusch ist, ihren Mann gar freundlich embraßiren: Wo nicht, soll sie, als wenn sie ausgestossen würde, aus dem Bette springen. Si fabula vera.

§. 20. Ultramarin nachzumachen: Nehmet blaue Farbe, reibet sie wohl ab mit Eßig, bestreichet damit ein gantz dünnes Blech von Silber, und leget es über ein mit Urin angefülletes Gefäß, welches so lange über glühenden Kohlen und heisser Aschen stehen muß, bis es zu Ultramarin werde.

§. 21. Baum-Oehl über den Wein im Fasse, oder auch über anderen Liquorem gegossen, verhindert, daß er nicht schimlich werde und verderbe: Sintemahl es alle Dünste, wie auch die äusserste Lufft, welche eine Fäulung verursachen können, gleichsam durch eine Decke davon ausschliesset. Gleichwohl aber verfaulen die Stämme, wenn Oehl darauf geschüttet wird, wie Plinius meldet.

§. 22. Wer ein Schwalben-Hertz bey sich träget, der soll von allen geliebet werden.

§. 23. Und wer ein Stück von einem Hasen-Fell unter das Haupt leget, der soll immerfort schlaffen, und nicht eher aufwachen, bis man ihm Eßig mit einem Löffel in den Mund giebet. Vielleicht auch, wenn man ihm das Fell wieder wegnimmt.

§. 24. Die Gestalt des Eben-Holtzes bekommt alles Holtz, welches hart ist, als von Buchs-Baum-Birn-Maulbeer-Baum und dergleichen, wenn man es 3. Tage lang in Alaun-

Wasser

Wasser weichet, und darnach an die Sonne, oder an das Feuer leget, daß es nur warm und trucken werde. Darnach soll man es in Leinöhl kochen, worinnen einer Hasel-Nuß groß Römischer Vitriol und Schwefel aufgelöset ist; je länger es kochet, je schwärtzer es wird; jedoch muß es auch nicht gar zu sehr einkochen.

§. 25. Wenn man eine Schlangen-Zunge in Jungfer-Wachs einschliesset, und dasselbe einem Pferde ins lincke Ohr stecket, so muß es übern Hauffen fallen, als wenn es todt wäre: Wenn mans aber über eine Weile wieder heraus nimmet, so erwachet es gleichsam wieder, und wird hernach viel munterer, als es zuvor gewesen.

§. 26. Lasur oder blaue Farbe zu machen, nehmet Sal armoniac 3. Untzen, Grünspahn 6. Untzen, pulverisiret und vermischet es mit Aqua tartari, daß es als ein Muß werde: Darnach thut alles zusammen in eine gläserne Phiol, vermachet sie wohl, daß nichts ausdünsten könne, und verscharret es acht Tage lang in warmem Mist. Wenn mans alsdenn aufmachet, so findet man den Grünspahn in den besten Lasur verwandelt.

§. 27. Früchte, als Feigen, Pflaumen und dergleichen, werden grün und frisch erhalten, wenn man einen frischen Kürbs in die Länge mitten von einander schneidet, in dessen Marck Löchlein machet, und die Früchte mit ihren Stielen so hinein geleget, daß sie einander nicht anrühren: Alsdenn muß man beyde Theile des Kürbses dichte wieder zusammen legen, und dermassen

massen verbinden, daß keine Lufft darzwischen kommen kan. Diesen Kürbs hänget man an einem schattichten Ort auf, da er vor Feuer und Rauch sicher ist.

§. 28. Die Buchstaben kan man auf dem Pappier also leichtlich auslöschen, wenn man Hasen-Fleisch trucknet und pulverisiret, auch mit ungelöschtem Kalch vermischet, auf die Schrifft streuet, und 3. Tage lang darauf liegen lässet, so wird man alsdann nichts mehr davon sehen können.

§. 29. Einen Amethisten nachzumachen, nehmet Sal Alcali 3. Untzen, pulverisirtes Crystall 4. Untzen, und gefeilet Kupfer eine halbe Untze: Dieses alles lasset in einem Schmeltz-Tiegel, in starckem Feuer fliessen, alsdenn nehmet es heraus, und zerbrechet den Tiegel.

§. 30. Saltz mit Sauerteig, Honig, Butter und Schweinen-Schmaltz vermischet, giebt eine Salbe, die alle Beulen, auch so gar die Pest-Beulen kräfftiglich eröffnet und vertreibet.

§. 31. Plantago, oder Wegrich, soll ein Martialisch Kraut, und deßhalb vor die Kopf-Schmertzen sehr gut seyn, wegen des Zeichens des Widders, so das eine Hauß Martis ist, und das Haupt beherrschet. Dieses Kraut ist auch heilsam wieder die Zufälle und Geschwüre der Testiculorum, desgleichen wider die Gonorhæam und Hæmorrhoides, wegen des Scorpions, welcher das andere Hauß Martis, und dieser Gliedmassen Beherrscher ist. Ein gleichmäßiges Judicium ist auch von andern Kräutern der Planeten zu fällen.

§. 32. Den verderbten oder verlohrnen Geruch verbessern und wieder zu bringen, schwartz Kümmel-Saamen, Stabwurtz, Raute und andere Dinge, welche einen starcken und durchdringenden Geruch haben. Auch ist nützlich, absonderlich alten Leuten, wenn sie öffters an Krause-Müntze riechen: Die davon eine Empfindung bekommen, wenn sie gleich gar nichts riechen können.

§. 33. Folgendes soll ein gut Remedium seyn für allerhand Zufälle der Augen, als weisse Flecken, Felle, Nebel und dergleichen. Nehmet den Kopf von einer gantz schwartzen Katze, brennet ihn in einem neuen Topf zu Pulver, und wenn es zu einem gantz subtilen Staub gemachet ist, so lasset täglich 3. mahl durch einen Feder-Kiel etwas davon ins schadhaffte Auge blasen. Wenn es aber, absonderlich des Nachts, Hitze verursachet, so leget ein Stück oder 3. in Wasser getunckete Eichen-Blätter auf das Auge, und, wenn sie eine Weile gelegen, so kehret sie um. Durch diß Mittel soll einer, der nicht über ein Jahr blind gewesen, wieder sehend werden.

§. 34. Folgendes Remedium ist zu denen Wunden vortrefflich, und leicht zu bereiten: Man nimmt griechisch Pech, Schwefel und weiß Baum-Oehl, von jedem gleichviel, reibet und vermischet es mit Eyerweiß: Dieses wird, wenn das Blut abgewischet, und die Wunden, wie gebräuchlich, zusammen gedrucket worden, auf ein Tüchlein geschmieret, aufgeleget, die Binde zugebunden, etliche Tag darauf liegen lassen.

§. 35. Ein Wasser, welches das Gesicht gantz jung machet: Nehmet lebendigen Schwefel 1. Untze; weiß Baum-Oehl 2. Untzen, Myrrhen 2. Untzen, und Ambra 6. Drachmas: Machet alles zu Pulver, mischet es unter einander, thut darzu 1. Pfund Rosen-Wasser, und destilliret es in Balneo Mariæ: Dieses hebet in einem verstopften Gefäß auf. Wenn man es gebrauchen will, so tuncket in dasselbe ein weiß Läpgen, waschet das Gesichte damit, wenn ihr schlafen gehen wollet, des Morgens waschet euch mit Gersten- oder auch nur mit Brunnen-Wasser, so wird das Gesicht so schön seyn, daß alle sich darüber verwundern werden, und euch küssen wollen.

§. 36. Oleum tartari, so von der besten Wein-Hefen gemachet ist, nimmet vom Eisen alle Flecken weg, und wenn man den Rost abgewischet, wird es vortrefflich blanc. Es vertreibet auch alle Flecken und Sommersprossen, wie auch die Blattern und Finnen an der Stirn u. im Gesicht.

§. 37. Grün Bilsen-Kraut unter das Haupt-Küssen geleget, machet, daß man wohl schläffet. Dieses geschicht auch, wenn man die Fußsohlen mit Fett von einem Eichhorn oder Feld-Mauß bestreichet, indem man zu Bette gehet.

§. 38. Wer die Fliegen von einem Orte vertreiben will, daß keine mehr dahin kommen soll, der grabe das Bild einer Fliege in den Stein eines Ringes; oder, auf ein Kupfer-Blatt, oder auch auf Zinn, grabe man, wenn secunda facies, das ist, die mittlern Grad von 11. bis 20. des Zeichens der Fische über den Horizont aufsteiget, die Figur einer Fliege, Spinne oder Schlange, so man vertreiben will. Und unter dem Stechen oder Graben soll man diese Worte sagen: Diß ist das Bild, welches alle Fliegen vertreibet in Ewigkeit. Darnach vergrabe es mitten im Hause, oder hänge es darinnen auf. Wenn man aber 4. solche Bilder hat, und dieselben in die 4. Winckel eines Hauses vergräbet, oder aufhänget, oder in die Wände verstecket, daß es nicht weggenommen werden kan, so wird es desto besser seyn. Aber diese Vergrabung oder Aufhenckung muß geschehen, wenn prima facies Tauri aufsteiget, alsdenn wird in solch Hauß keine Fliege kommen, auch nicht darinnen bleiben können. Ptolomæus sagt, er hätte das Experiment gesehen in dem Hauß Adebari, eines Weisen, und in Magia naturali sehr erfahrnen Königs: In dessen Pallast keine Fliege, auch sonst kein schädlicher Wurm gewesen: Ja, er habe lebendige Fliegen hinein gebracht, welche alsobald gestorben wären.

§. 39. Die Mäuse werden vertrieben, wenn man ihnen in solche Speise, die sie gerne fressen, vermischet und vorwirffet getödtet Quecksilber, oder gebrannt Bley, eisern Hammerschlag, oder schwartze Niese-Wurtzel. So weichen auch alle vergifftete und andere Würmer, wenn man einen Rauch machet von eben dergleichen Würmern und Thieren, wie Rasis meldet.

§. 40. Aus schwachem Wein einen vortrefflichen zu machen, nehmet die Blätter von Steinbrech, item Eppich-Saamen und Fenchel, jedes eine Handvoll, und thut es ins Faß.

§. 41. Einen trüben Wein machet man also klar: Nimm von 6. oder 7. Eyern das Weisse, rühre und schlage es wohl unter einander, thue es unter den Wein, und rühre es mit einem Stocke wohl um.

§. 42. Es meldet Aristoteles und nach ihm Albertus, daß ein Schmaragd am Halse getragen, die fallende Sucht verhindere, und bisweilen gar vertreibe: Daher die Adelichen ihren Kindern diesen Stein gern an den Hals hängen, daß sie diese böse Kranckheit nicht bekommen mögen.

§. 43. Roßmarin-Blüthe in weissen Wein geweichet, und ein wenig aufgesotten, machet ein schön Gesicht, und einen guten Geruch aus dem Munde, stärcket das Haupt und den Magen, wenn man von diesem gekochten Wein des Morgens nüchtern ein wenig trincket.

§. 44. Rosen kan man grün, gelb, oder blau machen, wenn man den Stock bey der Wurtzel aufspaltet, oder durchbohret, und den Spalt, oder das Loch mit einer solchen Farbe, die einem beliebet, anfüllet: Zum Exempel, mit Grünspahn, wenn man grüne Rosen haben will; mit Ultramarin oder Lasur, wenn man sie blau verlanget; mit Saffran, wenn sie gelb werden sollen. Man muß sich aber vorsehen, daß man kein Auripigmentum oder sonsten gifftige Farben darzu nehme, weil sie entweder den Rosen-Stock verderben, oder die Rosen inficiren. Den Spalt muß man nachgehends verbinden, und das Loch mit einem Pflaster verwahren.

§. 45. Es melden die Persianischen Magi, daß aus der Salbey, die im Mist verfaulet, wenn Sol & Luna in secunda facie Leonis befindlich, ein Vogel, wie eine Amsel, generiret werde. Wenn man diesen Vogel zu Pulver brennet, und die Asche davon in eine Lampe mit Oehl streuet und anzündet, so scheinets, als wenn das Hauß voll Schlangen wäre.

§. 46. Die Haupt-Haar oder den Bart kan man also schwartz färben: Nehmet gemeine Lauge, so viel ihr wollet, thut darein Blätter von Mangold, (betæ) Salbey, und Lorbeeren, mit Myrrhen, und die äusserste grüne Schaale von Welschen Nüssen. Dieses alles kochet mit einander, und waschet mit solcher Lauge den Bart, oder das Haupt-Haar; oder netzet damit einen Schwamm, drucket ihn ein wenig aus, und befeuchtet die Haare damit: Ihr werdet euch über den Effect verwundern.

§. 47. Wer des Morgens nüchtern zween Nüsse, zwo Feigen, 20. Rauten-Blätter, und etliche Körnichen Saltz geniesset, der ist 24. Stunden sicher für Gifft und allen ansteckenden Kranckheiten.

§. 48. Der Stein Alectorius wird im Magen eines alten Kaphans gefunden: Wer denselben am Halse träget, der soll kühn, beständig, und bey jedermann beliebet, auch in re Venerea potens werden.

§. 49. Die guten Corallen, wenn man sie am Halse träget, so stillen sie das Bluten der Nasen, und bey Frauenzimmer den allzustarcken monathlichen Fluß: Sie helffen auch wider die Epilepsie, oder fallende Kranckheit: Und wenn sie gestossen, in Wasser zerlassen, und die Wurtzel der Bäume und Pflantzen damit besprenget werden, so erfrischen sie dieselben, und machen sie sehr fruchtbar.

§. 50. Wenn man eine Quantität Regen-Würmer zerquetschet, und durch ein Tuch das Wasser davon ausdrücket, selbiges mit gleich viel Rettich-Wasser vermischet, so sollen die Degen- und Messer-Klingen und andere Instrument, so 2. oder 3. mahl, indem man sie schmiedet, darinnen abgelöschet werden, eine solche Härte bekommen, daß man Eisen, wie Bley, damit schneiden könne.

§. 51. Nichts ist besser, denen Kindern die Würmer abzutreiben, als wenn man Regen-Würmer nimmt, dieselben in einem Tiegel zu Pulver brennet, und ihnen in Milch oder sonst einem Vehiculo davon eingiebet.

§. 52. Jch kenne etliche, sagt Galenus, welche denenjenigen, die an der fallenden Sucht, wie auch denen, so am Podagra laboriret, von gebrannten Menschen-Knochen in einem Vehiculo eingegeben, jedoch, daß sie nicht gewußt, was sie genossen, damit sie nicht einen Eckel bekommen: Wodurch ihrer viel curiret worden. So schreibet auch Gesnerus, er habe den Knochen, wo die Satura Coronalis ist, denen Epilepticis mit grossem Nutzen beygebracht.

§. 53. Einen blassen Saphir kan man folgender massen in einen Demant verwandeln,

wenn

wenn man denselben in einen Schmeltz-Tiegel mit Feil-Spähnen von Eisen bedecket, und über einem Kohl-Feuer glüet. Wenn er nun die rechte Farbe angenommen, so nimmet man ihn heraus, und setzet ihn behörig in einen Ring.

§. 54. Eine von bittern Mandel-Oehl, Honig, weiß Lilien-Wurtzel und Wachs gemachte Salbe ist vortrefflich gut, die Runtzeln, Flecken und allerhand Mackeln aus dem Gesichte zu vertreiben.

§. 55. Tebit, ein in Magia wohl erfahrner Philosophus schreibet, wenn man eines gewissen Sterns Virtutes zuwege bringen wolte, solte man einen Ring machen lassen, zur Zeit, wenn der Mond denselben Stern, der in Medio Cœli, oder in Ascendente seyn muß, mit einem glücklichen Trigon- oder Sextil-Schein anschauet. Es müsse auch die Materie des Rings seyn von solchem Metall, welches diesem Stern zugeeignet wird, und solte in den Ring ein dem Planeten attribuirter Edelgestein versetzet, und demselben ein Blättlein von dergleichen constellirtem Kraut untergeleget werden.

§. 56. Wider das Chiragra und Podagra hat ein gewisser Königlicher Chirurgus folgendes Experiment gebrauchet: Nehmet eine Handvoll Beyfuß, lasset es in süssen Baumöhl bis auf den dritten Theil einsieden, und bestreichet damit den schmertzhafften Ort, so wird sich in kurtzer Zeit der Schmertz legen.

§. 57. Wem das rechte Nasen-Loch blutet, der beuge oder schlage in den kleinen oder Ohr-

Finger der rechten Hand, und drücke denselben mit der andern Hand, so starck als er kan, blutet ihm das lincke Nasen-Loch, so beuge und drücke er den kleinen Finger an der lincken Hand.

§. 58. Das Quecksilber wird leicht und gemächlich also coaguliret. Schüttet geschmoltzen und von den Schlacken gereinigtes Bley in ein reines Näpffgen, und wenn es beginnet zu coaguliren, so drücket mit einem Eisen, oder Holtz, geschwinde ein Grübgen darein, und schüttet so fort, weil es noch warm ist, den Mercurium darein, so erlanget man seinen, aber nicht endlichen Zweck: Darum muß man alles heraus nehmen, in einem Mörsel stossen, und reiben, auch alles wieder schmeltzen, und wieder, wie zuvor, Mercurium drein thun, und solches so offt wiederholen, bis es hart und hämmerig wird.

§. 59. Attich-Blätter in Wein gekocht, lindert das Reissen in denen Gliedern, wann man sie auf den schmertzhafften Ort leget. Eben dergleichen Würckung thut es auch, wenn man den Safft aus den Blättern und Wurtzeln dieses Krauts ausdrucket, und mit Mayen-Butter in Wein kochet, und damit, als wie mit einer Salbe, sich des Tages dreymahl bestreichet.

§. 60. Agtstein kan man folgendergestalt machen: Nehmet das Weisse von einem oder etlichen Eyern, nachdem die Dotter davon sind, rühret dasselbe so lange, bis es schäumet, und endlich zu Wasser wird: Solches vermischet mit präparirtem oder gantz klein gepülvertem Crystall und Saffran, thut es in eine Blase, oder gläserne

Bulle, setzet sie ein wenig in siedend Wasser, bis man siehet, daß es gesetzet und hart wird: Alsdann nehmet es heraus, poliret es, und formiret daraus, was ihr wollet. Will man runde Kügelein, als Corallen, oder Degen-Griffe daraus haben, so muß man sie durchbohren, ehe sie trucken werden, und an die Sonne legen. Man kan dieser Materie nach Belieben, auch andere Farben geben, und also allerhand Edelgesteine fingiren. Es muß aber alsdenn die Materie, ehe sie gesotten wird, durchgeseiget werden, damit das Edelgestein hell und durchsichtig werde.

§. 61. Ultramarin nachzumachen, nehmet 1. Untze mit aqua fort calcinirtes Silber, drittehalb Drachmas Salis ammoniaci, und Eßig, so viel hierzu genug ist, vermischet es, und lassets so lange stehen, bis sich die Materie am Grunde setze. Wann dann der Eßig drüber gehet, so lasset ihn allgemach ablauffen, thut die auf dem Grunde zurück gebliebene Materie in ein Glaß, so oben eng und unten weit, vermachet es wohl, und vergrabet es 25. Tage lang in Pferde-Mist, alsdann nehmet es heraus, so werdet ihr das schönste Ultramarin finden.

§. 62. Wider das Quartan-Fieber, nehmet den Urin, welchen der Patient auf einmahl gelassen, zu der Zeit, als er den Anstoß vom Fieber bekommen, thut darzu Mehl, knetet, backet, und gebet es einem hungerigen Hunde zu fressen. Wenn ihr dieses wiederholet, so wird der Patient curiret, und der Hund kranck werden. Man muß aber vor eine Manns-Person ein Männlein, und vor eine Weibs-Person, eine Tüffe oder Hündin erwehlen.

§. 63. Klein pulverisirte Menschen-Knochen in Pontac, oder andern rothen Wein eingenommen, vertreibet die rothe Ruhr.

§. 64. Eichene Mistel pulverisiret und in guten weissen Wein eingenommen, heilet durch ihre wunderbahre Krafft die fallende Sucht.

§. 65. Will man erfahren, ob eine Frau schwanger sey, oder nicht, so lasse man sie ihren Urin in ein kupffern Gefäß geben, darein lege man nur eine Nacht eine eiserne polirte Nadel; Ist die Frau schwanger, so wird man sie voller rothe Flecken finden; Ist sie aber nicht schwanger, so wird sie schwärtzlich angelauffen, oder rostig werden.

§. 66. Will man wissen, ob ein Kranker beym Leben bleibe, oder nicht, so weiche man 24. Stunden grüne Brenn-Nesseln in des Patienten Urin; bleiben sie grün, so kommt er davon; wo nicht, so stirbt er.

§. 67. Wenn einer einen Fall von der Höhe gethan, kan er mit folgendem Recept das geronnene Geblüthe zertheilen: Nehmet Mumia, Tormentill, Krebs-Augen, Rhapontici, ana 1. Drachma, spermatis ceti 1. Scrupel, vermischet es zu einem Pulver, davon gebet dem Patienten 1. Drachma im Wein.

§. 68. Lein-Saamen in Rettich-Wurzeln gestecket, und sofort in ein wohlgedünget Land vergraben, bringet eine Pflantze herfür, die einem Drachen ähnlich ist, und schmecket wie Eßig

und

und Saltz, weshalben es gut zum Salat zu gebrauchen, weil man, wenn diß Kraut darbey ist, weder Eßig noch Salz dazu von nöthen hat, wie mich ein Königlicher Gärtner berichtet.

§. 69. Wider das Zittern der Hände ist gut, wenn man die Hände wäschet in Rosen-Wasser, worinnen ein Beyfuß eingeweicht gewesen.

§. 70. Die Elends-Klaue ist vortrefflich gut für die fallende Sucht: Denn wenn man einen Ring davon machen, oder nur ein Stückgen davon in einen Ring setzen lässet, selbigen an den sogenannten Gold-Finger stecket, und das Theil, wo die Klaue eingesetzet ist, in die flache Hand drehet, so erquicket und ermuntert es den Gefallenen so fort. Eben dieses thuts auch, wenn man dem Gefallenen in die zusammen gedruckte Faust nur ein Stückgen von der Elends-Klaue hinein stecket. Auch ist zu verwundern, daß, wenn man mit einem Stückgen davon in dem linken Ohr des Patienten kratzet, derselbe sofort wieder zu sich selbsten kommt. Wider diese Krankheit kan man auch, als ein Amuletum, ein Stücklein davon anhängen, daß es die blosse Haut berühre. Nicht weniger hilffts, wenn man dem Krancken von der Elends-Klaue ein wenig schabet, und in einem Vehiculo eingiebet.

§. 71. Wann eine Frau einen aufrichtigen Adler-Stein an den Hals hänget, oder an der Brust träget, oder an den Arm bindet, und zwar an demjenigen Theil, wo eine Ader nach dem

Gold-

Gold-Finger lauffet, so bringet es derselben die Krafft zu concipiren zu wege. Und wenn sie diesen Stein zur Zeit ihrer Schwangerschafft unten an den Leib bindet, darff sie nicht sorgen, daß sie abortire.

§. 72. Wenn man von der Hirn-Schale eines Mannes etwas abschabet oder pülvert, und es einem Mann, und von einer Weibs-Person einer Frauen etliche Morgen nüchtern in Wein eingiebet, so wird die fallende Sucht vergehen, und ihm hierdurch geholfen werden.

§. 73. Es schreibet Simeon Sethi: Wer ein gut Gedächtniß haben will, der bestreiche die Adern an beyden Schläffen mit der Galle von einem Rebhun, und reibe es wohl ein, so wird sein Gedächtniß sehr gestärcket, wenn dieses alle Monath einmahl eingeschicht.

§. 74. Wenn man ein Stücklein von dem Nabel eines Kindes in einen Ring, an statt des Steines einfassen lässet, und selbigen am Finger träget, der ist sicher für die fallende Sucht, item für Kopf-Schmertzen und die Colic.

§. 75. Wenn man einem, der das Quartan-Fieber hat, die Nägeln von denen Fingern und Zehen abschneidet, dieselben einem lebendigen Aal in einem Läpgen um den Hals bindet, und ihn in ein fliessend Wasser wirfft, so soll es vergehen.

§. 76. Cardobenedicten-Saamen ist vortrefflich gut wider das Seitenstechen, und Grimmen im Leibe.

§. 77. Die Degen- und Messer-Klingen wohl zu härten, thut in ein Pfund Urin von jungen Knaben ein Handvoll Ruß, und 4. Untzen Lein-Oehl, mischet alles wohl unter einander, und wenn die Klingen geschmiedet werden, und noch glüend sind, so löschet sie in diesem Decocto gebührend ab.

§. 78. Nichts ist denen Bäumen und Stämmen schädlicher und verderblicher, als der Schnee und Eiß, zumahl wenn der Frost lange Zeit anhält. Damit aber die Stämme davon nicht incommodiret werden, sondern davor sicher seyn mögen, so kan man sie damit verwahren, wenn man sie unten bis auf den Boden mit Stroh verbinden, und mit Asche bestreuet, weil solches verhindert, daß die Kälte nicht so sehr durchdringen kan: Wie der Autor bey harten Wintern, da die meisten Nuß- und Feigen-Bäume erfroren, dieses unterschiedlichen guten Freunden mit Nutzen gerathen.

§. 79. Kupfer geschwind zu schmeltzen, werffet etwas von Pferde-Klauen in den Tiegel.

§. 80. Pulverisirte Mispel-Kernen sind sehr gut wider den Nieren-Stein, wie auch den verstandenen Urin fortzutreiben. Die Krebs-Steine sind auch gut dafür.

§. 81. Ein Rubin wird folgender gestalt nachgemachet: Man nimmt Sal alcali 4. Untzen, pulverisirtes Crystall 3. Untzen, und 6. Gran Goldblätter: Vermischet es, thut es in einen Schmeltz-Tiegel, lässets bey einem Reverberir-Feuer wohl fliessen, und endlich von sich selbst erkalten.

§. 82.

§. 82. Wenn man Glaß in Bocks-Blut und Creutz-Wurtzel-Safft einweichet, und hernach einsiedet, so wird es so weich werden, wie Wachs, daß man daraus formiren kan, was man will.

§. 83. Wer behext ist, der soll einen Specht aufessen, und sich mit einem pulverisirten Menschen-Zahn räuchern, auch den gantzen Leib mit einer Raben-Galle, so mit Oleo Sesamino vermischet ist, bestreichen. Uber diß so kan man Quecksilber in einen Federkiel, oder auch in eine hohle Hasel-Nuß thun, selbige mit Wachs vermachen, und solches unter des Bezauberten sein Haupt-Küssen stecken, oder auch wohl unter die Thür-Schwelle des Hauses, oder der Kammer, wo er aus- und eingehet.

§. 84. Wer haben will, daß das Haupt- oder Bart-Haar geschwind wachsen soll, der brenne Bienen zu Pulver, thue darzu Aschen von Hasel-Nüß- Castanien- Datteln- und Bohnen-Schaalen, vermische es mit Rosen-Oehl, und bestreiche sich etliche mahl damit, so wird es geschehen.

§. 85. Den Kröten-Stein zu bekommen, machens etliche folgender massen: Sie setzen die Kröte in ein Kefich, so mit rothem Tuche beschlagen, stellen ihn etliche Tage an die heisse Sonne, daß sie allgemach vertrockne, und vor Durst den Stein ausspeye, welches man durch ein Loch, so mitten in dem Kefich gemachet seyn muß, in einem darunter gesetzten Gefäß geschwind auffänget, oder sonsten behende wegnimmet, damit sie ihn nicht wieder verschlingen möge. Andere verrichten es leichter, indem sie die Kröte in einen mit vielen Löchern durchbohreten Topf thun, und selbigen in einem Ameisen-Hauffen setzen: Denn nachdem das Fleisch von denen Ameisen abgefressen worden, so findet man noch die Knochen davon, und diesen Stein: Wie solches von vielen experimentiret worden.

§. 86. Schöne Bilder, Gefässe und andere Dinge kan man mit geringen Kosten folgender gestalt machen: Nehmet die Rinden vom Ulmen-Baum, und die Gipffel vom Aspen-Baum, kochet es mit Wasser, seiget es durch, und lassets nochmahls sieden, thut reinen gestossenen Kalch darein, bis es wie geronnene Milch aussiehet, thut darzu pulverisirten und durchgesiebten weissen Marmor, giesset die Massam in Formen, und lassets an einem schattichten Orte trucknen.

§. 87. Linden-Blüth-Wasser ist denen Epilepticis gut, und kan gebrauchet werden, wie man will.

§. 88. Wegebreit-Safft mit 7. Pfeffer-Körnern eingenommen, ist gut für das Quartan-Fieber. Es muß aber gebraucht werden, wenn der Paroxismus kommen will: Es wollen auch einige, man müsse dieses Kraut sammlen, und den Safft ausdrücken an einem Donnerstag, im Abnehmen des Mondes.

§. 89. Das Oehl, worinnen Frösche so lange, bis das Fleisch von denen Knochen abgehet, gekochet worden, ist sehr gut für das Reissen in den Adern und Gelencken, wie auch für erfrohrne

Glie-

Glieder, wenn man es warm auf dieselben streichet und einreibet.

§. 90. Eine aus Oehl, Nesseln und ein wenig Saltz gemachte Salbe verwahret für strenger Kälte, und ist auch gut für die Geschwulst und Geschwüre, so von Kälte herkommen.

§. 91. Geronnen und getrucknetes Hasen-Blut vertreibet die rothe Ruhr und allen andern Durchfall des Bauches. Eben dieses thun auch gantz klein pulverisirte Menschen-Knochen, wenn sie in etwas strengem Weine eingenommen werden.

§. 92. Wer aus seinem Hause die Diebe verbannen und vertreiben will, der mache aus Ertz ein Manns-Bild, wenn prima facies Arietis aufsteiget, und Luna darinnen befindlich ist. Er muß aber, indem er das Bild machet, dabey sagen: Durch dieses Bild verbanne und vertreibe ich alle Diebe und Mörder in Ewigkeit. Alsdenn wickele er das gemachte Bild in ein schwartz Tuch, und vergrabe es mitten in das Hauß, so wird, so lange es allda vergraben lieget, kein Dieb und Mörder in dasselbe Hauß kommen.

§. 93. Wenn man machen will, daß die Frösche des Nachts nicht quacken, und einen mit ihrem unangenehmen Geschrey nicht mehr incommodiren sollen, so setze man bey den Fluß oder See, wo sie sich aufhalten, ein oder etliche angezündete Laternen, nachdem der Ort groß oder klein ist, so werden sie bald aufhören zu schreyen.

§. 94.

§. 94. Edelgesteine von allerhand Farben kan man also fingiren: Es werden die gantz weissen und hellen Kiesel-Steine in einem Glaß- oder Töpfer-Ofen so lange gebrennet, bis man sie zu Pulver machen kan. Davon nimmt man ein Theil, so durchgesiebet, vermischet es mit 3. Theil gereinigter Bley-Menge, thut es in einen Schmeltz-Tiegel, daß er davon voll werde: Will man einen Topaser, oder Hyacinth haben, so thue man Gold-Blätter darzu: Soll es ein Schmaragd werden, so nehmet ein wenig gefeilten Stahl darunter; verlanget ihr aber einen Saphir, oder Amethisten, so vermischet es mit ein wenig Lasur oder blauer Farbe, und so weiter mit andern Farben. Alsdenn setzet es in ein starck Reverberir-Feuer, so lange, bis es fliesset, und dicke wird. Endlich lassets von sich selbst erkalten, zerbrechet den Tiegel, und nehmet die Materie heraus, welche denn geschnitten, poliret und in Ringe versetzet werden kan. Einige stossen die gebrannten Kiesel-Steine in einem eisernen Mörsel, und mit einem eisernen Stempel, wenn sie einen Schmaragd machen wollen; soll es aber ein Topasier werden, in einem küpfernen, ohne Zuthun einiger Farben. Nimmt man aber, anstatt der Kiesel-Steine, calcinirten Crystall, so wird alles viel schöner und härter werden.

§. 95. Wermuth bey die Kleider geleget, oder in dieselben gestecket, lässet keine Motten darein kommen.

§. 96. Die schädlichen Thiere aus denen

Gärten zu vertreiben, soll man an einem allererst geschlachteten Hammel den Magen, so noch mit seinem Unflath angefüllet ist, nehmen, selbigen an den Ort, wo sich das meiste Ungezieffer aufhält, vergraben, und mit ein wenig Erde bedecken, so wird man nach zweyen Tagen sehen, daß es sich alles daselbst versammlet, welches man denn tödten, und, wenn mans ein oder dreymahl also gemachet, endlich ausrotten kan.

§. 97. Ein wunderbares Wasser, so mit keinem Golde zu bezahlen ist, kan man gar leichtlich folgender massen zuwege bringen: Thut hell und klares Wasser in einen neuen Topf, worinnen noch nichts gewesen, lasset es sieden, und schüttet es auf frischen lebendigen Kalch, welcher gleichfalls in einem neuen Topfe liegen soll, lasset es so lange darüber stehen, bis der Schaum hinweg genommen, und es hell und klar erscheine, und der Kalch als ein Brey sich am Boden gesetzet. Davon giesset nun allmählich das Wasser ab, daß der Kalch sich nicht rühre, in eine saubere Bouteille, verstopffet sie wohl, und hebet sie auf zum Gebrauch. Dieses Wasser hat grosse Krafft, und thut Wunder in allen Venerischen Geschwüren und Beulen. Denn wenn man ein Läpgen in dasselbe, so ein wenig laulicht warm gemacht seyn soll, eintuncket, und als ein Pflaster auf das Geschwür leget, dieses auch öffters wiederholet, so trucknet es den Eyter, stillet die Schmertzen, machet im Geschwür Fleisch wachsend, und vertreibet in kurtzer Zeit die Inflammation, nicht ohne grosses Wunder,

weil

weil sonsten der Kalch durch seine hefftige Hitze Entzündung causiret. Der Leser gebrauche dieses vortreffliche Secret, so ich sonsten vielen, die mich offt und viel darum ersuchet, und ein vieles dafür geboten, abgeschlagen habe.

§. 98. Wenn man einer lebendigen Kröten zu der Zeit, wenn der Mond zur Sonnen eilet, das ist, einen oder zween Tage vor dem Neuen Mond, die Beine oder Füsse abschneidet, und einem, der einen Kropf hat, an den Hals hänget, so soll er mit der Zeit davon befreyet werden.

§. 99. Wer sein Wasser nicht lassen kan, der nehme einen Laub-Frosch, und leg ihn über die Nieren, so wird das Wasser häuffig von ihm gehen: Wie denn durch dieses Mittel etliche, die an einer Art der Wassersucht, so man Ascitem nennet, laboriret, völlig curiret worden.

§. 100. Maulwürffe zu fangen, soll man in dero Löcher und Hauffen, Zwiebeln oder Knoblauch stecken, so werden sie bald, als wären sie toll, hervor kommen.

# E N D E.

# Register

## Uber den curieus- und offenhertzigen Wein-Artzt, auch desselben Anhang von allerhand Oeconomisch- Physisch- Magisch- und Medicinischen Künsten.

NB. Die dahinten auf der Zeile stehende Ziffern zeigen das Blatt richtig an, wovon die Materie handlet.

### A.



Augen,

## C.

Fisch-

Milch-

N.



Nasen-

Pferde

T.



Tinctur,

## U.



## V.



## W.

## Handschriften

Band Nr. 84
**Die Goldene Bulle**
Nach König Wenzels Prachthandschrift. Nachwort von Ferdinand Seibt. 158 Seiten, davon 92 Farbseiten

Band Nr. 130
**Das Hausbuch der Cerruti**
Nach der Handschrift in der Österr. Nationalbibliothek. Übertragung und Nachwort von Franz Unterkircher. 227 Seiten, davon 207 farbige Abbildungen

Band Nr. 152
**Das Falkenbuch Kaiser Friedrichs II.**
Nach der Prachthandschrift in der Vaticana. Erläuterungen von Carl Arnold Willemsen. 304 Seiten, 222 Farbtafeln

Band Nr. 198
**Der Psalter**
Eine Bilderhandschrift. Herausgegeben von Horst Appuhn. 72 Seiten, 42 farbige Abbildungen

Band Nr. 289
*Fritz Winzer*
**Die Stundenbücher des Duc de Berry**
Les Belles Heures – Les Très Riches Heures. 141 Seiten, 60 farbige Abbildungen

## Weltliteratur in besonderen Ausgaben

Band Nr. 4
*Harriet Beecher Stowe*
**Onkel Tom's Hütte**
Nach der Ausgabe von 1853. 366 Seiten, 40 Abbildungen

Band Nr. 8
*Pater Hilarion alias Joseph Richter*
**Bildergalerie weltlicher Misbräuche**
Nach der Ausgabe von 1785. 314 Seiten, 20 Tafeln

Band Nr. 14
*Johann Elias Ridinger*
**Vorstellung und Beschreibung derer Schul und Campagne Pferden nach ihren Lectionen**
Nach der Ausgabe von 1760. 121 Seiten, 46 Kupferstiche

Band Nr. 33
*Johann Gottwerth Müller von Itzehoe*
**Siegfried von Lindenberg**
Nach der Ausgabe von 1779. Anhang von Friedrich Priewe, Wolfgang Reschke und Alexander Ritter. 254 Seiten, 12 Abbildungen von Chodowiecki

Band Nr. 39
*Ludwig Richter*
**Beschauliches und Erbauliches**
Nach der Ausgabe von 1855. Nachwort von Reinhard Bentmann. 66 Seiten, 35 Holzschnitte

Band Nr. 49
*Johann Wolfgang von Goethe*
**Reineke Fuchs**
Nach der Ausgabe von 1867. Nachwort von Walter Scherf. 36 Stahlstiche. 354 Seiten

Band Nr. 60
*Johann Wolfgang von Goethe*
**Das römische Carneval**
Nach der Ausgabe von 1789. Nachwort von Harald Keller. 20 Farbtafeln nach Georg Schütz. 129 Seiten

Band Nr. 73
*Homer*
**Ilias**
Übertragen von Johann Heinrich Voß. Nach der Ausgabe von 1882. Nachwort von Gerhard Lohse. 52 Abbildungen von Friedrich Preller d. J., 436 Seiten

Band Nr. 85
*Oscar Wilde*
**Salome**
Mit den Illustrationen von Aubrey Beardsley. Nachwort von Gabriele Sterner. 76 Seiten, 16 Abbildungen

Band Nr. 87
*Johann Peter Hebel*
**Schwänke aus dem Rheinländischen Hausfreund**
Herausgegeben von Hubert Göbels. Illustrationen von Carl F. Schulz. 643 Seiten, 120 Abbildungen

Band Nr. 378
*Gabriel Rollenhagen*
**Sinn-Bilder**
Ein Tugendspiegel. Bearbeitung und Nachwort von Carsten-Peter Warncke. 203 Abbildungen, 431 Seiten

Band Nr. 389
**Die Encyclopédie des Denis Diderot**
Eine Auswahl aus den berühmten Illustrationen. Mit einem Nachwort von Karl-Heinz Manegold. 209 Abbildungen, 322 Seiten

Band Nr. 426
**Weisheiten deutscher Klassiker**
Herausgegeben und mit einem Nachwort von Bernhard Pollmann. 326 Seiten

## Essen, Trinken und andere Genüsse

Band Nr. 12
*J. M. Erich Weber*
**Praktische Konditoreikunst**
Nach der Ausgabe von 1916. 240 Seiten, 111 Farbtafeln

Band Nr. 58
*Moritz von Schwind/ Ernst Freiherr von Feuchtersleben*
**Album vom Rauchen und vom Trinken**
Nach der Ausgabe von 1875. 42 Radierungen von Moritz von Schwind. Nachwort von Marianne Bernhard. 122 Seiten

Band Nr. 138
*Johann Wilhelm Petersen*
**Geschichte der deutschen National-Neigung zum Trunke**
Nach der Ausgabe von 1782. Nachwort von Arno Kappler. 181 Seiten

Band Nr. 203
*Ernst Birsner*
**Königliche Tafelfreuden**
Menükarten europäischer Höfe. 168 Seiten, 86 farbige Abbildungen

Band Nr. 263
*Johann Rasch*
**Das Weinbuch**
Nachdruck der Ausgabe um 1580. Nachwort von Renate Schoene. 147 Seiten, mehrere Abbildungen

Band Nr. 342
*Rolf L. Temming*
**Aus dem Stammbuch des Weines**
132 Seiten, 90 farbige Abbildungen

Band Nr. 363
*Jürgen Spohn*
**Vom Kochen**
Wege & Umwege eines kreativen Dilettanten – Ein Küchentagebuch mit farbigen Aquarellen. 13 farbige Abbildungen, 71 Seiten

Band Nr. 370
*Rolf L. Temming*
**Vom Geheimnis des Tees**
Bilder und Texte um den exotischen Trank. 77 meist farbige Abbildungen, 152 Seiten

Band Nr. 486
*Werner F. J. Schmitt*
**Tea**
Unkonventionelles zum optimalen Teegenuß. Mit einem Nachwort des Herausgebers. 14 Farbtafeln, 96 Seiten

Band Nr. 489
*Rolf L. Temming*
**Wein-Chronik**
105 vorwiegend farbige Abbildungen, 149 Seiten

Band Nr. 520
**Winzer, Weine, Große Preise – Deutscher Weinführer**
372 überwiegend farbige Abbildungen, 433 Seiten

## Herz, Schmerz und dies und das

Band Nr. 7
**Das Lob des Tugendsamen Weibes**
Nach der Ausgabe von 1885. 30 Illustrationen von Ludwig v. Kramer, 57 Seiten

Band Nr. 26
**Herzensangelegenheiten. Liebe aus der Gartenlaube**
Aus dem 19. Jahrhundert. Nachwort von Marianne Bernhard. 157 Seiten, 102 Abbildungen

Band Nr. 225
**Immerwährender Kalender für die tüchtige Hausfrau**
93 Seiten, 24 Abbildungen

Band Nr. 302
*Elke Dröscher*
**Oblaten-Album**
136 Seiten, 61 Abbildungen

Band Nr. 329
*Theodor Kohlmann (Hrsg.)*
**Traurige Schicksale der Liebe**
Moritatentafeln. Mit einem Nachwort des Herausgebers. 165 Seiten, 85 Abbildungen

## Geschichte und Archäologie

Band Nr. 34
**Kaiser-Wilhelm-Album**
Chronologie von Heiner Höfener. 180 Seiten, 82 Abbildungen

Band Nr. 64
**Die Schedelsche Weltchronik**
Nach der Ausgabe von 1493. Nachwort von Rudolf Pörtner. 2000 Holzschnitte von Michael Wolgemut und Wilhelm Pleydenwurff, 613 Seiten

Band Nr. 81
*Hugo Gerard Ströhl*
**Wappen und Flaggen des Deutschen Reiches und seiner Bundesstaaten (1871–1918)**
Nach den Tafeln von 1897. Erläuterungen von Jürgen Arndt. 115 Seiten, 45 Farbtafeln

Band Nr. 181
*Friedrich Seidenstücker*
**Von Weimar bis zum Ende**
Fotografien aus bewegter Zeit. Herausgegeben von Ann und Jürgen Wilde. 512 Seiten, 490 Abbildungen

Band Nr. 248
*Heinz Schomann (Hrsg.)*
**Kaisergalerie**
Die Herrscherporträts des Kaisersaals im Frankfurter Römer. 72 Seiten, 51 farbige Abbildungen

Band Nr. 259/60
*Bildarchiv Preußischer Kulturbesitz, Berlin (Hrsg.)*
**Juden in Preußen**
Eine Chronik in Bildern. Von Roland Klemig und Konrad Zwingmann. 476 Seiten, zahlreiche Abb.

Band Nr. 276
*Richard Knötel/ Carl Röchling*
**Der Alte Fritz in 50 Bildern**
Nach der Ausgabe von 1895. Nachwort von Hans Bleckwenn. 127 Seiten, 50 farbige Abbildungen

Band Nr. 290
*Heinz Schomann*
**Kaiserkrönung**
Wahl und Krönung in Frankfurt nach den Bildern der Festbücher. 291 Seiten, 111 Abbildungen

Band Nr. 313
**Freiheit, Gleichheit, Brüderlichkeit**
Bilder von der Französischen Revolution. Nachwort von Ingo Groth. 217 Seiten, 99 Abbildungen

Band Nr. 411
*Georg Geppert (Hrsg.)*
**Als die Welt größer wurde**
Forschungsreisen nach Südamerika im 19. Jahrhundert. 87 Abbildungen, 352 Seiten

Band Nr. 439
*Schliemann*
**Troja**
Herausgegeben von Rainer Gerlach. 143 Schwarzweißabbildungen, vier farbige Abbildungen, 544 Seiten

Band Nr. 538
*Horst Appuhn (Hrsg.)*
**Johann Siebmacher – Wappenbuch**
Kassette in zwei Bänden. Zusammen 226 Farbtafeln, 544 Seiten

## Religion und Glaube

Band Nr. 1
**Gutenberg-Bibel**
Nach der Ausgabe von 1450 bis 1455. Nachworte von Wieland Schmidt und Aloys Ruppel. 322 Seiten

Band Nr. 41
*Julius Schnorr von Carolsfeld*
**Die Bibel in Bildern**
Nach der Ausgabe von 1852 bis 1860. 424 Seiten, 240 Holzschnitte

Band Nr. 139
**Cürieuse Bilder-Bibel**
Nach der Ausgabe von 1806. Herausgegeben von Hubert Göbels. 149 Seiten, zahlreiche farbige Abb.

Band Nr. 185
**Götter und Dämonen**
Handschrift mit Schattenspielfiguren. Nach der Ausgabe von 1848. Einführung von Clara B. Wilpert. 90 Seiten, 60 farbige Abb.

Band Nr. 267
*Horst Appuhn (Hrsg.)*
**Heilsspiegel**
Die Bilder des mittelalterlichen Erbauungsbuches «Speculum humanae salvationis». 138 Seiten, 72 Farbtafeln

Band Nr. 315
*Heinz Skrobucha*
**Ikonen**
148 Seiten, 100 farbige Abbildungen

Band Nr. 352
*Peter Maser (Hrsg.)*
**Jüdischer Alltag/ Jüdische Feste**
170 Seiten, 119 Abb.

Band Nr. 377
*Horst Appuhn*
**Bildstickereien des Mittelalters in Kloster Lüne**

.8 Seiten, 66 teils farbige Abbildungen

Band Nr. 417
**Die illuminierten Seiten der Gutenberg-Bibel**
Nachwort von Eberhard König. 231 Seiten, 97 fünffarbige Abbildungen

Band Nr. 433
**Das Oberammergauer Passionsspiel**
Eine Chronik in Bildern. Von Norbert Jaron und Bärbel Rudin. 216 Seiten, 29 farbige und 83 schwarzweiße Abbildungen

Band Nr. 463
*Leopold von Sacher-Masoch*
**Jüdisches Leben**
Mit Kommentaren und einem Nachwort von Michael Farin. 386 Seiten, 123 Abbildungen

Band Nr. 488
*Harald Haack*
**Höllenqualen**
114 Seiten, 50 Farbabbildungen

Band Nr. 513
*HAP Grieshaber*
**Die Josefslegende**
Kommentiert von Thomas Gädeke und mit einem Nachwort von Heinz Spielmann. 116 Seiten, 56 Abbildungen

# Natur und Tiere

Band Nr. 27
*August Johann Rösel von Rosenhof*
**Insecten-Belustigung**
Nach der Ausgabe von 1746 bis 1761. Nachwort von Wolfgang Dierl. 187 Seiten, 175 Farbtafeln

Band Nr. 136
*James Bateman*
**Hundert Orchideen**
Lithographien von Walter Hood Fitch. Nach der Buchausgabe von 1867. Nachwort von Edmund Launert. 216 Seiten, 100 farbige Abbildungen

Band Nr. 169
*Pierre-Joseph Redouté*
**Die Rosen**
Nach der Ausgabe von 1817 bis 1824. Nachwort von Edmund Launert. 366 Seiten, 170 farbige Abbildungen

Band Nr. 193
*Daniel Giraud Elliot*
**Die Paradiesvögel**
Nach der Ausgabe von 1873. Farbtafeln nach Entwürfen von Joseph Wolf. Bearbeitung und Nachwort von Armin Geus. 111 Seiten, 36 farbige Abbildungen

Band Nr. 232
*Pierre-Joseph Redouté*
**Kakteen und andere Sukkulenten**
Eine Auswahl aus den Tafeln zu den «Plantes grasses» des A.-P. de Candolle. Nachwort von Edmund Launert. 177 Seiten, 78 Farbtafeln

Band Nr. 237
*Nicolas Robert*
**Tulpen**
Miniaturen von Nicolas Robert. Nachwort von Armin Geus. 100 Seiten, 38 Farbtafeln

Band Nr. 303
*Karl Blossfeldt*
**Urformen der Kunst**
Photographierte Pflanzen. Nach der Ausgabe Berlin 1929. 272 Seiten, 177 Abbildungen

Band Nr. 330
*Peter Heilmann*
**Die Natur als Drucker**
Naturselbstdrucke der k.u.k. Hofdruckerei. 144 Seiten, 129 farbige Abbildungen

Band Nr. 331
*Maria Sibylla Merian*
**Der Raupen wunderbare Verwandelung**
Herausgegeben von Armin Geus. 150 Seiten, 60 farbige Abbildungen

Band Nr. 423
**Das Kräuterbuch der Elisabeth Blackwell**
Nachwort von Norbert Heilmann. 71 farbige Abbildungen, 153 Seiten

Band Nr. 460
*Mireille Vautier/ Aline de Nanxe*
**Kakteen**
Mit Kommentaren der Herausgeberin. 136 Seiten, 76 farbige Abbildungen

Band Nr. 560
*Gerhard E. Sollbach*
**Das Tierbuch des Konrad von Megenberg**
120 Seiten, 34 Abbildungen

## Reiseimpressionen

Band Nr. 407
*Jürgen Spohn*
**Oh, Manhattan**
Bilder vom Menschen. 155 Seiten, 149 Abbildungen in Farbe

Band Nr. 517
*Achim Sperber*
**Mythos Australien – Der archaische Kontinent**
Mit literarischen Texten und einem Nachwort von Volker Raddatz. 147 Seiten, 83 Farbfotos

Band Nr. 525
*Hans Christian Adam*
**Wildes Korsika**
Mit literarischen Texten und einem Nachwort von Michael Ellsäßer. 159 Seiten, 81 Farbfotos

Band Nr. 526
*Martin Thomas*
**Magisches Apulien**
Mit literarischen Texten und einem Nachwort von Claudia Zimmermann. 136 Seiten, 80 Farbfotos

Band Nr. 530
*Jörg Wagner*
**Kommagene – Heimat der Götter**
Geschichte und Kultur einer antiken Landschaft. 184 Seiten, 86 Farbfotos

Band Nr. 533
*Josef Bieker*
**An stillen Wassern – Schlösser im Münsterland**
179 Seiten, 82 Farbfotos

Band Nr. 536
*Peter Mertz*
**Norwegen – Paradies im Norden**
Mit einleitenden Texten des Autors und literarischen Zitaten. 157 Seiten, 85 Farbfotos

Band Nr. 537
*Mathias Jung/Heinz Finke*
**Zum Lobe des Elsaß**
Mit literarischen Zitaten und einem Nachwort von Mathias Jung. 207 Seiten, 91 Farbfotos

Band Nr. 539
*Carin Drechsler-Marx*
**Ich liebe New York**
Mit Texten von Henry Marx und literarischen Zitaten. 158 Seiten, 92 Abbildungen

Band Nr. 541
*Hans Christian Adam*
**Malta – Nabel des Meeres**
Mit kulturhistorischen Texten und einem Nachwort. 152 Seiten, 82 Farbfotos

Band Nr. 542
*Erwin Fieger*
**Viva Mexiko**
Mit kulturhistorischen Texten. 223 Seiten, 108 Abbildungen

Band Nr. 543
*Wolfgang Klähn/ Karin Székessy*
**Sylt – Ein Inselleben**
Mit einem Nachwort von Thomas Gädeke. 127 Seiten, 87 Abbildungen

Band Nr. 546
*Achim Sperber*
**Trojas Sonne. Klassische Stätten der türkischen Ägäis.**
Mit einem Nachwort und kulturgeschichtlichen Texten. 197 Seiten, 81 Farbfotos

Band Nr. 547
*Helge Classen*
**Sehnsucht nach Capri**
Mit Texten von Claretta Cerio. 142 Seiten, 89 Farbfotos

Band Nr. 550
*Max von der Grün/ Peter Iwers*
**Das Revier**
158 Seiten, 104 Farbfotos

Band Nr. 551
*Peter Mertz*
**Côte d'Azur**
Mit einem Nachwort und literarischen Textauszügen. 183 Seiten, 83 Farbfotos

Band Nr. 553
*Jörg Becker*
**Portugal**
Mit einem Nachwort und literarischen Texten. 150 Seiten, 67 Farbfotos

Band Nr. 554
*Folker Reichert*
**Thailand**
Land der Freien. 182 Seiten, 94 Farbfotos

Band Nr. 555
*Wolfgang Lauter*
**München leuchtet**
Mit literarischen Zitaten. 180 Seiten, 80 Farbfotos

Band Nr. 556
*Maurer/Zanetti*
**Das andere Venedig**
Eine Dokumentation mit einem Nachwort von Arnold und Doris Maurer. 167 Seiten, 86 Farbfotos

Band Nr. 558
*Back/Groeneveld*
**Basler Fasnacht**
Mit einer Einführung und praktischen Hinweisen. 176 Seiten, 95 Abbildungen

Band Nr. 561
*Peter Mertz*
**Das Tessin**
Ein Paradies auf Erden 160 Seiten, 97 Abbildungen, eine Übersichtskarte

Band Nr. 562
*Heinz Finke/Mathias Jung*
**Schwärmereien über den Schwarzwald**
160 Seiten, 86 Farbfotos und eine Übersichtskarte

Band Nr. 565
*Ingeburg Tiemann*
**Island – Insel der Mythen**
144 Seiten, 75 Farbfotos

Band Nr. 566
*Josef Bieker*
**Norderney – Insel im Wind**
127 Seiten, 74 Farbfotos, eine Übersichtskarte